Carl-Albrecht v. Treuenfels

Kraniche
Vögel des
Glücks

Rasch und Röhring

Herausgegeben von der
Deutschen Lufthansa Aktiengesellschaft

Ob sie für nur wenige Kilometer vom Rastplatz zur Nahrungssuche aufbrechen oder auf dem Zug in einer »Schmalfront« mehr als 1000 Kilometer ohne eine Zwischenlandung zurücklegen – Kraniche fliegen fast immer in der aerodynamisch günstigsten Anordnung. In der Form eines Keiles oder einer Kette im stumpfen Winkel verbrauchen die Vögel weniger Energie – sofern sie sich an der Spitze regelmäßig abwechseln, wie es diese Grauen Kraniche gerade tun *(Seiten 2/3)*.

Ein Paar Weißnackenkraniche bei der Brutablösung im nordostchinesischen Naturschutzgebiet Zhalong *(Seiten 4/5)*.

Zu Abertausenden versammeln sich zwischen Oktober und Februar Jungfernkraniche, nicht selten gemeinsam mit Grauen Kranichen, an den zahlreichen Stauseen im indischen Bundesstaat Gujarat, solange diese mit Wasser gefüllt sind *(Seiten 6/7)*.

Nicht nur das Rabenkrähenpaar schaut sich die Tanzvorführung der beiden Mandschurenkraniche auf der nordjapanischen Insel Hokkaido an. Die gestenreiche Verständigung der stattlichen weißen Gefiederten untereinander fasziniert an deren Futterplätzen im Winter viele Zuschauer *(Seiten 8/9)*.

Wie zwei prächtige Blütenpflanzen stehen die beiden Grauen Kronenkraniche in einem südafrikanischen Sumpf. Zur Brut sind sie auf Feuchtgebiete angewiesen; ihre Nahrung suchen sie gerne auf Feldern und in der Savanne *(Seiten 10/11)*.

Geisterhaft stelzen zwei Klunkerkraniche durch den Nebel, der die südostafrikanischen Drakensberge immer wieder ganz plötzlich einhüllt. Hier, in einer Höhe von 2000 Metern, haben einige Paare der größten der vier afrikanischen Kranicharten ganzjährig ihr Revier *(Seiten 12/13)*.

»Die Liebenden« auf den Seiten 16/17 werden von einem Paar Grauer Kraniche dargestellt; das Vorsatzpapier zeigt eine Deckenmalerei in Pekings Palastmuseum.

CIP-Titelaufnahme der Deutschen Bibliothek
Treuenfels, Carl-Albrecht v.:
Kraniche – Vögel des Glücks/
Hrsg.: Deutsche Lufthansa Aktiengesellschaft
Hamburg: Rasch und Röhring, 1989.
ISBN 3-89136-198-X

Copyright © 1989 by Rasch und Röhring Verlag, Hamburg
Autor und Verlag danken dem Suhrkamp Verlag,
Frankfurt am Main, für die freundliche Genehmigung
zum Abdruck des Gedichts
»Die Liebenden« von Bertolt Brecht.
Gestaltung: Studio Reisenberger
Satzherstellung: Utesch Satztechnik GmbH, Hamburg
Reproduktionen: Albert Bauer KG, Hamburg
Druck und Bindung: Richterdruck, Würzburg
Printed in Germany

Inhalt

Ein Bekenntnis als Vorwort   18
Vom Mythos der großen Vögel   22
Bei Künstlern und Dichtern in hohem Ansehen   34
Fünfzehn Arten in fünf Erdteilen   42
Gemeinsames Schicksal: schwindender Lebensraum   51
Zweitausend Kilometer nonstop   58
Der Brückenschlag nach England   79
Zwischen Europa, Afrika und Asien unterwegs   87
Sorge um die Abgesandten des Paradieses   98
Gekrönte Häupter Afrikas   103
Klunkerkraniche, Vieh oder Strom?   111
Die weiße Lilie unter den Gefiederten   122
Von China über Korea nach Japan   131
Dicht gedrängt am Futterplatz   138
Tänzer in Schnee und Schilf   143
Geburt am Dach der Welt   154
Gefährten bei der Feldarbeit   166
Hilfe für Australiens langbeinige Ureinwohner   171
Sie fliegen von Sibirien bis Mexiko   178
In letzter Minute gerettet   183
Die vielen Helfer   194
Literatur   198
Register   199

Die Liebenden
Bertolt Brecht

Sieh jene Kraniche in großem Bogen!
Die Wolken, welche ihnen beigegeben
Zogen mit ihnen schon, als sie entflogen
Aus einem Leben in ein andres Leben
In gleicher Höhe und mit gleicher Eile
Scheinen sie alle beide nur daneben.
Daß so der Kranich mit der Wolke teile
Den schönen Himmel, den sie kurz befliegen
Daß also keines länger hier verweile
Und keines andres sehe als das Wiegen
Des andern in dem Wind, den beide spüren
Die jetzt im Fluge beieinander liegen
So mag der Wind sie in das Nichts entführen
Wenn sie nur nicht vergehen und sich bleiben
Solange kann sie beide nichts berühren
Solange kann man sie von jedem Ort vertreiben
Wo Regen drohen oder Schüsse schallen.
So unter Sonn und Monds wenig verschiedenen Scheiben
Fliegen sie hin, einander ganz verfallen.
Wohin ihr?
          Nirgendhin.
                    Von wem davon?
                              Von allen.
Ihr fragt, wie lange sind sie schon beisammen?
Seit kurzem.
              Und wann werden sie sich trennen?
                                    Bald.
So scheint die Liebe Liebenden ein Halt.

Ein Bekenntnis als Vorwort

Liebeserklärungen eignen sich in der Regel nicht dazu, öffentlich verkündet zu werden. Wenn ich von diesem Grundsatz hier abweiche, so möchte ich damit möglichst viele Leserinnen und Leser anstecken, ihr Herz ebenfalls zu verschenken: an jene schönen Geschöpfe, an die sich dieses Buch als Liebeserklärung richtet. Nach mehr als vierzig Jahren einer ganz besonderen Beziehung zu ihnen – sie begann zur Zeit meiner Einschulung – möchte ich ein weiteres Loblied auf die Kraniche anstimmen und den Chor derer verstärken, die es vor mir auf mannigfache Weise getan haben und von denen einige an verschiedenen Stellen im Buch zitiert werden.

Ich gestehe, daß dies nicht ohne Eigennutz geschieht. Denn ich möchte auch in Zukunft nicht darauf verzichten, worüber ich mich (mit einer mehrjährigen, ängstlich zur Kenntnis genommenen Unterbrechung) in jedem Frühling erneut freue: Wenn ich im März, April und Mai in meinem norddeutschen Heim bei offenem Fenster schlafe, werde ich häufig am frühen Morgen von den trompetenartigen Rufen eines Kranichpaares geweckt. Knapp einen Kilometer vom ländlichen Domizil entfernt, bezieht es gegen Ende eines jeden Winters stets dasselbe Erlenbruch als Brutrevier. Einige andere Paare tun es ihm in der näheren Umgebung gleich. Ein Frühjahr, ein Sommer und ein Herbst ohne Kranichrufe, ohne den Anblick der eindrucksvollen silbergrauen Vögel auf den benachbarten Feldern ist auch für viele andere Menschen meiner schleswig-holsteinischen Heimat unvorstellbar geworden. Die Flugkeile der zweimal jährlich über uns hinwegziehenden Kranichheere, im Frühling nach Osten und im Herbst nach Westen, wecken nach wie vor schwer zu beschreibende Sehnsüchte in mir, berühren die Seele auf eine ganz besondere Weise. Ihre kreuzförmigen Silhouetten mit den mächtigen Schwingen, dem vorgestreckten langen Hals und den schlanken, rückwärts weisenden Beinen, ihre heiseren Rufe, ihr zielstrebiger Flug an ferne Plätze öffnen mir wieder und wieder das Herz.

Die Kraniche meiner Heimat haben mich auch neugierig gemacht. Auf die vielen Orte, Länder und Landschaften in Europa, in denen sie sich zeitweilig aufhalten, in denen sie leben und sterben. Ebenso auf die anderen Angehörigen dieser bemerkenswerten Vogelfamilie in den übrigen Kontinenten. Und auf die Menschen, die – seit unzähligen Generationen – weit verstreut über unseren Globus mit ihrem Schicksal verbunden sind. Mich interessierte zu erfahren, wie es heute, gegen Ende des 20. Jahrhunderts, um die Lebensmöglichkeiten der Kraniche steht, die seit Jahrtausenden bei vielen Völkern als Garanten menschlichen Glücks, der Beständigkeit, der Aufrichtigkeit, der Wachsamkeit und eines langen Lebens gelten. Ich versuchte zu erforschen, ob und wie sich die beeindruckenden Gefiederten dem der Erde vom Menschen diktierten Fortschritt und Wachstum in ihrer Lebensweise anzupassen vermögen. Ich wollte schließlich wissen, ob wir hoffen dürfen, daß die seit mehr als 60 Millionen Jahren und damit ungleich länger als der Mensch auf der Erde beheimateten »Vögel des Glücks« uns erhalten bleiben.

Kraniche bedürfen dringend der Hilfe der Menschen

So ist als Ergebnis langjähriger Erfahrungen und vielfältiger Begegnungen mit dieser außergewöhnlichen Vogelsippe und mit Menschen, die sich ihr Schicksal angelegen sein lassen, dieses Buch entstanden. Es soll dazu beitragen, daß Kraniche eines Tages nicht nur noch auf Fotos zwischen zwei Buchdeckeln betrachtet werden können. Mehr als die Hälfte der fünfzehn heute auf der Erde lebenden Kranicharten nämlich ist in ihrem Bestand gefährdet. Eine ist sogar erst jetzt buchstäblich in letzter Sekunde in einer beispiellosen Unternehmung vor der Ausrottung bewahrt worden. Andere bedürfen dringend der Hilfe. An vielen Orten, an denen der Mensch Lebensräume von Tieren und Pflanzen vernichtet, stehen die Kraniche an oberster Stelle auf der Liste der Opfer. Am Verlauf ihrer Bestandskurve läßt sich vieles über die Entwicklung unserer Umwelt ablesen. Kraniche sind somit zu wichtigen »Bio-Indikatoren« geworden.

Als Großvögel, die durch ihr Zugverhalten auf vielfältige Landschaftsformen in verschiedenen Ländern und Erdteilen angewiesen und von denen die meisten wegen ihrer Lebensweise ganz besonders von Feuchtgebieten abhängig sind, leiden sie – gemeinsam mit anderen Tierarten – in hohem Maß unter der fortschreitenden Naturvernichtung. Zu der zunehmenden »Austrocknung« ganzer Landstriche, sei es durch direkte Eingriffe des Menschen, sei es durch großräumige, ebenfalls auf ihn zurückgehende ökologische Veränderungen, kommt in etlichen Ländern immer noch die direkte Verfolgung und Tötung. Der Titel des Buches hat also auch durchaus seine Kehrseite: »Vögel im Unglück« könnte er in mancherlei Beziehung gleichfalls lauten.

Doch mit der zunehmenden Gefahr, die den gefiederten Weltenwanderern droht, wächst die Zahl ihrer Freunde und Beschützer in allen Kontinenten. Nationale und internationale Organisationen, Arbeitsgruppen, Konferenzen, Resolutionen, Petitionen, Proteste – die Kraniche geben häufig Anlaß zu sehr praktischen Naturschutzmaßnahmen, aber auch zu hochpolitischen Initiativen. Sowenig Kraniche auf ihren jahreszeitlich bedingten Zügen Rücksicht auf vom Menschen gezogene Grenzen nehmen, sowenig lassen sich ihre Fürsprecher von weltanschaulichen Barrieren abschrecken.

Die internationale Kranichlobby überwindet alle Grenzen

Längst hat sich eine internationale, völkerverbindende Kranichlobby gebildet, in der Menschen aus Ost und West, aus Süd und Nord, aus Ländern der »Ersten«, der »Zweiten« und der »Dritten Welt« zusammenarbeiten. Wissenschaftler, Vogelfreunde, Naturschützer – aus allen Berufsgruppen und Bevölkerungsschichten, jung und alt, amtlich und privat, setzt sich die Runde der Kranichenthusiasten zusammen. Mit dem Beobachten der schönen Vögel und der damit verbundenen Freude, die vielen Menschen den ersten Anstoß zu ihrem – nicht selten lebenslangen – Engagement gegeben haben, lassen es die wenigsten bewenden: vom Aufbau einer weltweit tätigen Kranich-Stiftung, der Mitgliedschaft und Betätigung in nationalen Arbeitsgruppen und Kranichschutzorganisationen, der Durchführung ausschließlich den Kranichen gewidmeter Konferenzen und Symposien über den finanziellen Beitrag zum Ankauf eines Brutbiotops, vom jährlichen Zählen der Kraniche an den Sammelplätzen und auf den Zugstraßen bis hin zum tatkräftigen Wiedervernässen eines ausgetrockneten Moores oder dem Bewachen eines Nistplatzes zur Brutzeit – es gibt viele Beispiele für erfolgreiche Hilfsmaßnahmen und viele Möglichkeiten, sich am Kranichschutz zu beteiligen.

Wenn die Bilder in diesem Buch die unglaubliche Schönheit der Kraniche ein wenig wiedergeben können, wenn der Text etwas von ihrem faszinierenden Leben, aber auch über die dringend notwendigen Anstrengungen für ihr Überleben vermitteln kann und wenn schließlich dadurch den langbeinigen Gefiederten neue Liebhaber, Förderer und Helfer gewonnen werden, ist sein Zweck erfüllt: Auf daß die Kraniche auch künftigen Menschengenerationen als Vögel des Glücks und als Sinnbild für ein gemeinsames Leben im Einklang mit der Natur erhalten bleiben.

Lufthansa, die mit dem Kranich als Wappenvogel an ihren Flugzeugen Städte, Länder und Kontinente verbindet, hat manche der für dieses Buch unternommenen Reisen unterstützt. Lufthansa hat den Kranichschutz schon seit Jahren in verschiedenen Ländern gefördert und will dies auch weiterhin tun. Anlaß genug für den Autor und den Verlag, die Deutsche Lufthansa für die Herausgeberschaft dieses Buches zu gewinnen, um mit ihrer Hilfe noch intensiver für den Kranichschutz zu werben.

Carl-Albrecht von Treuenfels

An wohl keinem anderen Ort der Erde befinden sich so viele verschiedene von Menschenhand geschaffene Kraniche wie im Palastmuseum, der ehemals »Verbotenen Stadt« im Herzen Beijings (Peking). Einige fallen dem Besucher sofort auf, so etwa die großen Plastiken aus unterschiedlichem Metall (rechts). Nach anderen Abbildungen muß man den Hals rekken: die Holzdecke des dreistöckigen Theaters Chang Yin Ge aus dem Jahr 1776 ist reich mit Kranichbildern geschmückt (oben), ebenso manche Mauern mit Keramiken (rechts).

Vom Mythos der großen Vögel

Dem China-Reisenden begegnen Kraniche auf Schritt und Tritt. Das beginnt spätestens in einem Hotel, wo sich ihm auf der Thermoskanne für heißes Wasser, auf der Deckeltasse aus Porzellan für den Tee, auf Bettdecken oder auf einem Bild an der Wand die ersten weißen Kraniche zeigen. Später entdeckt der Besucher die großen Vögel mit der »roten Krone« auf Zigarettenschachteln, Bierdosen, an Brückenpfeilern und an vielen anderen Orten. Ob künstlerisch gelungen oder in kitschiger Darstellung – der Mandschurenkranich scheint im modernen China allgegenwärtig. Und wer ins Palastmuseum in der ehemaligen Verbotenen Stadt Pekings geht, der sieht dort Kraniche in Gold, Silber, Bronze, Holz, Keramik, auf Seide und auf Papier, an Decken, Wänden und Türen und bekommt einen Eindruck davon, wie stark seine Abbildungen auch das alte China beherrscht haben.

Seit Tausenden von Jahren begleiten Kraniche das Leben der Menschen im Reich der Mitte, und daran haben weder der Untergang vieler Dynastien oder verschiedene Religionen noch Kriege, Besetzungen, der Lange Marsch, die Befreiung, die Kulturrevolution oder die gegenwärtige »Öffnung« etwas geändert.

Das kommt nicht von ungefähr. Berichte über den »unsterblichen Kranich« reichen mindestens bis ins 6. Jh. v. Chr. zurück, als Laotse, der Begründer des Taoismus, dem überwiegend weißen Mandschurenkranich eine besondere Rolle als Mittler zwischen dem »Jetzt« und dem »Danach« zumaß. (Eine alte klassische Abbildung zeigt Laotse in einer roten Robe mit weißen Kranichen darauf.) Naturverehrung und Geisterglauben, zwei beherrschende Elemente der vom Buddhismus beeinflußten Lehre, verbanden sich auf ideale Weise in der besonderen Wertschätzung der schönen Tiere. Obwohl in China mehrere Kranicharten zur Auswahl standen, konzentrierte sich die Verehrung von Anfang an auf die auffälligste: den Rotkronenkranich (englisch: Red-crowned Crane). Dieser Name läßt schon eher etwas von der Stellung eines »göttlichen Vogels« erahnen, die dem Mandschurenkranich auch von den Buddhisten eingeräumt wurde.

Sie überbrachten Botschaften des Himmels. Heilige konnten auf ihnen zum Himmel fliegen; auch galten die Kraniche als Reittiere der Götter. Sie hießen »Himmelskranich« (t'iën-ho) und »Seligen-Kranich« (siën-ho). Das Sterben taoistischer Priester wird mit »yü-hua« umschrieben. Es bedeutet: sich in einen Gefiederten, das heißt in einen Kranich, verwandeln, um ins Reich der Seligen aufzufliegen. Kraniche galten als Sinnbild für die Unsterblichkeit und für ein langes Leben (letztere Auffassung hat sich in China bis heute erhalten). In Korea und Japan faßten die chinesischen Vorstellungen schon früh Fuß und sind dort ebenso lebendig geblieben.

Sicherlich waren es anfangs mehr Phantasie, Glaube und Hoffnung als das Wissen von der tatsächlichen Langlebigkeit der Vögel, die sie bei den Menschen zu einem derartigen Symbol werden ließen. So heißt es im Kommentar zum »Buch der Lieder« aus dem 3. Jh. v. Chr.: »Der Kranich hat ein langes Leben von Tausenden von Jahren.« Aus einer »Kranichkunde« aus dem 6. Jh. ist zunächst zu erfahren, daß der Kranich dem Yang-Prinzip zuzurechnen ist. (Im Gegensatz zum Yin-Prinzip, das für das Negative, den Mond und die Nacht steht, sind die Sonne, der Tag und das Leben die Symbole für das positive Yang-Prinzip.) Die »Kranichkunde« beschreibt das Leben eines Kranichs folgendermaßen: »Entstanden aus dem Element Metall, stützt er sich auf das Element Feuer. Die Zahl des Feuers ist Sieben, die des Metalls Neun. Folglich macht er alle sechzehn Jahre eine kleine und alle sechzig Jahre eine große Verwandlung durch.« Bei der Beschreibung der einzelnen Lebensstadien hält sich der Autor der »Kranichkunde« dann zwar nicht an seine Erkenntnisse, doch er zeichnet dessenungeachtet eine weiterhin wundersame Entwicklung des Vogels auf: »Mit zwei Jahren verliert er seine Flaumfedern und bekommt Flecken. Mit drei Jahren wird der Scheitel rot. Mit sieben Jahren ist er in der Lage, zu den höchsten Wolken aufzusteigen. Sieben Jahre danach lernt er tanzen und nach weiteren sieben Jahren vermag er den Wechsel der Jahreszeiten anzukündigen, indem er zwölfmal bei Tag und bei Nacht ruft. Mit sechzig Jahren streift er sein altes Gefieder ab. Die nachwachsenden Federn sind schneeweiß und flaumig weich; sie können nicht mehr verschmutzen... Nach tausendsechshundert Jahren braucht der Kranich nur noch Wasser als Nahrung.«

Sinnbild für ein langes Leben

Es gibt mehr solcher phantastischen Beschreibungen in der chinesischen Literatur und Naturkunde. Neben vielen Fähigkeiten, die sie dem Kranich bescheinigen, stellen sie ihn immer wieder als das Symbol für die Unsterblichkeit und ein langes Leben dar. Da Kraniche schon früh an Fürstenhöfen und Kaiserpalästen als zahme Tiere gehalten wurden, konnte man sich intensiv mit ihnen beschäftigen. So blieb auch nicht verborgen, daß die langbeinigen Gefiederten in Gefangenschaft recht alt werden können. Es wird vorgekommen sein, daß so mancher Kranich seinen Herrn überlebt hat. Aber das alleine hat ihn nicht zum Göttervogel gemacht. Es sind all die Eigenschaften, die auch anderen Kranichen in anderen Ländern bei anderen Völkern zu einem besonderen Ansehen verholfen haben: ihre Größe, der würdevolle Stolziergang, das lange Stehen an einer Stelle und der damit verbundene Eindruck großer Gelassenheit, das häufige, auch außerhalb der Balz gezeigte Springen, Flügelschlagen, die gelegentlichen Attacken und Verfolgungen untereinander (alles als »Tanz der Kraniche« bezeichnet), ihre lauten, harten, heiseren oder schrillen Rufe, die geheimnisvollen Formationen beim Flug, ihr Auftauchen und Verschwinden zu bestimmten Jahreszeiten. Beim Mandschurenkranich kam das weiße Gefieder mit seinem roten Scheitel und den schwarzen Schmuckelementen hinzu. Es deutete nicht nur auf die Verbindung zum Überirdischen hin; es gab dem Vogel auch »himmlische Anmut«; es zeugte von der Reinheit seines Wesens. In der chinesischen Mythologie gibt es neben den weißen noch schwarze, gelbe und blaue Kraniche.

Da die Unsterblichkeit als das größte Glück für die Menschen angesehen wurde, war der »göttliche Vogel« zugleich der Bote des Glücks. Das wird manchen freilebenden Kranich die Freiheit gekostet haben, weil er eingefangen oder als Küken aus dem Nest herausgenommen wurde, um dem Menschen zur Gesellschaft zu dienen. Das hat aber noch mehr vor einem schlimmeren Schicksal bewahrt, denn die Kraniche galten vielerorts als heilig oder unter den besonderen Schutz des Herrschers gestellt, so daß ihre Verfolgung und erst recht ihre Tötung bestraft wurden.

»Vogel allerersten Ranges«

Bei einer solchen Bedeutung des Kranichs, die ihn zum »Vogel des allerersten Ranges« werden ließ, ergab es sich von selbst, daß sich mit der Zeit immer mehr Dichtung als Wahrheit um ihn rankte. Außer in den religiösen Erzählungen erscheint der Kranich in einer großen Anzahl von Märchen aus dem täglichen Leben als Wohltäter. So lebte ein Gott mit dem Namen »Knabe des weißen Kranichs« im »Palast der jagenden Leere« auf dem Weltberg K'un-lun und half guten Helden. Oft verwandeln sich auch gute Menschen in Kraniche. Bis heute sind Legenden lebendig geblieben, die von bestimmten »Kranichmenschen« an bestimmten Orten berichten. Wie es sich für die meisten Legenden gehört, gibt es auch von der bekanntesten von ihnen unterschiedliche Versionen: Zum »Turm des gelben Kranichs« auf dem Schlangenberg in Wuchang sind verschiedene Unsterbliche auf ihren Kranichen geflogen und anschließend immer wieder Menschen gepilgert, um herauszufinden, was es mit der Unsterblichkeit auf sich hat.

Kranichflug als politischer Ratgeber

Neben den vielen Überlieferungen von Freundschaften zwischen Kranichen und ihren Züchtern, von Festen und Vorführungen, bei denen Kraniche tanzten, von Einsiedlern und Heiligen, deren einzige Gefährten ein oder zwei der großen Vögel waren, gibt es auch Hinweise darauf, daß Kraniche selbst die Politik beeinflußt haben. Aus dem Verhalten der zahmen und dem Flug der wilden Kraniche zogen manche Herrscher oder deren Berater ihre Lehren. In der Ming- und Qing-Dynastie (1368 bis 1911) waren Mandarine und Hofbeamte in uniformähnliche Gewänder gekleidet. Ein vorne und hinten aufgenähtes »Bu Zi« gab wie ein Rangabzeichen Auskunft über die Stellung der Person. Zivilbeamte der höchsten Stellung trugen die ganze Zeit hindurch den Kranich als Kennzeichen. Kraniche finden sich auch auf den kostbaren Umhängen der Herrscher und Mandarine aus der Guang Xu-Zeit: In kunstvollen Stickereien zeigen sie die Vögel in den verschiedensten Stellungen. Manche der mit Kranichen verzierten Kleider wurden nur zu bestimmten Gelegenheiten getragen.

Bisweilen trieb die Zuneigung zu den Kranichen seltsame Blüten. So ist im Buch »Zuo Zhuan«, das die Geschichte der Frühlings- und Herbstperiode beschreibt (770 bis 476 v. Chr.), vom Fürst Yi des Staates Wei überliefert, er habe seine Kraniche wie hochgeschätzte Gäste behandelt. Auf seinen Fahrten begleiteten sie ihn in eigenen Karossen und Sänften, jeder von ihnen bekam neben bester Pflege und Kost ein Gehalt. Sie hatten denselben Rang wie die höchsten Beamten, und es gab Generäle unter ihnen. Diese Behandlung mißfiel den Soldaten und Beamten derart, daß sie, als es zum Krieg gegen den Stamm der Di gehen sollte, ihren Fürsten auf seine Kraniche verwiesen und ihm rieten, diese den Krieg an ihrer Stelle führen zu lassen.

Schon früh war den Chinesen aufgefallen, daß Kraniche nach der Vermählung mit einem Partner eine lebenslange Ehe führen. So wurden sie auch zu einem Symbol für Treue und Beständigkeit, für die Liebe und die Freundschaft. Manche Geschichte erzählt von einem engen Band zwischen Mensch und Kranich. Oft werden die Kraniche bemüht, um eine Beziehung zwischen zwei Menschen zu beschreiben und zu idealisieren. So erhofft sich der berühmte Dichter Bai Ju Yi aus der Tang-Dynastie in einer Ode an seine Geliebte Ying: »Mögen wir Kraniche werden und Flügel an Flügel im Himmel fliegen.« Dieser Wunsch nach ewigem Glück und Unzertrennlichkeit taucht neben dem nach Unsterblichkeit in den unterschiedlichsten Umschreibungen immer wieder in der Poesie und in der Literatur Chinas auf, und Bertolt Brecht hat ihn in seinem diesem Buch vorangestellten Gedicht »Die Liebenden« in

Verse gefaßt, die zu den schönsten der Lyrik unseres Jahrhunderts zählen.

Wenn die Kraniche heute auch aus vielen Gebieten verschwunden sind, in denen sie einst laut alten Berichten zahlreich vorkamen, so leben sie außer auf den zahlreichen Abbildungen ebenso in vielen Sprichwörtern und Redensarten weiter. Ein immer noch gängiger Glückwunsch zum Geburtstag lautet: »Mögest du so lange und so glücklich leben wie ein Kranich!« Häufig wird im gleichen Atemzug die Schildkröte bemüht, die den Chinesen eine enge Partnerschaft mit dem Kranich zu verdanken hat. Als »Kranich unter den Hühnern« wird eine herausragende Persönlichkeit bezeichnet. »Wie ein Kranich steht« ein charakterlich aufrichtiger Mensch.

»Seine Stimme erreicht den Himmel«

Der Stimme des Kranichs, des »Patriarchen des gefiederten Geschlechts«, gelingt es immer, sich Gehör zu verschaffen und so der Gerechtigkeit zum Sieg zu verhelfen. »Wenn ein Kranich am Teich schreit, erreicht seine Stimme den Himmel«, heißt es im »Shijing«, dem Buch der Lieder. Das ist ganz im Sinn dessen, was Laotse zu Konfuzius gesagt hat: »Der Kranich badet nicht jeden Tag und bleibt trotzdem weiß. Seine Stimme ist nicht so schön wie die der Nachtigall, aber sie beinhaltet Ehrlichkeit und Gerechtigkeit.«

»Die Stimme des Kranichs« hat eine ganz besondere Bedeutung in Japan erlangt, wo mit der Religion aus China auch die Verehrung der Vögel übernommen wurde. Mit der Stimme des Kranichs habe der japanische Kaiser 1945 seinem Kabinett die Kapitulation Japans angeraten, hieß es. Und ein Kranich braucht nur ein einziges Mal zu rufen, um sich durchzusetzen, glaubt man im Inselreich. »Tsuru no hitokoe« – der einmalige Ruf eines Kranichs – steht auch heute noch für die Stimme der Autorität.

»Der weiße Kranich« galt den Japanern ebenso als Verkörperung oder als Träger der Unsterblichkeit, als Bindeglied zwischen den Welten. Der »Ehrenwerte Herr Kranich« (O tsuru sama) ist nach wie vor der Garant für ein glückliches langes Leben, denn er ist der ständige Begleiter von Fukurokuju, einem der sieben Glücksgötter im buddhistischen Japan. Glückwünsche und Gaben zur Hochzeit haben häufig einen engen Bezug zum Kranich, der für tausend Jahre »gut ist«, und zur Schildkröte, die zehntausend Jahre »hält«. So sind die Kimonos der Brautleute mit Kranichen und Schildkröten verziert, eine klassische Ballade mit dem Namen »Tsurukame« (Der Kranich und die Schildkröte) wird zur Hochzeit (wie auch zu Neujahr und bei Geburtstagen) aufgeführt. Ein beliebtes Geschenk ist die kleine Nachbildung einer felsigen Glücksinsel mit den drei »Glücksbäumen«, der Kiefer, dem Pflaumenbaum und dem Bambus, sowie dem Kranich und der Schildkröte.

Es gibt unzählige rührende Märchen von Kranichen, die sich in schöne Mädchen verwandeln, oder von armen Bauernburschen, die verwundeten Kranichen helfen und anschließend auf wundersame Weise reich werden. So gerne Kinder solchen Märchen lauschen, so unwillkommen mag ihnen die Erwähnung der Kraniche bei anderer Gelegenheit sein. Viele japanische Eltern benutzen sie als Erziehungshelfer, indem sie ihre Sprößlinge ermahnen, sich am guten Betragen junger Kraniche ein Beispiel zu nehmen, gelten doch die Vögel in Japan schlechthin als Symbol für Glück und Eintracht in der Familie.

Japanische Kinder kommen aber auch noch auf andere Weise intensiv mit ihnen in Verbindung. Tausend aus Papier gefaltete Kraniche bringen sowohl demjenigen, der sie bastelt, als auch demjenigen, der sie als Geschenk erhält, Glück und ein langes Leben. Also gehört es in vielen Familien, aber auch in Schulen zur Tradition, die Kinder das Falten von buntem Papier zu kleinen Vogelgestalten zu lehren. In manchen Gegenden des Inselstaates gibt es kein Haus, in dem nicht mindestens ein großer »Kranichstrauß« an der Tür oder von der Decke herabhängt. Besonders in Nordjapan erhalten ältere Familienmitglieder zum Geburtstag für jedes Lebensjahr einen Papierkranich, und auch ein Kranker wird nicht ohne eine Schar der kleinen knisternden Glücksbringer besucht.

Friedenssymbol »Kette der Tausend Kraniche«

Weltweit bekannt sind die Papierkraniche durch das Standbild eines jungen Mädchens im Friedenspark von Hiroshima geworden. Es hat einen einzigen – stilisierten – Papierkranich in der Hand als ständige Mahnung für Frieden in der Welt. Hinter dieser Statue verbirgt sich eine erschütternde Geschichte: Nach dem Abwurf der Atombombe auf die japanische Hafenstadt durch die amerikanische Luftwaffe am 6. August 1945 war unter den vielen Opfern ein kleines Mädchen, Sadako Sasaki, dessen verstrahlter Körper in einem Krankenhaus behandelt wurde. In der Hoffnung auf Genesung begann es, kleine Kraniche aus Papier zu falten. Es schaffte mehrere hundert, doch dann starb es, bevor es sein Ziel, tausend Kraniche zu falten, erreicht hatte. Daraufhin sammelten Kinder von mehr als dreitausend Schulen im gesamten Land das Geld für ein Standbild des Mädchens, das die Erinnerung an alle Opfer wachhalten soll. Täglich legen Besucher Tausende von Papierkranichen an der Statue nieder, um auf diese Weise ihren ständigen Friedensappell zu unterstützen. Die »Kette der Tausend Kraniche« wird seitdem auch anderswo als international verständliches Friedenssymbol benutzt.

Der Kranich ist so in jüngster Zeit zu einem Friedensvogel geworden. Vielleicht hat das dazu beigetragen, daß dem Schutz der freilebenden Kraniche heutzutage in Japan mehr Aufmerksamkeit gewidmet wird als noch vor einigen Jahrzehnten. In früheren Jahrhunderten standen zeitweilig zwar die Mandschurenkraniche, die wie in China auch in Japan einst sehr viel häufiger als Brutvögel vorkamen, unter dem besonderen Schutz des Kaisers, doch wurden die anderen Arten (damals wie heute nur als Wintergäste zu sehen) fleißig bejagt. Zwischen 1603 und 1867 (Tokugawa Shogunate) durfte jährlich ein Mandschurenkranich getötet und zu einer besonderen Brühe für den Kaiser verarbeitet werden. Dieser entließ, ebenfalls einmal im Jahr, am »Tag der Kranichbefreiung« eine Anzahl von Mandschurenkranichen. Das sollte dem Herrscher einige Pluspunkte als Buddhist einbringen.

Lange vorher bereits verehrten die Ureinwohner der nördlichsten der vier japanischen Hauptinseln, der Stamm der Ainu auf Hokkaido, den Mandschurenkranich als Gott der Moore und Sümpfe. Vielleicht entstand hier der erste der verschiedenen Kranichtänze, die es auch in anderen Ländern der Erde gibt. In Japan haben sie eine besonders lange Tradition, und auf Hokkaido gehören sie heute zur Folklore. Dort brüten in unserer Zeit die einzigen Mandschurenkraniche Japans in freier Wildbahn immer noch in demselben arg geschrumpften Sumpf bei Kushiro, aus dem die Ainu mit ihren Tänzen und der Hilfe des gefiederten Gottes die bösen Geister verbannen wollten.

Auch heute noch vertrauen sich die Japaner gerne dem Schutz der Kranichschwingen an: ganz unmittelbar den »Japan Air Lines« mit dem Kranichsymbol an ihren Flugzeugen, aber auch manche andere Firma führt den Kranich als Markenzeichen. In Familienwappen und als dekoratives Element ist der Kranich in unterschiedlichster Form, häufig mit hochgestellten Schwingen, heute so weit verbreitet wie früher, als er Schwerter und Puderdosen gleichermaßen zierte.

Boten für Neujahrswünsche

Bevor die Religion – und mit ihr Literatur und Kunst – die Kraniche nach Japan brachte, hatten sie schon in Korea für ihre Verbreitung gesorgt. Dort, wo die Mandschurenkraniche, die Weißnacken- und die Mönchskraniche heute in der »entmilitarisierten Zone« winterliche Rast machen, genießen sie seit langem den Ruf der glücksbringenden Heiligkeit. Wie stark die Koreaner bis in unsere Zeit an sie glauben oder zumindest aus alter Tradition sie als Symbol verwenden, zeigt sich zum Jahreswechsel. Dann werden in immer neuen Entwürfen Kraniche auf bunte Postkarten gedruckt; sie sind die meistbenutzten Boten für die Glückwünsche zum neuen Jahr.

Wo der Buddhismus eine Rolle spielte, ist der Kranich aufgetaucht. Und wo er einmal im Gefolge der Mönche und Künstler gelandet war, entwickelte sich um ihn herum eine reiche Märchen- und Mythenwelt. Nach einer indonesischen Vorstellung war bei der Erschaffung der Erde der Kranich das erste Lebewesen auf einem Felsen im Meer, der ihn geboren hatte. Aus den dabei vergossenen Schweißtropfen entstand die Göttin Lumi-muut, welcher der Kranich erzählte, daß es ein »ursprüngliches Land« gebe und daß sie sich von dort zwei Handvoll Erde holen solle. Aus dieser von der Göttin später auf dem Felsen verstreuten Erde seien dann alle anderen Lebewesen entstanden, heißt es in der Geschichte, die ihren Ursprung auf der Großen Sunda-Insel Celebes haben soll.

In Indien ist der Saruskranich der heilige Vogel Vishnus, einer der Hauptgötter neben Shiva und Krischna. Bei den Hindus wie bei den Buddhisten ist er wegen seiner Familientreue besonders geachtet und wird deshalb auch auf den Feldern geduldet. Dieser auch heute noch vornehmlich in Indien lebende Kranich, der größte in seiner Familie, nimmt in der indischen Mythologie einen bedeutenden Platz ein. Vielleicht hat sich der legendäre Ruf des Kranichs in anderen Ländern überhaupt erst von Indien aus mit der Verbreitung des Buddhismus begründet.

Vieles spricht allerdings dafür, daß die Menschen überall dort, wo auch Kraniche lebten, unabhängig voneinander eine besondere Beziehung zu diesen Vögeln entwickelten. Einflüsse anderer Kultur- und Glaubenskreise mögen dann noch ihren Teil dazu beigetragen haben. Bei Völkern, die in engem Kontakt mit der Natur lebten, konnte es gar nicht ausbleiben, daß sie sich intensiv mit den so auffälligen Kranichen beschäftigten. Für die Ureinwohner Australiens war der »Brolga«-Kranich einst die schöne junge Tänzerin Buralga gewesen, die ein böser Zauberer, der bei ihr »abgeblitzt« war, mit Hilfe einer Staubwolke in einen Kranich verwandelt hatte. Was er nicht verwandeln konnte: ihre Lust am Tanz und dessen kunstvolle Beherrschung. So zählen denn auch die Australischen Kraniche, die in ihrer Heimat oft nur »Brolgas« genannt werden, zu denjenigen unter den fünfzehn Arten, die besonders viel hüpfen, knicksen, sich drehen und mit den Schwingen schlagen. Dem Brolga haben die Menschen außerdem das Feuer zu verdanken. Einer Sage zufolge, die unter den Ureinwohnern überliefert wird, landete er eines Tages mit einem brennenden Zweig im Schnabel und entzündete einen Haufen Holz.

In Afrika wird dem vielfältig geschmückten und ebenfalls tanzfreudigen Kronenkranich bei verschiedenen Stämmen das Märchengewand umgehängt. So wurde aus dem Tschad eine Geschichte bekannt, in der sich die Kronenkranichin der Rhesusäffin erwehren muß, die ihr die Gunst des Häuptlings neidet.

»Großvater Kranich« hilft bei der Flucht

Der Kronenkranich gilt in manchen südafrikanischen Gegenden als der Wächter des Feldes. Als »oberster Vogel« teilt er den anderen Vögeln ihre Rationen zu und paßt auf, daß für die Menschen genügend übrigbleibt. Dieser schöne Auftrag, den ihm naturverbundene Völker zugeschrieben haben, beeindruckt heutzutage Schwarze und Weiße nicht. Sie hindern die Kronenkraniche notfalls mit Gift daran, sich einen Anteil von der Aussaat auf den Feldern zu holen und durch ihre Anwesenheit vielleicht tatsächlich andere Vögel vom Einfallen abzuhalten. Getreu dem Motto, daß in den meisten Geschichten ein wahrer Kern steckt. Der Status als »oberster Vogel« erinnert an den des »Patriarchen der Gefiederten«, als welcher der Kranich im alten China galt, wo er auch als »vornehmster aller Vögel« zum Stammvater aller anderen Gefiederten erhoben wurde.

Eine ähnliche Hochachtung genossen auch die nordamerikanischen Kraniche bei einigen Indianerstämmen. »Großvater Kranich« half Flüchtenden über Flüsse und Schluchten, indem er sich mit ausgestreckten Beinen und langem Hals darüberlegte und als Brücke diente. Kamen die Verfolger, flog er davon. Wie überall, wo große Kranichheere im Frühling und im Herbst durchzogen, gaben das Auftauchen und Verschwinden der Vögel zu mancherlei Deutungen Anlaß. Nach einer indianischen Version fliegen sie im Herbst davon, um den Frühling zu suchen und zurückzuholen, was ihnen ja auch jedes Jahr gelingt. Daher galten sowohl die weißen Schreikraniche als auch die graubraunen Kanadakraniche vielen Indianern als wichtige Verbündete, und sie verfolgten sie nicht.

Eine andere Vorstellung der Indianer, die mit dem Kranichzug zusammenhängt, fand um 1880 unter einigen nordamerikanischen Naturforschern soviel Beachtung und vermeintliche Bestätigung, daß sie ernsthaft in verschiedenen Zeitungen und Zeitschriften diskutiert wurde, darunter auch in dem angesehenen wissenschaftlichen Blatt »Nature« in London. Es hieß, die Kraniche nähmen auf ihren Herbstzügen nach Süden in ihrem Gefieder kleine Vögel mit, die sonst die weite Reise nicht schaffen würden. Ein vielstimmiges Gezwitscher, das in den Kranichschwärmen zu hören sei, beweise diese einmalige Zusammenarbeit verschiedener Vogelarten. Was die sonst recht genau beobachtenden Indianer und die noch nicht mit einem Fernglas ausgerüsteten Forscher nicht wissen konnten, überrascht auch heute manchen Ornithologen, der erstmals einen Kranichschwarm im Herbst sieht und hört: Die Jungen, im Flug nur schwer von ihren Eltern zu unterscheiden, lassen ziemlich häufig zirpende Kontaktrufe ertönen, die in der Tat wie das Zwitschern kleiner Singvögel klingen. Besonders eingehend haben sich die Crows und die Crees mit diesen Naturvorgängen auseinandergesetzt, die auch von den Kanada- und von den Schneegänsen berichtet wurden.

Einige Indianerstämme haben den Passagieren im Kranichgefieder, die sich nie blicken ließen, einen Namen gegeben: »Vogel auf dem Kranichrücken« hieß das geheimnisvolle Wesen, und wenn die Crows in den Kampf zogen, pfiffen sie seine Melodie auf einer kleinen Knochenflöte. So glaubten sie, unbesiegbar zu bleiben. Sollten sie dennoch fallen, trüge sie Manitu, der Große Geist, fort. Genauso, wie es die Kraniche mit den kleinen Vögeln taten.

Nahrungsmittel und Göttervogel

Phantastische Geschichten, zum Teil mit naturkundlichem Hintergrund, haben den Kranich auch zu einem der bekanntesten Vögel in der abendländischen Kulturgeschichte gemacht. Im alten Ägypten, dessen belegbare Geschichte etliche Jahrtausende vor unserer Zeitrechnung zurückreicht, spielten die Kraniche in doppelter Hinsicht eine wichtige Rolle: als Nahrungsmittel und als Göttervogel. In den fruchtbaren Niederungen des Nils überwinterten früher zweifellos wesentlich mehr Graue Kraniche und Jungfernkraniche als heutzutage, und so fielen in jedem Herbst wahre Heerscharen von ihnen dort ein. Viele in Stein gehauene Bilder belegen, daß die Kraniche mit Netzen gefangen und – mit Enten, Gänsen und Tauben – in großen Geflügelhöfen gehalten und dort sogar gemästet wurden. Sie wurden gegessen, aber auch als Opfertiere für die Götter verwandt. Die Abbildungen verraten, daß die Kraniche beider Arten zum Teil recht vertraut miteinander gewesen sein müssen. Viele von ihnen werden demnach vielleicht auch nur aus kultischen Gründen gehalten worden sein. In etlichen Grabkammern finden sich Darstellungen von Kranichen. Daher wird vermutet, daß den Toten außer den Bildern vielleicht auch Vögel als Speise für die lange Reise beigegeben wurden. Eine andere Deutung besagt, daß der Tote nach damaligem Glauben in Gestalt eines Kranichs den Aufstieg zum Himmel bewerkstelligen konnte. Auch als »Sonnenvogel«, der mit seinen Rufen jeden Morgen die Sonne ankündigt und begrüßt, hatte er in der ägyptischen Mythologie eine Bedeutung. Hin und wieder wird der Kranich aufgrund einer Verwechslung dem Gott Thoth (Thout) als Begleiter zugeschrieben, doch dessen heiliges Tier war neben dem Pavian der Ibis.

Bei den Griechen und Römern verbanden sich in der Verehrung der Kraniche Religiöses und Naturkundliches. Die Götter Apollo und Hermes konnten sich ihrer Gesellschaft erfreuen. Auch Artemis (römisch: Diana), Göttin der Jagd und der Keuschheit, und deren Mutter Leto standen sie nahe. Demeter, der

»Mutter Erde«, waren sie ständige Begleiter. Schließlich erschienen die Kraniche ja auch regelmäßig auf den Feldern, wenn sie auf ihren jährlichen Zügen zwischen Osteuropa und Rußland im Norden und Ägypten im Süden Griechenland überquerten.

Flugformationen als Anregung für Schriftzeichen

Der Zug der Kraniche hat die Naturforscher schon früh beschäftigt, aber auch die Dichter. So gelten manche der Flugformationen als Vorbilder für Buchstaben des griechischen Alphabets, allerdings sollen sie auch schon Anregungen zur Keilschrift der Sumerer, Assyrer und Hethiter gegeben haben. In den Erklärungen des Zugverhaltens mischen sich unter die Wiedergabe genauer Beobachtungen manche Erfindungen. Zu den phantastischen Schilderungen gehörte, daß die Kraniche vor dem Überfliegen des Meeres Steine als Ballast verschlucken würden. Diese, so hieß es, würgten sie bei Gegenwind aus. Noch abenteuerlicher war die Erklärung, die Kraniche würden in der Dunkelheit mit Hilfe der Steine herausfinden, ob sie über Wasser oder über Land flögen: Das Geräusch, das die Steine beim Aufprall verursachten, würde es ihnen verraten.

Aristoteles, der große Gelehrte aus dem griechischen Stagira, zu dessen Lehrern Platon und zu dessen Schülern Alexander der Große gehörten, hat sich an verschiedenen Stellen recht ausführlich mit den Kranichen beschäftigt. So hat er die Wachsamkeit der Vögel hervorgehoben, aber eine zu seinen Lebzeiten (384 bis 322 v. Chr.) bereits verbreitete Beschreibung als unwahr bezeichnet. Dennoch hat gerade dieses den Kranichen angedichtete Verhalten die Vögel bis in unsere Tage besonders bekannt gemacht und dem Grauen Kranich zu vielfältiger Darstellung verholfen: Kraniche, so hieß es, stellten bei einer Rast für die Nacht immer einen Wachposten auf. Dieser nehme, um sich vor dem Einschlafen zu schützen, einen Stein in den Fuß des während der Wachzeit hochgezogenen Beines. In dem Augenblick, in dem der wachhabende Vogel vom Schlaf übermannt würde, entfiele der Stein seinen Zehen, und der Vogel erwache. Obwohl die Geschichte mit einem Stein allenfalls soviel zu tun hat, als Kraniche bei ihren Flattersprüngen, Parademärschen und Balztänzen gelegentlich kleine Steine mit dem Schnabel in die Luft werfen, hat sie eine europaweite Verbreitung gefunden. Nach Äsop (6. Jh. v. Chr.) und anderen griechischen Dichtern haben sich römische Schriftsteller wie Plinius der Ältere (23 bis 79 n. Chr.) und Aelianus (170 bis 235 n. Chr.) ebenso über den »Grus vigilans« ausgelassen wie Verfasser religiöser Schriften im Mittelalter. Der steinhaltende Kranich hat seinen Siegeszug als Sinnbild für die Wachsamkeit durch alle Jahrhunderte beibehalten. Im folgenden Kapitel wird darüber mehr zu erfahren sein.

Die ziehenden Kraniche galten bei den Griechen und Römern mehr als Wetterkünder; bereits im 8. Jh. v. Chr. schrieb der griechische Dichter Hesiod: »Habe acht auf die Zeit, in der Du die Stimme des Kranichs hörst, der, Jahr um Jahr, über den Wolken mit hohem Klange schreit, denn diese Stimme ist das Zeichen für den Regen.« Und der römische Dichter Vergil (70 bis 19 v. Chr.) sagte: »Wenn der hochfliegende Kranich ein Tal aufsucht, naht ein Sturm.« Der griechische Geschichtsschreiber Herodot (5. Jh. v. Chr.) brachte den Kranichzug im zweiten Buch seiner »Historien« mit den jährlichen Nilüberschwemmungen in einen zeitlichen Zusammenhang.

Vier Jahrhunderte zuvor hatte Homer in seiner berühmten »Ilias« bereits den Kranichzug, eher beiläufig, in einem anderen Zusammenhang erwähnt und damit eine alte Geschichte aufgegriffen, die sich in verschiedenen Versionen ebenfalls in vielen Völkern verbreitet hat. Zu Beginn des »Dritten Gesanges« heißt es in der »Ilias«: »Als so jegliches Volk mit den leitenden Führern geordnet / rückten die Troer heran wie Vögel mit Lärmen und Schreien / grade wie Kraniche krächzen im Fluge unter dem Himmel / wenn auf der Flucht vor dem Winter und unaussprechlichem Regen / kreischend sie fliegen dahin zum fernen Okeanosstrome / Tod und Verderben dem Volke der kleinen Pygmäen zu bringen / und in dem Nebel der Frühe das streitende Morden beginnen.«

Seit jeher beflügeln Kraniche die Phantasie des Menschen

Diese Kranichgeschichte mit den zwergenhaften Menschen beschäftigte sowohl die Mythologen als auch die Naturforscher, ohne daß eine befriedigende Erklärung gefunden wurde. Ein Zusammentreffen der kleinwüchsigen Bewohner Afrikas mit den fast gleich großen Grauen Kranichen war sicherlich möglich, da die Pygmäen früher nicht nur den Urwald bewohnten. Doch wie es dann zum »Krieg« zwischen Vögeln und Menschen gekommen sein soll, bleibt ein Geheimnis und ein Produkt der dichterischen Phantasie. Verschiedene Märchen und Legenden haben sich, neben allerlei Deutungsversuchen, aus diesen Versen der »Ilias« ergeben. Die wohl bekannteste Legende handelt von Gerana, einer von den Pygmäen verehrten Führerin, welche die griechische Göttin Hera in einen Kranich verwandelte.

Nicht ganz so unerklärlich, aber historisch nicht genau zu belegen ist die Geschichte, durch die vor allem den Deutschen seit rund zweihundert Jahren die Kraniche zumindest dem Namen nach gut bekannt geworden sind. Mit seiner Ballade »Die Kraniche des Ibykus« hat Friedrich von Schiller (1759 bis 1805) den Vögeln ein bleibendes Denkmal gesetzt. Sie geht auf

Der bekannte zeitgenössische Maler Huang Yong Yu hat ein schönes Kranichbild von gewaltigem Ausmaß geschaffen. Es hängt seit dem Herbst 1987 im Chinesischen Restaurant des Beijing-Hotels in Peking. Das Foto zeigt einen kleinen Ausschnitt von der etwa 60 Quadratmeter großen Fläche, auf der mehrere Gruppen von überwiegend dunklen Kranichen in verschiedenen Posen dargestellt sind. Stehend und fliegend vermitteln die – langschnäbeligen – Vögel eine derartige Grazie und Leichtigkeit, daß es schwerfällt, die Augen von dem Bild zu wenden. Eine schöne Kalligraphie des Künstlers gibt ein Gedicht von Cao Zhi (192–232), auch Cao Zinjian genannt, auf einem Teil des Bildes wieder. Die Überschrift des Gedichts lautet, wie könnte es bei Kranichen anders sein: Die Reise ins Paradies.

eine griechische Sage zurück, die sich um den Tod des Lyrikers Ibykos im 6. Jh. v. Chr. gebildet hat. Ähnlich ist die mohammedanische Legende vom Derwisch Danadil, dessen Mörder sich auf einem öffentlichen Gebetplatz verraten, als dieser von rufenden Kranichen überflogen wird.

Aus den vielen Sagen der Antike, in denen Kraniche auf irgendeine Weise mitwirken, ragt der Kranichtanz auf der Insel Delos heraus. Theseus soll ihn erstmalig mit den sieben Jungfrauen und sieben Jünglingen getanzt haben, die er vor dem Minotaurus bewahrt hatte. Diesen hatte Theseus zuvor mit der Hilfe von Ariadne in seinem Labyrinth auf Kreta getötet. Kranichtänze waren ebenfalls von Nachbarinseln als Teil eines Sonnenkultes bekannt. In verschiedener Form und aus verschiedenen Anlässen wurden Kranichtänze auch in anderen Ländern, besonders im Frühling, getanzt. Da der Kranich sich nach alter Überlieferung mit neun Schritten in die Luft erhebt, beginnen die meisten Kranichtänze damit, so auch der im Mittelalter bei Hofe getanzte »Crue«. Die großen Vögel mit ihren ballettartigen Schritten und zum Teil grotesk wirkenden Flattersprüngen waren später Vorbild für allerlei Folkloretänze, die auch heute noch mancherorts in der Sowjetunion und in anderen osteuropäischen Ländern verbreitet sind.

Kranichkämpfe und Kranichbraten

Das grausame Ende eines Kranichtanzes besonderer Art ist aus China überliefert. Etwa 500 v. Chr. hatte sich die Tochter von Ho-lu, des Königs von Wu, eines kleineres Reiches im Yangtze-Tal, das Leben genommen, weil ihr Vater ihr von dem Fisch zu essen gegeben hatte, den er zuvor selber genossen hatte. Damit war nach damaliger Vorstellung ein Tabu gebrochen. Der König ließ eine große Grabstätte bauen, und bei der Beisetzung mußten Jungen und Mädchen einen Kranichtanz aufführen. (In einigen Quellen heißt es, Kraniche und Menschen hätten getanzt, in anderen ist nur von jungen Menschen die Rede.) Die Tänzer und die Vögel (sofern welche mitgewirkt haben) mußten zur Grabstätte in einen unterirdischen Gang hineintanzen, den eine »Maschine« hinter ihnen verschloß, so daß sie lebend begraben wurden. Dadurch wollte der König sich von seiner Schuld reinwaschen und seiner Tochter die Unsterblichkeit verschaffen.

Neben Kranichtänzen gab es auch Kranichkämpfe. Dabei wurden zwei Kranichhähne aufeinander losgelassen, ähnlich wie es heute in manchen Ländern noch mit »Kampfhähnen« üblich ist. Der römische Kaiser Titus soll sich an solchen Spektakeln, bei denen Kraniche Federn ließen, erfreut haben. Wer einmal in freier Wildbahn zwei Kranichmännchen beobachtet hat, die sich im Frühjahr an den Grenzen ihrer Brutreviere streiten, weiß, wie rücksichtslos sie miteinander umgehen können. In einer Arena, wo der Unterlegene nicht fliehen kann, endete eine solche Auseinandersetzung in der Regel mit dem Tod eines der Vögel. Das geschieht gelegentlich sogar unter freilebenden Kranichen.

Die Römer übrigens schätzten auch einen Kranichbraten, wobei über die Schmackhaftigkeit unterschiedliche Beurteilungen vorliegen. Horaz (65 bis 8 v. Chr.) stellt ihn als »angenehme Beute« dar; der als Feinschmecker sprichwörtlich bekannt gewordene Apicius, der zur Zeit von Augustus und Tiberius lebte, empfahl, das Fleisch erst von den vielen Sehnen zu befreien. An manchen Orten des Römischen Reiches wurden die Vögel – nach ägyptischem Vorbild – gemästet. Der griechische Schriftsteller Plutarch (46 bis 120 n. Chr.) hatte bereits über die Nachzucht von Kranichen in Gefangenschaft geschrieben. Es gibt freilich auch Darstellungen von Kranichen, die wie Pfauen als Parkvögel gehalten wurden.

Verfolgt von Feldhütern und Flurschützen

Zur Ernährung mußten Kraniche auch in anderen Ländern herhalten. So gibt es Berichte über Festgelage in England, in denen der Kranichbraten besondere Erwähnung findet. Schon der byzantinische »Schrifterklärer« Theophylakt schildert Bauern, die der Meinung waren, »es sei besser, Felsen zu bebauen, als Felder und Hügel, wo man Kraniche zu Nachbarn habe«. Bei den Griechen hießen sie auch »Schollenhacker« und »Samenräuber«. Wo sie auf dem Zug zur Rast einfielen, wurden sie von den Feldern vertrieben oder mit Netzen, Leimruten und Schlingen gefangen, später mit Gewehren geschossen. Oft war der Schutz der Saat wichtiger als die Aussicht auf einen Braten; Großgrundeigentümer hatten gegen ungeliebte Vogelschwärme, zu denen auch die Kraniche gehörten, und gegen Wild eigens Feldhüter und Flurschütze(r) eingesetzt. Es gibt alte Darstellungen, auf denen Mädchen mit Metalldeckeln und anderen Geräten Kraniche vom Feld vertreiben. Im 18. Jahrhundert ordnete König Friedrich Wilhelm I. »wegen ihres großen Schadens« die Jagd auf sie an, und selbst in unserer Zeit fällt mancher Graue Kranich in Europa einem erbosten Bauern zum Opfer.

Die großen Vögel waren in Europa also nicht nur geschätzt und verehrt. Bei den Kelten wurde der Kranich den Göttern der Unterwelt zugerechnet. Es gibt indes auch eine Abbildung auf einem keltischen Altar für den Gott Esus aus dem 1. Jh. v. Chr. Mit der Inschrift »Tarvos trigaranus« ist ein Stier mit drei Kranichen abgebildet. Von der irischen Göttin Manannan geht die Legende, daß sie stets einen Beutel aus Kranichhaut bei sich trug, in dem sich die Schätze des

Meeres befanden. Sie beschützte die Seeleute in fremden Gewässern und versorgte die Bauern mit guter Saat.

Kranichfedern waren nicht nur ein willkommener Schmuck. Die Wenden zahlten mit ihnen. In Ungarn hielt ein junger Mann um die Hand seiner Geliebten mit einer Kranichfeder an. Kranichfedern am Hauseingang schützten die Bewohner vor Unheil. Nicht nur die langen grauen Federn, sondern alle möglichen Körperteile und Innereien des Kranichs waren nach dem Volksglauben im Mittelalter gegen die unterschiedlichsten Krankheiten gut. In alten Aufzeichnungen taucht der Kranich auch als Medizinlieferant für eine leichtere Empfängnis auf.

Im Mittelpunkt von Märchen, Fabeln und Legenden

Glaube und Aberglaube waren nicht auf die Gesundheit beschränkt. Eine Fülle von Märchen, Fabeln und Legenden haben sich um den Kranich in ganz Europa gebildet. Viele Überlieferungen von den Britischen Inseln sind ein Beweis dafür, daß die Vögel dort früher zahlreich gewesen sein müssen. Anhand von Kranichmärchen in verschiedenen Ländern läßt sich die Entwicklung und die Veränderung einer Geschichte verfolgen. Eines der besten Beispiele dafür ist die Fabel vom Kranich und vom Fuchs: Beide laden sich nacheinander gegenseitig zum Essen ein, servieren aber jeweils dem anderen die Mahlzeit so, daß nur der Gastgeber selbst sie essen kann; der Kranich in einem tiefen Bottich, in den nur er mit seinem langen Hals gelangen kann, und der Fuchs auf einer Platte, von der nur er alles aufschlecken kann. Diese Fabel gibt es in fast allen nord- und osteuropäischen Sprachen. Mal lädt der eine, mal der andere zuerst ein. Hier gibt es dieses, dort gibt es jenes zu essen. Die Fabel vom undankbaren Wolf, dem der Kranich einen Knochen aus dem Schlund zieht, ist ebenfalls weit verbreitet. Äsop hat den eitlen Pfau vom Kranich in seine Schranken weisen lassen. Besonders groß ist die Zahl russischer Kranichmärchen, darunter das schöne Jakutenmärchen von dem jungen Jäger Judshian und seinem Bruder Chodshugur, »Die Kranichfeder«. Auch »Der Geldbeutel des Kranichs« ist ein Klassiker unter den Märchen geworden.

In Armenien hat der Kranich eine politische Bedeutung erhalten. Das Volkslied »Krunk« (Kranich), dessen Entstehung sich bis ins Jahr 1678 zurückverfolgen läßt, ist zu einer Art Nationalhymne geworden. »Kranich, hast du keine Nachricht von der Heimat?« fragen die im Ausland lebenden Armenier. Bereits im Mittelalter mußten viele von ihnen auswandern.

»Krunk« lautete der Name einer im Jahr 1860 erstmals in Tiflis erschienenen Künstler-Zeitschrift; 1904 gaben im Exil lebende Armenier in Paris eine Zeitschrift mit demselben Titel heraus. Im Sommer 1988 ging der »armenische Kranich« durch die internationale Presse: Bei den Auseinandersetzungen zwischen Armeniern und Aserbeidschanern um das »autonome Gebiet« Berg-Karabach hatte sich das armenische Organisationskomitee den Namen »Krunk« gegeben. So war der Kranich gleichzeitig zum Hoffnungssymbol für eine friedliche Lösung der Auseinandersetzungen in den transkaukasischen Sowjetrepubliken geworden.

Lautmalerische Verbindung zwischen Name und Ruf

Wie »Krunk« im Armenischen und »Kranich« im Deutschen wird auch in vielen anderen Sprachen der Name des Vogels in einen lautmalerischen Bezug zu seinen rauhen Rufen gestellt: »Crane« im Englischen, »Grue« im Französischen, »Trana« im Schwedischen, »Grulla« im Spanischen, »Geranos« im Griechischen, »Ho« im Chinesischen, »Tancho« (für den Mandschurenkranich) und »Tsuru« (für die übrigen Kraniche) im Japanischen sind einige Beispiele. In den abendländischen Sprachen hat vielfach der lateinische Name »Grus« Pate gestanden: Er ist zum wissenschaftlichen Gattungsbegriff geworden. Von ihm, so heißt es, stamme das Wort »congruere« (übereinstimmen) ab; es habe sich nach dem besonderen Doppelruf eines Kranichpaares gebildet. Andere Sprachforscher sehen den harmonischen Kranichflug im Verband als Ursprung der Kongruenz an.

In vielen Namen ist der Bezug ebenfalls enthalten, wenn auch nicht immer so deutlich wie beim »Jagdschloß Kranichstein« in der Nähe von Darmstadt oder bei den Gemeinden »Kranichfeld« nahe Weimar und »Kranichborn« bei Erfurt. An vielen Ortsnamen läßt sich ablesen, wo die Kraniche einst heimisch waren oder regelmäßig zur Rast einfielen: Kranenburg, Kransberg, Kranzmoor mögen hier als Beispiele gelten. Der Hinweis in Familiennamen auf das Wappen »Kranich mit Stein« hat eine Wortschöpfung ergeben: Aus dem französischen »pied de grue« (Stein des Kranichs) wurde der Pedigree als Stammbaum, überwiegend benutzt für Tiere. Auch ein Sternbild am südlichen Sternenhimmel trägt den Namen Grus oder Der Kranich. Und ein letztes Beispiel: In Südosteuropa heißen die Ziehbrunnen mit dem langen Arm Kraniche, und so hieß auch einmal das Gerät, das in unserer baulustigen Zeit überall steht: der Kran, auf englisch »crane«, auf französisch wie das gefiederte Vorbild »la grue«.

In China, Korea und Japan hat der Kranich bis in die heutige Zeit große Bedeutung als Symbol und damit auch als dekoratives Element. Die Stadt Qiqihar in der nordostchinesischen Provinz Heilongjiang hat den Mandschurenkranich zum Wappentier erkoren. Der zentrale Bahnhofsvorplatz wird von einem hohen Standbild mit zweien der Vögel überragt, und an verschiedenen anderen Stellen der Stadt, wie auf einer Brücke in der Nähe des Zoos (oben), halten Kraniche Wache. Die Koreaner machten bei den Olympischen Spielen in Seoul weltweit darauf aufmerksam, wie wichtig ihnen der Kranich ist: Sie schmückten ein Hindernis beim Jagdspringen mit den Vögeln; die Kommentatoren sprachen daraufhin vom »Kranichsprung«. In vielen japanischen Häusern indessen hängen aus buntem Papier gefaltete Kraniche in großen Bündeln als Glücksbringer (rechts). Die »Kette der tausend Kraniche« ist durch das Mahnmal in Hiroshima zu einem internationalen Friedenssymbol geworden.

Bei Künstlern und Dichtern in hohem Ansehen

Ein Tier, das eine derart bedeutende Rolle in der Vorstellungswelt des Menschen einnimmt, mußte zwangsläufig einen breiten Raum in der darstellenden Kunst und in der Literatur erobern. Den Weg des Kranichs durch die Kulturgeschichte der Menschheit zu verfolgen setzt neben der Auseinandersetzung mit der Mythologie und der Naturkunde eine intensive Beschäftigung mit der Kunst- und Literaturgeschichte, mit der Religion und mit den Gebräuchen vieler Völker über Jahrtausende voraus. Für eine »Geschichte des Kranichs« ist hier nicht der Platz, wohl aber für ein paar Hinweise auf einige der so zahlreichen und vielseitigen Formen, in denen sich Maler, Bildhauer, Dichter und Schriftsteller Kranichen gewidmet haben.

Wo die Kraniche bereits früh im Glauben der Menschen eine Bedeutung hatten, wurden sie auch entsprechend abgebildet. So gelangt derjenige, welcher alte Darstellungen der großen Vögel sucht, zwangsläufig nach Ägypten, nach China und Japan. Auf Felswänden wurden sie in einfacher Form in einigen europäischen Gegenden, etwa im Süden Spaniens und in Skandinavien, ebenfalls schon früh festgehalten.

Auf mehr als 3000 Jahre v. Chr. datieren die Kunsthistoriker und Ägyptologen die ersten eindrucksvollen Abbildungen von Kranichen und anderen Vögeln in manchen Grabkammern am Nil. In der Zeit zwischen der 5. und der 18. Dynastie (2480 bis 1306 v. Chr.) erscheinen sie regelmäßig als Ausschmückung und zur Begleitung der Verstorbenen in den Gräbern. Besonders schön und gut erhalten sind die Friese im Grab von Nefer-Maat bei Medum und in Sakkara, doch an verschiedenen anderen Orten lassen sich, oft in Gesellschaft von Enten und Gänsen, ebenso Kranichgruppen bewundern. Die Künstler wußten sehr genau zwischen Grauen Kranichen und Jungfernkranichen zu unterscheiden. Dennoch gibt manches der Bilder, auf denen auch die Betreuer zu sehen sind, nach wie vor Rätsel auf. Hätten sich Papyrusrollen und Bücher aus Leder besser erhalten, wären aus noch früherer Zeit Kraniche gerettet worden: Fragmente, die Darstellungen anderer Vögel, wie etwa von Geiern, ahnen lassen, vermitteln einen Eindruck davon.

Auf einige tausend Jahre vor unserer Zeitrechnung werden auch die ersten Abbildungen von Kranichen in China eingeordnet. Zum beherrschenden Thema werden die weißen und die schwarzen Kraniche in der Malerei, als sich der Taoismus mit seinen Geboten, keinem Lebewesen Gewalt anzutun und kein Fleisch zu essen, ausbreitet. Um 500 v. Chr. taucht der Kranich auch als dekoratives Element auf: Aus der »Frühlings- und Herbstperiode« (770 bis 476 v. Chr.) ist ein Gefäß aus Bronze erhalten, dessen Deckel ein Kranich mit ausgebreiteten Flügeln zwischen Lotosblättern ziert. Auch auf Wappen und Siegeln erscheint der Kranich zu dieser Zeit. 1973 wurde in der Provinz Hunan eine Seidenmalerei aus der »Zeit der Streitenden Reiche« (475 bis 221 v. Chr.) entdeckt. Auf dem Heck eines Drachenbootes steht ein Kranich. Da die dargestellte Fahrt augenscheinlich ins Paradies gehen soll, ist der Kranich hier schon als Symbol für die Unsterblichkeit eingesetzt. In Gräbern aus späteren Epochen, vor und nach der Zeitenwende, werden Kraniche auf Seide und an Wänden mit derselben Bedeutung wiedergegeben.

Schon früh haben sich einige besonders beliebte Motive entwickelt, die bis heute in tausendfachen Variationen wiederholt wurden. Dazu zählt vor allem die Darstellung eines oder mehrerer Kraniche mit einer Kiefer. Obwohl mit Ausnahme des afrikanischen Kronenkranichs kein Kranich »aufbaumt« (sich auf einen Baum setzt), wird der Mandschurenkranich besonders gerne auf, unter oder neben einem der immergrünen Nadelbäume gezeigt, der wie er für ein langes Leben steht. Auch die Sonne ist auf vielen Kranichbildern zu sehen, ebenso felsige Landschaft. Viele der Bilder sind mit schönen Kalligraphien versehen, und die kunstvollen Schriftzeichen erzählen die Geschichten dazu.

In allen chinesischen Künsten ein großes Kranicherbe

In China hat es viele berühmte Kranichmaler gegeben, zuweilen mit eigenen Schulen. Jede Dynastie hatte mindestens einen Meister, der den Stil seiner Zeit stark beeinflußte. In der Tang-Dynastie (618 bis 907) waren es Xue Ji – durch ihn wurde der Kranich zum klassischen Motiv – und Huang Quan, der die »Halle der sechs Kraniche« mit seinen berühmt gewordenen Bildern ausschmückte. Bian Wen-jing in der Ming-Zeit (1368 bis 1644) und Sheng Quan in der Qing-Zeit (1644 bis 1911) sind – neben anderen – auch heute noch vielen Chinesen als herausragende Kranichmaler bekannt.

Manche Kaiser, in den Song-Dynastien (960 bis 1279) etwa Kaiser Hui Zong, und Fürsten waren selbst bekannte Künstler, die zum großen Kranicherbe beigetragen haben. Ein solches gibt es nicht nur in der Malerei bis in die Gegenwart (eine großartige moderne Kranichdarstellung des bekannten zeitgenössischen Malers Huang Yong Yu schmückt auf einer Fläche von annähernd 60 Quadratmetern seit Oktober 1987 eine

Wand des Restaurants im Beijing-Hotel der chinesischen Hauptstadt, s. S. 28/29), sondern auch in der Bildhauerei, in der Architektur, in der Gold- und Silberschmiedekunst und in der Jadekunst.

Die als »Kunst am Bau« in Europa und den USA wieder sehr zu Ehren gekommenen dekorativen Elemente in der Architektur haben in China über Jahrtausende eine bedeutende Rolle gespielt. Besonders viel gebaut wurde in der Qin-Dynastie (221 bis 207 v. Chr.) und in der Han-Dynastie (anschließend bis 220 n. Chr.). An Bauwerken aus dieser Zeit waren die Kraniche, gemalt, gebrannt und gedrechselt, reich vorhanden. Im Palast-Museum in Peking (Beijing) in den Mauern der einstmals »Verbotenen Stadt« und im Sommerpalast (Yi He Yuan) vor den Toren der Hauptstadt gibt es zahllose Kranichdarstellungen an und in den Gebäuden. Besondere Aufmerksamkeit verdienen in dem von 1406 bis 1420 erbauten Kaiserpalast (Palast-Museum) einige prachtvolle Deckenmalereien, die zum Teil in den vergangenen Jahren restauriert worden sind. (Siehe dazu auch das Vorsatzpapier zu diesem Buch und Seite 20).

Kraniche aus Bronze, aus Ton, aus Stein und vielen anderen Materialien, auf Gewändern und riesigen Vasen (wie in der »Großen Halle des Volkes«), auf Rollbildern und in Teppiche gewebt – auf jede nur denkbare Weise sind die Vögel in China über Jahrtausende von Künstlern dargestellt worden. Daß diese Tradition ungebrochen fortlebt, beweisen neben den vielen Andenkenläden auch Ausstellungen mit zeitgenössischer Kunst, in der Volksrepublik China ebenso wie auf Taiwan.

Nicht anders in Japan. Mit dem Kranichkult kamen die ersten Bilder von China über Korea nach Japan. Frühe Kranichdarstellungen, die heute in japanischen Museen zu sehen sind, stammen zum Teil von chinesischen Künstlern. Aber es bildete sich schnell eine eigene Form der Darstellung, und wie in China entwickelten sich verschiedene Stilrichtungen. Herrschte im 9. und 10. Jahrhundert noch der chinesische Einfluß vor, so hatte sich bereits im 11. Jahrhundert eine japanische Schule durchgesetzt, die aber später wieder – vor allem im 15. Jahrhundert – chinesisch geprägt wurde. In der Wahl der Motive zeigt sich große Ähnlichkeit: Der Kranich mit der Kiefer (Pinie) gehört zu den beliebtesten. Einen großen Ruf erwarb sich die Kano-Schule im 15. und 16. Jahrhundert. Eine der berühmtesten Kranichdarstellungen Japans ist das fünfzehn Meter lange Bild »Tausend Kraniche«, das 1611 von Sotatsu geschaffen wurde. Es ist in zahllosen Abwandlungen immer wieder kopiert und nachempfunden worden. Wie in China herrschen auf manchen Kranichbildern die Schriftzeichen vor; bei den »Tausend Kranichen« sind die in Gold und Silber gehaltenen Vögel mit Versen von 36 japanischen Dichtern verbunden. Die fliegenden und an der Meeresküste tanzenden Kraniche mit der in der Pinselstärke wechselnden Kalligraphie zählen zu den Klassikern japanischer Kunst. Besonders zahlreich und phantasievoll schmücken sie seit Jahrhunderten die Kimonos, die klassische japanische Hausbekleidung. Aber auch aus der modernen Werbung sind sie nicht fortzudenken. Unter Japans Köchen gibt es Kranichfreunde mit künstlerischen Fähigkeiten: In einigen Restaurants werden Fisch- oder Gemüseplatten in klassischer Kranichform dekoriert, eine Kunst, für die sogar Wettbewerbe veranstaltet werden.

Korea und Indien besitzen ebenfalls eine reichhaltige »Kranichkunst«; ebenso finden sich in den meisten anderen asiatischen Staaten noch aus alter Zeit Kranichabbildungen, die einen Bezug zur Religion oder zu höfischem Leben haben.

Gemeinsam mit Nymphen und Tänzerinnen

In Europa wurde der Kranich ebenfalls früh zu einem Objekt der darstellenden Kunst; bei den Griechen und Römern häufig auf Vasen, nicht selten gemeinsam mit Nymphen und Tänzerinnen. Auf Gemmen, Edel- oder Halbedelsteinen mit vertieft oder erhaben geschnittenen Figuren, trägt er zum Eindruck der Fröhlichkeit bei, indem er sich unter die Musikanten mischt oder gar selber ein Instrument spielt. Kraniche leisten badenden Frauen Gesellschaft und treten gemeinsam mit Eros auf: Ihr eigenes lebhaftes Balzverhalten hat sie zur Übernahme solcher Rollen in den Augen der Künstler berufen erscheinen lassen. Aber auch auf Grabverzierungen ist der Kranich zu sehen.

Über die reine naturkundliche Darstellung hinaus reichen die Kranichbilder Kaiser Friedrichs II. von Hohenstaufen (1194 bis 1250) in seinem berühmten Buch »De arte venandi cum avibus« (Über die Kunst, mit Vögeln zu jagen). Im Text vermittelt der herrschaftliche Künstler, Ornithologe und Falkner einen für die damalige Zeit erstaunlich genauen Einblick in das Verhalten der Vögel, unter ihnen auch die Kraniche, von denen er an einer Stelle schreibt: »Daß sie auch bei Nacht ziehen, beweisen ihre Schreie. Kraniche, Reiher, Gänse und Enten nämlich hört man nachts hoch in den Lüften Schreie ausstoßen; aber nicht, wie Aristoteles meint, wegen der Anstrengung des Fliegens, sondern um sich gegenseitig anzufeuern. Für Wind und Wetter haben sie einen so feinen Instinkt, daß sie sich sofort auf den Weg machen, wenn sie spüren, daß günstige Witterungsverhältnisse so lange andauern werden, bis sie ihr Ziel erreicht haben.«

In der religiösen Kunst sind Kraniche wiederholt an der Arche Noahs festgehalten; eine besonders schöne Gruppe zeigen die Mosaiken im Vorraum der Kirche San Marco in Venedig: Während Noah einen Pfau ein-

»Kunst am Bau« ist nicht erst eine Erfindung unserer Tage. Zu den alten Kranichdarstellungen in China, die von der Kulturrevolution verschont geblieben sind, gehört dieser geschnitzte Holzfries in der Anlage des Er-Wang-Tempels aus dem Jahr 494 n. Chr. Er liegt oberhalb des berühmten Dujiangyan-Bewässerungssystems bei Guanxian in der Provinz Sichuan (oben). Die Umhänge von Kaisern und die Uniformen hoher Beamter waren im alten China mit Kranichmotiven geschmückt, die alle eine Bedeutung hatten. Das Foto rechts zeigt einen Ausschnitt eines Seidenumhangs aus der Guang-Xu-Periode in der Qing-Dynastie.

Der Kranich mit einem Stein zwischen den Zehen spielt als »Grus vigilans« in der europäischen Geschichte, in der Emblematik und der Heraldik eine große Rolle. Viele Familien und Städte wählten ihn als Sinnbild für Wachsamkeit und Tugend zu ihrem Symbol. Als Wappenvogel ziert er noch heute manches Siegel und Gebäude. Die ungarische Gemeinde Kunmadaras schmückte den Giebel ihres Rathauses mit dem Vogel (oben), und Schloß Kranichstein bei Darmstadt, das ihm seinen Namen verdankt, ist er aufs Dach gestiegen (links).

lädt, warten unter den vielen Vögel auch vier Kraniche. Als der Künstler sie zwischen 1215 und 1218 schuf, folgte er entweder seiner Phantasie unter Hinzuziehung anderer Darstellungen, oder er nahm Kraniche zum Vorbild, die es nur in Asien gibt. Noahs Kraniche in Venedig ähneln nämlich viel stärker dem Weißnackenkranich als dem in Europa lebenden Grauen (Gemeinen) Kranich. In der Wiedergabe biblischer Szenen ließen neben vielen anderen auch Lucas Cranach der Jüngere (1515 bis 1586) und Matthäus Merian (1593 bis 1650) den Kranich auftreten. Albrecht Dürer (1471 bis 1528) hat ihn auf dem »Geheimbild Kaiser Maximilians von der Ehrenpforte« so dargestellt, wie er jahrhundertelang das Leben vieler Menschen als Wappen und als Motto begleitet hat: als »Grus vigilans«, der wachsame Kranich mit dem Stein in einem hochgezogenen Fuß.

Auch Bischöfen und Königen hat die Verkörperung einer Mär vom Kranich als Zeichen ihrer Würde und Macht gedient. Von den Hieroglyphen, der Bilderschrift antiker Vorgänger, übernommen, verschafften Gelehrte und Künstler der Renaissance im 15. Jahrhundert den Bilderrätseln, bei denen statt mit Buchstaben mit »Dingbildern« geschrieben wurde, eine Wiedergeburt. Der wachende Kranich war eines der Hauptmotive sogenannter Emblembücher des 16. und 17. Jahrhunderts, die den Hieroglyphen folgten: In diesen waren die Bilder nicht ohne den hinzugefügten kurzen Sinnspruch, das Epigramm, zu verstehen. Die Emblembücher gelten als eine eigene Kunst- und Literaturgattung; sie waren »Tugendlehrbücher in verblümter Rede«. Da war der Kranich mit seiner Aufforderung zur Wachsamkeit, auch in moralischer Hinsicht, ein ideales Emblem. Er wurde gleichfalls als Sinnbild für Klugheit, Fürsorge und Sorgfalt, für Demokratie und Gerechtigkeit herangezogen, jeweils mit einem entsprechenden Leitspruch versehen. Viele Buchdrucker, die zur Verbreitung der mit der Hilfe von Bild und Wort »verschlüsselten Spruchweisheiten« entscheidend beitrugen, wählten den »Kranich mit Stein« zu ihrem Motto; im 16. und 17. Jahrhundert wurde er fast zu einem »Zunftzeichen«, bis ihn darin die Eule ablöste.

Auch andere wählten den »Grus vigilans« als Devise. Als sogenannte »Imprese« wurde er das Leitbild für weltliche und kirchliche Führer, zierte er das Zepter von Königen, etwa das Heinrichs VII. von England, und die Mitra von Bischöfen, etwa die des 1654 gestorbenen Salzburger Erzbischofs Paris Lodron. Impresen wurden wie Embleme in eigenen Büchern gesammelt. Beide, Emblem- und Impresenbücher, waren später die Quellen für Wappen und Wappensprüche. So gelangte der Kranich in die Heraldik. Nicht nur zahllose Familien erkoren ihn zu ihrem Wappentier, auch Ortschaften und Gemeinden schmückten sich mit ihm. Seit Jahrhunderten ziert ein Kranich mit einem Stein zwischen den Zehen das Siegel der ungarischen Gemeinde Kunmadaras (»Ort der Kumanen, die einen Vogel im Wappen führen«); seine Abbildung im Giebel des Rathauses ist erst kürzlich restauriert worden. Ein vergoldeter Kranich, ebenfalls mit einem Stein, überblickt auch das bei Darmstadt gelegene Jagdschloß Kranichstein, das seinen Namen dem Burgmann Henne Kranich von Dirmstein verdankt. Nachdem er 1399 vom Grafen von Katzenelnbogen mit Land belehnt worden war, baute er hier das erste Haus, das mit »Cranichhus« den Namen seines Wappentieres erhielt. Später wurde es von dem Landgrafen von Hessen erworben und von 1578 bis 1580 zum Jagdschloß Kranichstein ausgebaut, das heute ein Museum, ein Hotel und ein Restaurant beherbergt.

Der Kranich mit dem Stein und das nach ihm benannte Schloß schlagen den Bogen von der Bildenden Kunst zur Literatur: Seit 1983 veranstaltet der in Darmstadt ansässige Deutsche Literaturfonds alljährlich die »Kranichsteiner Literaturtage«. Der Preisträger dieses für alle ehemaligen Stipendiaten des Literaturfonds ausgeschriebenen Wettbewerbs erhält neben einem Geldbetrag den »Kranich mit dem Stein«, eine vom Darmstädter Bildhauer Gotthelf Schlotter geschaffene Plastik.

Vielfältige Spuren in der Literatur

Abgesehen von der großen Zahl chinesischer und japanischer Dichter und Schriftsteller, die dem Kranich im Altertum viele Denkmäler gesetzt haben, abgesehen auch von den vielen griechischen und römischen schreibenden Künstlern, die sich mit den Kranichen aus naturkundlicher Sicht beschäftigt haben (einige sind im vorausgegangenen Kapitel zitiert), haben Dramatiker, Dichter und Romanautoren aller Epochen in vielen Sprachen die Kraniche in ihren Werken in verschiedenster Weise »verarbeitet«.

In der abendländischen Literatur ist nach Homer der griechische Dichter Euripides (486 bis 406 v. Chr.) einer der ersten, der in »Helena« die Kraniche als Boten benutzt, indem er den Chor der gefangenen Griechinnen, die in Ägypten als Sklavinnen dienen, sagen läßt: »Vögel ihr, mit gestrecktem Hals / Droben segelnd im Wolkenzug / Flieget auf die Plejaden zu / Und Orions nächtliches Bild.«

Der griechische Fabeldichter Äsop (6. Jh. v. Chr.) widmet sich dem Kranich und gibt ihn als Vorbild weiter an den Franzosen Jean de La Fontaine (1621 bis 1695). Bei Johann Wolfgang von Goethe (1749 bis 1832) heißt es im »Faust«: »Ach! zu des Geistes Flügeln wird so leicht / Kein körperlicher Flügel sich gesellen. / Doch ist es jedem eingeboren, / Daß sein Gefühl hinauf und vorwärts dringt, / Wenn über uns, im blauen Raum verloren, / Ihr schmetternd Lied die Lerche singt, / Wenn über schroffen Fichtenhöhen / Der Adler ausgebreitet schwebt / Und über Flächen, über Seen / Der Kranich nach der Heimat strebt.« (Faust, Erster Teil, Vor dem Tor) In »Die Leiden des jungen Werthers« ist zu lesen: »Ach, damals, wie oft habe ich mich mit Fittichen eines Kranichs, der über mich hinflog, zu dem Ufer des ungemessenen Meeres gesehnt, aus dem schäumenden Becher des Unendlichen jene schwellende Lebenswonne zu trinken und nur einen Augenblick, in der eingeschränkten Kraft meines Busens, einen Tropfen der Seligkeit des Wesens zu fühlen, das alles in sich und durch sich hervorbringt.«

Kein anderer aber hat so zur Bekanntheit des Kranichs beigetragen wie Friedrich von Schiller (1759 bis 1805) mit »Die Kraniche des Ibykus«, wovon im ersten Kapitel schon die Rede war. Viele andere Autoren setzten dem »Grus« in Gedichten ein Denkmal, so beispielsweise Ewald Christian von Kleist (1715 bis 1759) in der gereimten Fabel »Der gelähmte Kranich« oder Nikolaus Lenau (1802 bis 1850) in seinem schönen melancholischen Gedicht »Der Kranich«. In »Die Liebenden« von Bertolt Brecht verkörpern zwei Kraniche ein Liebespaar – ein altes chinesisches Motiv. Auch Annette von Droste-Hülshoff (1797 bis 1848) läßt in ihrem Gedicht »Die Jagd« die Kraniche nicht unerwähnt: »Man hört im Kraut des Käfers Gang, / Und dann wie ziehn' der Kranichheere / Kling klang! von ihrer luft'gen Fähre, / Wie ferner Unkenruf: Kling klang! / Ein Läuten das Gewäld entlang...« Günter Eich (1907 bis 1972) beginnt sein Gedicht »Der Große Lübbe-See« mit den Zeilen: »Kraniche, Vogelzüge, deren ich mich entsinne, / das Gerüst des trigonometrischen Punkts.« Die letzten drei Zeilen lauten: »Septembertag ohne Wind, / güldene Heiterkeit, die davonfliegt, / auf Kranichflügeln, spurlos.«

Aber auch fröhliche Verse sind über die Kraniche ersonnen worden; etwa im »Tierleben für jung und alt« von Eugen Roth (1895 bis 1976), der den Kranich für »oft sehr gespäßig, jedoch als Bote zuverlässig« hält; oder von Wilhelm Busch (1832 bis 1908) das Gedicht »Der kluge Kranich«, in dem es unter anderem heißt: »›Du, Hans‹, so rief der Oberkranich, / ›Hast heut die Wache, drum ermahn' ich / Dich ernstlich, halt dich stramm und paß / Gehörig auf, sonst gibt es was!‹ – / Bald schlief ein jeder ein und sägte. Hans aber stand und überlegte. / Er nahm sich einen Kieselstein, / Erhob ihn mit dem rechten Bein / Und hielt sich auf dem linken nur / In Gleichgewicht und Positur.«

Lustig und listig geht es bei Giovanni Boccaccio (1313 bis 1375) in »Das Dekameron« zu, als der venezianische Koch Chichibio seinem Herrn Currado Gianfigliazzi klarzumachen versucht, daß der zuvor von diesem mit einem Falken erbeutete und jetzt gebratene Kranich von Natur aus nur ein Bein habe, weil das andere von der Freundin des Kochs verspeist worden ist. Am Tag nach dem Abendessen werden zu Pferde Kraniche am Fluß aufgespürt, wo sie regelmäßig zu beobachten sind: neben dem Beweis für die Zweibeinigkeit der Vögel (und einem witzigen Ende der Geschichte) auch ein Beleg für die damalige Verbreitung der Kraniche in Italien (nachzulesen am Sechsten Tag in der Vierten Geschichte). Ein anderer Italiener indes, Dante Alighieri (1265 bis 1321), läßt in »Die Göttliche Komödie« – Hölle, Fünfter Gesang – »die Kraniche im Klaggesang in langen Reihen durch den Himmel ziehn...«.

»Sie werden fliegen und werden weiterfliegen...«

Immer wieder taucht der Kranich in der russischen Literatur auf, des öfteren bei Puschkin. Velimir Chlebnikow (1885 bis 1922) hat in seiner Geschichte »Kranich« ein Maschinenlebewesen geschaffen, in einem gigantischen Kranich vereinigen sich die Symbole der Zivilisation und bedrohen die Bewohner von St. Petersburg um die Jahrhundertwende. 1890 erschienen auch in Petersburg »Die Reiseerinnerungen eines alten Kranichs« von N. N. Karasin, und – als letztes Beispiel – im zweiten Akt von Anton Tschechows (1860 bis 1904) »Drei Schwestern« sagt Baron Tusenbach zu Mascha, eine der Schwestern: »Die Wandervögel, die Kraniche zum Beispiel, die fliegen und fliegen, und welche Gedanken immer, erhabene oder geringe, dabei durch ihre Köpfe gehen sollten, sie werden immerzu fliegen und nicht wissen, wozu und wohin. Sie fliegen und werden weiterfliegen, gleichviel, was für Philosophen unter ihnen auch auftauchen sollten; und mögen die dann philosophieren, wie immer sie Lust haben, wichtig ist nur, daß sie fliegen...«

Der sowjetische Film »Wenn die Kraniche ziehen«, 1957 von Michail Kalatosow gedreht, ist in die Geschichte des Films eingegangen.

In vielen Landschaftsbeschreibungen sind Kraniche ein wichtiger Bestandteil, etwa bei Theodor Fontane (1819 bis 1898). Auch große Naturschriftsteller haben ihnen in ihren Büchern viel Platz eingeräumt, so der Schwede Bengt Berg (1885 bis 1967). In »Mit den Zugvögel nach Afrika« hat er sein Verhältnis zu den Kranichen auf sehr einfühlsame Weise beschrieben. In schönen Sätzen schildert er zu Beginn des Buches seine Empfindungen beim Anblick der Kraniche, die »über die gesegnete Küste meiner Kindheit« zogen: »Denn ihr Ruf hatte es mir angetan. In diesem Laut fand das Gefühl der Freiheit und Sehnsucht seinen Ausdruck, wie in keinem menschlichen Wort. Er tönte durch den weiten Raum zu mir und öffnete ein geheimes Fach meiner Seele, zu dem ich selbst keinen Schlüssel besaß.«

Selbst in einer Höhe von 2200 Metern über dem Meeresspiegel wird der Lebensraum für die Kraniche immer beengter: Die Stadt Weining in der südwestchinesischen Provinz Guizhou dehnt sich von Jahr zu Jahr stärker aus; ihre Häuser werden immer höher. Die Schwarzhalskraniche, zweitseltenste Art ihrer Familie auf der Erde, müssen sich in ihrem Winterquartier am Cao Hai, dem »Meer des Grases«, mit den Menschen arrangieren, soweit dies möglich ist. Mehr als ein Drittel der Weltpopulation von 700 bis 900 Schwarzhalskranichen versammelt sich alljährlich von November bis März neben über 1000 Grauen Kranichen und vielen anderen Vögeln am Cao Hai. Da auch die Bauern das Land, von dem die Vögel leben, nutzen wollen, müssen die noch jungen Naturschutzbehörden für das 1985 eingerichtete Naturschutzgebiet am Cao Hai fortwährend Kompromisse finden. Der weite Talkessel mit dem rund 25 Quadratkilometer großen Flachsee und seinen Überschwemmungsflächen ist für den Artenschutz von so einmaliger Bedeutung, daß sich hier auch die internationale Naturschutzorganisation WWF (World Wildlife Fund) engagiert.

Fünfzehn Arten in fünf Erdteilen

Kraniche gab es bereits auf der Erde, als noch nicht einmal die unmittelbaren Vorfahren des Menschen auf ihr hausten. Wissenschaftler, die sich mit der Entstehungsgeschichte der Lebewesen befassen, vermuten den ersten Auftritt kranichähnlicher Vögel vor etwa 60 Millionen Jahren. Bereits im Zeitalter des Tertiärs gab es verschiedene Familien, Gattungen und Arten des Kranichzweiges. Knochenfunde, die einen Rückblick ins Eozän ermöglichen, lassen Rückschlüsse auf mindestens drei Gattungen und mehrere Arten in Europa und Asien zu. Im Oligozän und Miozän lebten zahlreiche Gattungen und Arten sowohl in Europa als auch in Amerika, und nichts spricht dagegen, daß es in Asien und Afrika ähnlich war. In Südamerika gab es während des Tertiärs flugunfähige Riesenkraniche (Phororhacidae), die in der Gestalt eher den Straußvögeln ähnelten. Anhand von Knochenresten in den verschiedenen geologischen Formationen haben Forscher, die sich mit der Auswertung von Fossilien beschäftigen (Paläontologen), eine lange Ahnenreihe unserer Kraniche aufgestellt. Danach sind in den zurückliegenden Jahrmillionen allein in Europa, Asien und Nordamerika die Angehörigen von mindestens sieben Gattungen mit wahrscheinlich mehr als zwei Dutzend Arten zeitweilig über Land und Wasser geflogen. Weltweit werden es sicherlich noch wesentlich mehr gewesen sein, die während vergangener Epochen entstanden und wieder verschwanden. Viele starben aus, andere entwickelten sich zu neuen Formen und Arten.

Da nicht überall Fossilien Auskunft über das Werden und Vergehen früherer Lebewesen geben, ist mit einer noch wechselvolleren Vergangenheit der heutigen Familie »Gruidae« zu rechnen. Mancher fossile Kranichvorfahr wird wohl noch gefunden werden und ihre Entstehungsgeschichte weiter aufhellen. Im US-Staat Nebraska wurden erst vor wenigen Jahren guterhaltene Kranichskelette in einer Schicht von Vulkanasche aus dem Miozän freigelegt. Die Vögel waren dort vor fast zehn Millionen Jahren zwischen Nashorn- und Pferdeverwandten »konserviert« worden. Jeder neue Fund belegt ein weiteres Mal, daß die Kraniche zu den ältesten gefiederten Geschöpfen auf der Erde gehören und daß ihr Stamm höchst komplizierte verwandtschaftliche Beziehungen aufweist. Jede neue Entdeckung gibt Anlaß zur Überprüfung ihrer Herkunft und der bisherigen systematischen Zuordnung.

So ist denn auch die gegenwärtige zoologische »Standortbestimmung« der Kraniche durchaus im Fluß und immer wieder Gegenstand wissenschaftlicher Diskussionen. Unbestritten ist allerdings, was den ornithologisch noch nicht so bewanderten Beobachter eher überrascht: Kraniche sind weder mit den Reihern noch mit den Störchen näher verwandt, wenngleich sie ihnen auf den ersten Blick ähnlich sehen und daher häufig auch mit ihnen verwechselt werden. Sie sind vielmehr gemeinsam mit den Rallen (zu denen so bekannte Vertreter wie das Bläßhuhn und das Grünfüßige Teichhuhn zählen) und den Trappen (denen in Europa und Asien die in ihrem Bestand gefährdete Großtrappe und die sehr selten gewordene Zwergtrappe angehören) in der Ordnung der »Gruiformes« untergebracht. Körper-, Verhaltens- und Fortpflanzungsmerkmale der drei Vogelfamilien weisen auf eine – weit zurückliegende – gemeinsame Abstammung hin. Gewisse Ähnlichkeiten gibt es auch noch mit den südamerikanischen Rallenkranichen, Trompetervögeln und Seriemas sowie den in Afrika, Asien und Australien lebenden Kampfwachteln. Sie alle gehören zur Ordnung der Kranichvögel (Gruiformes).

Neueintragungen im Familienbuch

Bei der Unterteilung der Kranichfamilie (Gruidae) – innerhalb der Ordnung der Kranichvögel als eine von elf Familien angesiedelt – in einzelne Gattungen und Arten führen Erkenntnisse der Verhaltensforschung, morphologische Entdeckungen und biochemische Untersuchungen, etwa des Blutes, nach modernstem Verfahren zu mehrfachen Neueintragungen im Familienbuch der Kraniche. Um die Jahrhundertwende fanden sich in der zoologischen Systematik zeitweise sechzehn und neunzehn Arten in zwei und neun Gattungen. Dann galten lange, ohne daß sich unter den freilebenden Kranichen etwas geändert hätte, vierzehn Arten als der Weisheit letzter Schluß. Heute sind es nach vorherrschender Meinung fünfzehn, obwohl nicht etwa eine neue Art in einem abgelegenen Winkel der Erde aufgespürt wurde. Die »Entdeckung« fand vielmehr im Laboratorium, durch vergleichende Verhaltensbeobachtung und bei wissenschaftlichen Diskussionen statt: Aus bislang einer Art »Kronenkranich« mit vier Unterarten wurden in einem etwa zwanzigjährigen Entstehungsprozeß bis zu Beginn der achtziger Jahre zwei Arten mit jeweils zwei Unterarten: der »Schwarze Kronenkranich«, auch »Schwarznacken-Kronenkranich« genannt, und der »Graue Kronenkranich«. Näheres zu diesen Arten ist im Kapitel »Gekrönte Häupter Afrikas« nachzulesen.

Fünfzehn Arten in vier Gattungen, einige von ihnen mit mehreren Unterarten oder Rassen, leben derzeit in Europa, Asien, Afrika, Nordamerika und Australien. In

Südamerika gibt es zwar den schon erwähnten »Rallenkranich« (Aramus Guarama), doch der knapp sechzig Zentimeter große Sumpfvogel gehört – trotz mancher Ähnlichkeit mit den Kranichen, vor allem im Skelettbau – einer eigenen Familie (Aramidae) an. Die Rallenkraniche, die nur im deutschen Namen einen Bezug zu den großen entfernten Verwandten haben (englisch heißen sie »Limpkin« und französisch »Courlan«), leben in Florida, Mexiko, Mittel- und Südamerika.

Außer Südamerika sind auch die Antarktis und die Arktis ohne Kraniche. Aber auch in den von ihnen bewohnten Erdteilen sind die einzelnen Kranicharten vielerorts nur in eng begrenzten Gebieten zu Hause. Bei manchen ist das schon seit langer Zeit so, vielleicht während ihrer gesamten Existenz. Anderen ist das Verbreitungsgebiet erst in jüngerer Zeit durch den Menschen immer stärker eingeengt worden. Schutzmaßnahmen bewirken bei einigen wenigen Arten in jüngster Zeit eine langsame Wiederausbreitung.

Die Kranicharten und ihre Brutheimat

Grauer (Eurasischer) Kranich (Grus grus), Europa/Asien
Mönchskranich (Grus monacha), Asien
Schwarzhalskranich (Grus nigricollis), Asien
Weißnackenkranich (Grus vipio), Asien
Mandschurenkranich (Grus japonensis), Asien
Kanadakranich (Grus canadensis), Nordamerika/Asien
Schreikranich (Grus americana), Nordamerika
Saruskranich (Grus antigone), Asien/Australien
Australischer (Brolga-)Kranich (Grus rubicunda), Australien
Nonnenkranich (Schneekranich, Sibirischer Kranich) (Grus leucogeranus), Asien
Klunkerkranich (Bugeranus carunculatus), Afrika
Jungfernkranich (Anthropoides virgo), Asien/Europa/Afrika
Paradieskranich (Anthropoides paradisea), Afrika
Schwarzer Kronenkranich (Schwarznacken-Kronenkranich) (Balearica pavonina), Afrika
Grauer Kronenkranich (Balearica regulorum), Afrika

In der Auflistung ist – wie erst recht in späteren Kapiteln – bewußt von der zoologischen Reihenfolge abgewichen worden. Ohnehin gibt es darin keine Einheitlichkeit. Die Gattungszugehörigkeit wird an der ersten der beiden wissenschaftlichen Bezeichnungen deutlich. Auch in der Zuordnung zu den vier Gattungen gibt es unterschiedliche Auffassungen. So wollen einige Kranichforscher den Nonnenkranich eher in der Gattung Bugeranus, also in enger Verwandtschaft mit dem Klunkerkranich, als bei den Grus-Arten sehen. Vieles deutet darauf hin, daß die Kronenkraniche die ältesten der Sippe sind, und daher stehen sie in manchen Aufzählungen am Anfang. Andere setzen sie,

weil sie in vielem so stark von den übrigen Kranichen abweichen, ans Ende. Es gibt mehr derartige Meinungsunterschiede, doch sie sollen hier unberücksichtigt bleiben. Ebenso wie die Unterarten und Rassen, die in den Kapiteln zu den einzelnen Arten erscheinen.

Neben besonderen Merkmalen und Verhaltensweisen, durch die sich jede Art auszeichnet, haben alle Angehörigen der Kranichfamilie viel Gemeinsames. Da ist zunächst einmal ihre Gestalt, die so häufig zu Verwechslungen mit Reihern und Störchen führt. (Früher wurden die Kraniche als eine Gattung der Reihervögel angesehen, von denen sie sich aber in vielem unterscheiden.) Lange Beine und ein langer Hals zeichnen die Mitglieder aller drei Vogelfamilien aus. Das Flugbild der Störche gleicht dem der Kraniche: Hals und Beine sind weit vor- und zurückgestreckt, so daß beide am Firmament wie segelnde Kreuze erscheinen. Reiher hingegen halten im Flug den Hals zur S-Form an den Körper herangezogen. Neben dem ganz anderen Flügelschlag ist das ein sicheres Unterscheidungsmerkmal. Am Boden jedoch ähneln sie sich schon eher: der bis gut 130 Zentimeter große Graue Kranich stärker dem einen Meter langen Graureiher als dem knapp 110 Zentimeter messenden Weißstorch. Störche und Reiher haben durchweg längere Schnäbel als Kraniche, bei denen der Schnabel wenig länger als der Kopf ist, bei manchen Arten sogar kürzer bleibt. Daß Reiher oder Störche immer wieder für Kraniche gehalten werden (und seltener umgekehrt, was für die Popularität der Kraniche, zumindest dem Namen nach, spricht), liegt auch am bevorzugten Aufenthaltsort aller drei Vogelsippen: Feuchtgebiete sagen ihnen besonders zu.

»Der Vogel, der so groß wird wie ein Mensch«

»Kuorga« nennen die Samen, die Bewohner des nordskandinavischen Lapplands, den in ihrer Heimat brütenden Grauen Kranich und meinen damit den »Vogel, der so groß wird wie ein Mensch«. Bengt Berg hat darüber in seinem vor mehr als sechzig Jahren erstmals erschienenen Buch »Mit den Zugvögeln nach Afrika« berichtet. Einige Arten – der Saruskranich und der Klunkerkranich – erreichen tatsächlich mit etwa 150 Zentimetern eine beachtliche Körperhöhe. Andere, wie der Jungfernkranich, der Mönchskranich und einige der sechs Unterarten des Kanadakranichs, bleiben unter einem Meter. Innerhalb der Arten gibt es ebenfalls erhebliche Größenunterschiede, nicht nur zwischen den Geschlechtern. (In der Regel sind die Männchen, die Hähne, größer und schwerer als die Weibchen, die Hennen, doch kann es bei einzelnen Paaren auch umgekehrt sein.)

Kraniche gehören somit zu den größten flugfähigen Vögeln unter den rund 9000 bislang bekannten

Grund zum aufgeregten Rufen haben die südafrikanischen Paradieskraniche allemal, denn ihr Bestand hat sich in den achtziger Jahren dramatisch verringert. Zur direkten Verfolgung durch Farmer, die den schönen Gefiederten das gelegentliche Miternten auf ihren Mais- und Getreidefeldern übelnehmen, kommt der Verlust des Lebensraumes. Der Wappenvogel der Südafrikanischen Republik braucht extensiv genutztes Weideland in den Bergen von Natal und Transvaal zur Brut und Jungenaufzucht. Doch Landwirte wandeln, wo es möglich ist, immer mehr Flächen in intensiv beackerte Felder um. Wenige und zu kleine Schutzgebiete können den Rückgang der »Blue Cranes« zwar aufhalten, doch ohne ein landesweites Schutzprogramm sieht die Zukunft der Vögel in ihrem sehr kleinen Verbreitungsgebiet düster aus. Die beiden Kraniche auf dem Bild haben es noch verhältnismäßig gut: Sie leben in einem 6000 Hektar großen Reservat in Transvaal, doch auch sie verlassen im südafrikanischen Herbst das rund 2000 Meter hoch gelegene Brutgebiet und begeben sich damit in die Gefahr, auf einem Feld vergiftet zu werden.

Vogelarten auf der Erde, wenn auch nicht zu den schwersten. Im Gegenteil: Im Verhältnis zu ihren Körperausmaßen – einige verfügen über eine Flügelspannweite von gut zweieinhalb Metern – sind sie eher Leichtgewichte. Viel mehr als neun Kilogramm bringen auch die größten unter ihnen nicht auf die Waage. (Gelegentliche Angaben von 15 Kilogramm für den Mandschurenkranich werden von Kennern dieser Art bezweifelt.) Zum Vergleich: Mancher Höckerschwan wiegt mehr als 22 Kilogramm, eine ausgewachsene, ordentlich ernährte Großtrappe immerhin auch noch gut 16 Kilogramm.

Neben der eindrucksvollen Gestalt tragen weitere gut sichtbare Körpermerkmale zum außergewöhnlichen Erscheinungsbild der Kraniche bei: Bei den Angehörigen der Gattung »Grus« ist da zunächst eine unterschiedlich markante rote Kopfverzierung. Von weitem wirkt sie wie eine leuchtende Federhaube. Es handelt sich jedoch um eine nackte Hautfläche, warzig und bei einem Teil der Vögel schütter von kurzen Borstenfedern bewachsen. Die Mehrzahl der so Geschmückten begnügt sich mit einem »Dutt«, beim Saruskranich und beim Australischen Kranich reicht das Rot bis zur Kehle, beim Weißnackenkranich bedeckt es die Wangen, und beim Schneekranich setzt es hinter dem Schnabel an. Zur Balz- und Brutzeit schwellen diese Partien an und leuchten – als optisches Signal für Partner, Junge und Rivalen – deutlich intensiver.

Ausgeprägte Schmuckelemente

Die übrigen Kraniche warten mit anderem Kopfschmuck auf. Dem Klunkerkranich (Gattung Bugeranus) baumelm weiß befiederte und rot bewarzte Hautlappen zwischen Schnabel und Kehle herab. Seine vordere Gesichtspartie ist – ähnlich wie beim Schneekranich – ebenfalls rot. Die beiden Anthropoides-Arten, der Jungfern- und der Paradieskranich, tragen unterschiedlich lange und dichte Federbüschel hinter den Augen, und die Kronenkraniche schließlich verdanken ihren Namen einer besonders auffälligen Kopfbedeckung aus dünnen steifen Federn, die durch weiße Wangenflecke und – unterhalb der Kehle – rote Hautlappen ergänzt wird. Die Bilder in diesem Buch machen die Unterschiede deutlich.

Da fällt auch auf, daß ein weiteres der Kranichsippe eigenes Schmuckelement bei den einen stärker, bei den anderen weniger ausgeprägt ist. Was von vielen Beobachtern an stehenden Kranichen nicht selten anfangs als buschiger Schwanz gedeutet wird, ist ein Teil der Flügel. Die inneren Armschwingen, auch Ellenbogenfedern oder Steuerfedern genannt, sind mehr oder weniger stark verlängert und hängen, wenn die Flügel zusammengelegt sind, über den Rumpf des Vogels. Bei einigen – etwa beim Grauen Kranich und beim Schwarzhalskranich – wirken sie dann mitunter wie ein aufgeplusterter Stoß, bei anderen, wie dem Paradieskranich und dem Klunkerkranich, erscheinen sie als Schleppe, deren Ende bis zum Boden reichen kann. Mit diesen oftmals zerschlissenen oder gekräuselten Federn wissen die Vögel gut umzugehen: In der Balz, wenn sie aufgeregt sind oder um einem Angreifer zu imponieren, stellen viele diesen Gefiederteil auf und täuschen so eine größere Gestalt vor.

Die Vollmauser macht die Kraniche flugunfähig

Mit den Federn hat es bei den Kranichen eine weitere ungewöhnliche Bewandtnis. Wie fast alle Vögel wechseln sie ihr Kleid in regelmäßigen Abständen. Die meisten Vögel verlieren dabei die für das Fliegen notwendigen Hand- und Armschwingen (Schwungfedern) nacheinander und derart gestaffelt, daß immer genügend alte und nachgewachsene gleichzeitig die Flugfähigkeit aufrechterhalten. Nicht so – bis auf drei Ausnahmen – die Kraniche. Alle zwei bis vier Jahre werfen sie zur Zeit der Jungenaufzucht ihr »Großgefieder« auf einen Schlag ab. Das geschieht bisweilen innerhalb weniger Stunden. Während dieser Flügelmauser, die von Vogelkundlern auch Groß- oder Vollmauser genannt wird, können die Kraniche nicht fliegen. Verständlich, daß sie in den vier bis sechs Wochen, die sie am Boden bleiben müssen, sehr zurückgezogen leben. Führen sie Junge, so paßt es gut, denn diese können in den ersten zehn Wochen ihres Lebens auch nicht fliegen. Dafür können sie recht gut schwimmen, eine Fähigkeit, welche die Vögel auch als Erwachsene hin und wieder unter Beweis stellen.

Während der Vollmauser lassen sich die Kraniche ungerne außerhalb ihres feuchten Reviers blicken. Wie auch beim Brüten wissen sie sehr gut, ihre Anwesenheit zu verheimlichen. Im Tarnen und Täuschen sind sie Meister. Geraten sie in Bedrängnis, zeigen sie allerdings, wie schnell sie zu Fuß sein können. Dann schreiten sie nicht mehr bedächtig würdevoll einher, wie es sonst ihre Art ist, sondern entwickeln vielmehr auf ihren langen Beinen eine Geschwindigkeit, die jedem Sprinter auf der Aschenbahn zur Ehre gereichte.

Nur der Jungfernkranich und die Kronenkraniche, drei Arten, die sich vornehmlich in trockener Steppenlandschaft aufhalten, wechseln ihre Schwungfedern so, daß sie auch während der Großmauser flugfähig bleiben. Das übrige »Kleingefieder« erneuern alle Kraniche zwischen jedem Sommer und Herbst, teilweise sogar auf dem Zug und im Winterquartier.

Auf eine weitere ihrer anatomischen Besonderheiten weisen die großen Schreitvögel immer wieder am Boden und am Himmel einzeln, paarweise oder im großen Chor beeindruckend akustisch hin: Ihre unverwechselbaren Rufe würden nicht so durchdringend klingen und so weit schallen, wären nicht ihre Luftröhre und ihr Brustbein dafür besonders ausgebildet. Die stark verlängerte Luftröhre ist vor und an dem Brustbeinknochen wie eine Trompete in Windungen verlegt, schafft dadurch Hohlräume und bildet so auf doppelte Weise Resonanzfläche. Besonders gewunden ist das Rufrohr beim Schreikranich (er heißt englisch entsprechend zutreffend Whooping crane) und beim Mandschurenkranich. Der Stimmgewalt nach müssen auch der Graue Kranich, der Schwarzhalskranich, der Weißnackenkranich und der Saruskranich neben einigen anderen Grus-Verwandten lange Luftröhren haben. Ihr »Schmettern«, häufig abwechselnd im Paar als »Doppelruf« (englisch: Unison-call) ausgestoßen, ist kilometerweit zu hören. Dieser vor allem während der Balz und zur Brutzeit zu vernehmende Doppelruf klingt so, als stamme er nur von einem Vogel: Zwischen den beiden lauten, in unterschiedlicher Tonlage abgegebenen Rufen gibt es keine Pause; oft scheinen sie ineinander überzugehen.

Auf dem Zug machen Kraniche nicht selten nur durch ihre Trompetenstöße auf sich aufmerksam, während sie für das menschliche Auge in einer Flughöhe von mehreren tausend Metern unsichtbar bleiben. (Es liegen Meldungen von Piloten über Kraniche vor, die in einer Höhe von 4300 Metern ihre Bahn zogen.) Neben den charakteristischen Fanfarenrufen, die viel zu ihrem Nimbus beitragen, verfügen die Kraniche über eine reiche Skala weiterer Lautäußerungen. Nur aus der Nähe sind das »Knurren« und ein Zischen zu vernehmen, lauter ertönen das Piepen, Fiepen und Trillern der Jungen. Die Rufe der Kronenkraniche klingen ganz anders; dumpfer und weniger beeindruckend. Aber nicht nur dies ist bei diesen Afrikabewohnern, die häufig als die stammesgeschichtlich ältesten in der Familie angesehen werden, anders.

Mit drei, gelegentlich sogar mit vier Eiern weichen sie auch mit der Größe ihres Geleges von den übrigen Verwandten ab. Die anderen Arten legen in der Regel zwei Eier, seltener nur eins oder drei. Die Eier der Kronenkraniche sind hellgrau bis weiß, ohne jede Zeichnung. Die Eier der übrigen Kraniche indes zeigen graue, rötliche, braune und dunkle Flecken, Tupfer und Sprenkel auf ocker- bis olivfarbenem Grund. Einige Abbildungen in diesem Buch vermitteln einen Eindruck von ihrer Schönheit.

In lebenslanger Ehe miteinander verbunden

Auch beim Nestbau neigen die Kronenkraniche zur Ausnahme. Alle Kraniche sind Bodenbrüter und errichten ihr Nest mit Vorliebe im knie- bis hüfttiefen Wasser von Sümpfen, Mooren, verschilften Uferzonen und überschwemmten Flächen. (Jungfernkraniche brüten überwiegend, Paradieskraniche häufig auf trockenem Untergrund.) Die Kronenkraniche bleiben ebenfalls meistens bodenständig und ziehen sich in dichtes Schilf zum Brüten zurück. Doch gelegentlich gibt es Ausreißer nach oben: Wiederholt wurden Nester von Kronenkranichen als lockere Plattformen aus trockenen Zweigen viele Meter hoch in den Kronen von Akazien gefunden. Kronenkraniche sind übrigens die einzigen in der Familie, die häufiger »aufbaumen« und manche Nacht einige Stockwerke über dem Erdboden verbringen. Die anderen Kraniche ziehen sich zum Übernachten ins seichte Wasser zurück.

Bei den Kranichen ist, ähnlich wie bei Gänsen und anders als bei Störchen, eine lebenslange Ehe üblich. Wenn sich zwei Partner im Alter von üblicherweise drei bis sechs Jahren gefunden haben (die Vermählung erfolgt meistens im Winterquartier), suchen sie sich ein geeignetes Gebiet zum Brüten und dulden in der näheren Umgebung keine Artgenossen. Kolonieweise zu nisten, wie es die Reiher, manche Störche und viele andere Vögel tun, kommt ihnen nicht in den Sinn. Die Größe eines Brutreviers oder Nistterritoriums richtet sich nach landschaftlichen Gegebenheiten und hängt in entscheidendem Maß vom Nahrungsangebot ab. Pflanzliche Kost herrscht auf dem Speisezettel der meisten Arten vor, doch gelten Kraniche als »Allesfresser«, die weder Insekten, Lurche, Kriechtiere und Fische noch kleine Säugetiere oder die Jungen am Boden brütender Vögel verschmähen. Kranichküken, die sich als Nestflüchter (Reiher und Störche sind Nesthocker) zwei bis drei Tage nach dem Schlüpfen mit den Eltern auf die Wanderschaft begeben, brauchen in den ersten Wochen tierisches Eiweiß, das ihnen die Insektennahrung liefert.

Der Erhaltung ihrer Sippe widmen die Kraniche ziemlich viel Zeit. Mit teilweise erheblicher Differenz bei den einzelnen Arten: eine bis drei Wochen Nestbau; vier bis fast sechs Wochen Brut; bis zu achtzehn Wochen Aufzucht der Jungen vor deren Flüggewerden. Die längste Zeit für all dies braucht der afrikanische Klunkerkranich, dem eine Brutzeit von bis zu 40 Tagen bescheinigt ist und dessen einziges Junges mitunter auch im Alter von vier Monaten noch nicht fliegen kann. Sowenig die Kranichpaare zur Zeit der Fortpflanzung die Gesellschaft ihrer Artgenossen schätzen, so sehr suchen sie den Anschluß an die Verwandtschaft in den übrigen Monaten des Jahres. Dabei beschränken sie sich durchaus nicht nur auf die eigene Art. Gemischte Gruppen verschiedenster Zusammensetzung sind schon beobachtet worden.

Die Reisefreudigkeit der Kraniche bringt es mit sich, daß sich zeitweilig manche bunte Reihe unter ihnen bildet. Bis auf wenige Ausnahmen sind sie alle Zugvögel, von denen der größte Teil zweimal jährlich viele tausend Kilometer bei Tag und Nacht zwischen dem Nistplatz und dem Winterquartier zurücklegt.

Ohne ein Netz von Schutzgebieten und ohne gesetzliche Bestimmungen hätten in den Vereinigten Staaten von Amerika und in Kanada kaum so viele Kanadakraniche bis heute überlebt. Ihre Zahl hat in den vergangenen 20 Jahren erfreulich zugenommen und ist auf über eine halbe Million gestiegen. Mit ihren sechs Unterarten stellen sie unter den 15 Kranicharten der Erde damit wohl das stärkste Kontingent. Die seltensten Vertreter der Familie leben ebenfalls in Nordamerika: Drei der bis 1988 in freier Wildbahn wieder auf gut 150 vermehrten Schreikraniche sind mit ihrem schneeweißen Gefieder gut zwischen den Kanadakranichen zu erkennen. Das Foto wurde im Bosque del Apache National Wildlife Refuge in Neu-Mexiko aufgenommen. Dieses »Refugium« gehört zu einem System von 430 Schutzgebieten für freilebende Tiere und Pflanzen, das es in den Vereinigten Staaten neben den 48 Nationalparks gibt. Manches der National Wildlife Refuges, die sich über insgesamt gut 36 Millionen Hektar Land und Wasser in 49 Bundesstaaten erstrecken, wurde eigens für die Kraniche eingerichtet.

Schon bevor es in langen Ketten und Keilen auf die Reise geht, versammeln sich die Angehörigen mancher Arten zu Tausenden an generationenlang aufgesuchten Orten. Einige Arten freilich ziehen auch im drei- oder vierköpfigen Familienverband oder in kleinen Trupps, so etwa die Schreikraniche in Nordamerika. Selbst sie finden sich abends häufig mit anderen an gemeinschaftlichen Schlafplätzen zusammen. Zum Ausruhen bevorzugen Kraniche Stellen in seichtem Wasser, wo sie vor unliebsamen Überraschungen sicher sind. Dort stehen mitunter Zehntausende der langbeinigen Gefiederten beisammen.

Der lange Zeit von vielen Geheimnissen begleitete und deshalb um so stärker mystifizierte »Zug der Kraniche« ist in jüngster Vergangenheit in einem erheblichen Ausmaß enträtselt worden. So wurden erstaunliche Flugleistungen der Vögel bekannt: Graue Kraniche etwa legten im Herbst 1986 innerhalb von 24 Stunden, wahrscheinlich ohne eine einzige Rast, eine Strecke von 1700 Kilometern zwischen dem östlichen Deutschland und den Pyrenäen zurück.

Anlaß zum Wundern gibt allemal das hohe Lebensalter der Kraniche. Wenn auch die Vorstellungen im alten China und Japan, daß die Mandschurenkraniche älter als tausend Jahre würden, wenig mit der Wirklichkeit zu tun hatten, wenn auch Angaben über das Höchstalter einzelner Vögel bis vor kurzem selten einwandfrei nachprüfbar waren und sich Rekordangaben auf Tiere in Gefangenschaft beziehen, so gibt es doch glaubhafte Nachweise dafür, daß Kraniche älter als sechzig Jahre, wahrscheinlich sogar weit über achtzig Jahre alt werden können und bis ins hohe Alter fortpflanzungsfähig sind. Da mit genauen und durchgehenden Aufzeichnungen erst spät begonnen wurde, wird sich mancher heute in Gefangenschaft gehaltene Kranich noch zum – als solcher belegbarer – Methusalem entwickeln können. Freilebende Vögel werden durchschnittlich weit weniger alt, weil sie ein viel gefahrvolleres Leben als ihre Artgenossen in den Volieren führen. Doch verhilft die seit einigen Jahren bei einigen Arten betriebene und von nicht wenigen Naturschützern – wegen der damit verbundenen gelegentlichen Verluste unter den Vögeln – als problematisch angesehene Beringung in der Zukunft sicherlich zu weiteren überraschenden Erkenntnissen.

Wie in verschiedenen Kapiteln dieses Buches nachzulesen ist, eignen sich Kraniche recht gut zur Haltung in »menschlicher Obhut«, was dem wildlebenden Bestand mancher Arten durchaus nicht zum Vorteil gereicht. In den vergangenen Jahren sind große Fortschritte in der Gefangenschaftszucht erzielt worden. Im Jahr 1986 gelang es erstmals, im Zoo (Volkspark) von Xining, der Hauptstadt der chinesischen Provinz Qinghai, junge Schwarzhalskraniche in einem Gehege von einem dort gehaltenen Paar ausbrüten und aufziehen zu lassen. Damit sind alle Arten »gezüchtet« worden. Und nicht nur die. Verschiedene Versuche mit Hilfe künstlicher Besamung, die ebenso wie der Brutschrank bei der Vermehrung hinter Draht eine wichtige Rolle spielt, haben »Mischlinge« hervorgebracht. In einigen Zoos und Vogelparks gibt es Bastarde, die in der freien Wildbahn selten vorkommen. So wurde im »Patuxent Wildlife Research Center« in Laurel, Maryland, unweit der US-Bundeshauptstadt Washington D.C., ein Schreikranich mit einem Kanadakranich erfolgreich gekreuzt. Und in Xining läuft ein »Mandschurenschwarzhalskranich« in einer Zoovoliere umher. Daß nicht nur die Angehörigen derselben Gattung miteinander Nachwuchs haben können, stellten in Südafrika eine Paradieskranichhenne und ein Klunkerkranichhahn aus freien Stücken unter Beweis: Sie zogen mehrfach Hybriden auf. Alles deutet bis jetzt darauf hin, daß solche Mischarten nicht fortpflanzungsfähig sind. Aber das muß nicht für alle Kombinationen gelten, denn schließlich haben sich die heutigen Arten ja auch aus früheren Formen weiterentwickelt und das sicher auf unterschiedliche Weise.

Viele Kraniche in Gefangenschaft

So angreifbar einerseits manche solcher Zuchtmanipulationen sind und sowenig begrüßenswert eine ausufernde Kranichhaltung wegen des damit unweigerlich verbundenen »Verbrauchs« von Vögeln ist, so hat andererseits die zunehmend erfolgreiche Zucht in der jüngeren Vergangenheit dazu geführt, daß weniger wilde Vögel ihre Freiheit eingebüßt haben, um den Menschen zur Kurzweil zu dienen. Wegen ihrer stattlichen Erscheinung, ihrer tänzerischen Vorführungen und ihrer eindrucksvollen Rufe werden sie immer attraktive – und deshalb gesuchte – Schauobjekte bleiben, in zoologischen Gärten, Parks und auch in Volieren privater Vogelhalter. Obwohl die Kraniche in den meisten Ländern durch Gesetze geschützt sind und das Washingtoner Artenschutzübereinkommen die Mehrzahl der Arten vom Handel ausnimmt, gibt es immer wieder Verstöße gegen solche Schutzbestimmungen. Nur strenge Auflagen können verhindern, daß die Erfolge bei der Zucht der schönen Vögel zum Alibi für ihre verbreitete Haltung werden. Das Schicksal der Gefangenen, die ihre – ungestutzten – Flügel zum Fliegen und zum Tanzen haben und das Leben richtig nur in Freiheit genießen können, ist allemal bedauernswert. So ist es denn die vornehmste Aufgabe anerkannter Einrichtungen, die Kraniche halten und züchten, damit für ihren besseren Schutz in freier Wildbahn und für die Erhaltung ihrer Lebensräume zu werben und finanziell dazu beizutragen. Auf die Dauer läßt sich eine Art durch die Zucht nicht vor der Ausrottung retten.

Gemeinsames Schicksal: schwindender Lebensraum

Ginge es nach der Wertschätzung, die den Kranichen von vielen Menschen entgegengebracht wird, dann müßte eigentlich niemand um ihre Zukunft besorgt sein. Doch die Wirklichkeit sieht anders aus: Wie die Menschen selber, die ihre größten Freunde und Feinde zugleich sind, haben sie immer weniger Platz auf der Erde. Indem die Menschheit durch ihre hemmungslose Übervermehrung auf die eigene Existenzkrise zutreibt, löst sie damit unter den Kranichen fast überall einen kontinuierlichen Bevölkerungsschwund aus. Denn wo der Mensch sich ausbreitet, sind in aller Regel die Tage des Kranichs gezählt. So war es wenigstens bislang. In manchen Ländern lassen neue Formen des Naturschutzes Hoffnung auf ein Ende dieser verhängnisvollen Entwicklung aufkommen. In vielen Staaten jedoch hält die »Erschließung« letzter, weitgehend unberührter Landstriche unvermindert an. Erschließung geht immer einher mit der Vernichtung des Wildlebens.

Wären Kraniche auf ein Dasein in der Wüste ausgerichtet, hätten sie eine bessere Chance. Dann würde ihr Lebensraum auf der Erde gegenwärtig Tag für Tag größer. Doch die Kraniche entwickelten sich auf unserem Planeten, als es auf ihm Wasser in Hülle und Fülle gab, als weite Bereiche seiner nicht vom Meer überfluteten Fläche von Mooren, Sümpfen und Brüchen, von Schwemmland, nassen Senken und flachen Seen bedeckt waren. In diesen vielfältig gestalteten feuchten Lungen der Kontinente entfalteten sich ein reichhaltiges Pflanzenleben und eine üppige Tierwelt. Die Kraniche, mit ihren langen Beinen und Hälsen diesem speziellen Biotop besonders gut angepaßt, lernten – wie viele Schnepfen- und Entenvögel ebenfalls – im Lauf der Zeit die Feuchtgebiete auf sehr sinnvolle Weise zu nutzen.

Vom Frühling bis zum Herbst lebt mehr als die Hälfte ihrer Arten auf der nördlichen Halbkugel, um mit dem Beginn der kalten Jahreszeit in den Süden zu ziehen. Dabei überwinden sie nicht nur Entfernungen von mehr als 5000 Kilometern, sondern werden auch mit enormen Höhenunterschieden fertig. Den Rekord hält dabei der Schwarzhalskranich: Er brütet im tibetischen Hochland mancherorts höher als 5000 Meter über dem Meeresspiegel; viele seiner Winterquartiere liegen auch noch hoch – um und über 2000 Meter. Nester vom Grauen Kranich sind in Armenien in 2200 Metern Höhe gefunden worden; zur Winterzeit verbringen viele Angehörige seiner Art manchen Monat am Nil auf Meereshöhe.

Doch wo immer sie sich aufhalten: Sie alle brauchen Wasser, und das nicht nur zum Trinken. Zur Brutzeit sind die meisten Arten noch stärker darauf angewiesen als sonst, wie im vorausgehenden Kapitel beschrieben ist. Zwischen Herbst und Frühjahr ziehen sich selbst jene, die ihren Nistplatz auf dem Trockenen einrichten – Jungfern- und Paradieskraniche –, zur Nachtruhe dorthin zurück, wo sie nasse Beine bekommen. Einige Arten finden ihre Nahrung ausschließlich im nassen Element. Sei es, daß sie dort Muscheln, Krebse, Krabben, Frösche, kleine Schlangen und Fische suchen wie etwa der nordamerikanische Schreikranich, sei es, daß sie – wie der asiatische Nonnenkranich – die Wurzeln von Wasserpflanzen herausziehen. Andere ernähren sich zu Lande und zu Wasser, einige ausschließlich auf dem Trockenen. Nicht wenige stellen ihre Ernährungsweise zwischen Brut- und Rastort um.

Entwässerungen nehmen ihnen die Existenzmöglichkeit

Feuchtgebiete sind also für die einen mehr, für die anderen weniger wichtig, für alle aber lebensnotwendig. Obwohl sie auch für den Menschen allein wegen ihrer Funktion für das Klima und als Wasserspeicher segensreich sind, hat er sie in der Vergangenheit fast überall auf der Erde angezapft und trockengelegt. Mit immer moderneren Hilfsmitteln ging es immer schneller. Und wider bessere ökologische Einsicht werden auch heute noch Sümpfe entwässert oder durch das Anstauen von Flüssen in ihrem biologischen Wert vernichtet. Ob im afrikanischen Okavango-Delta, in ausgedehnten »Marschen« Chinas, in den »outbacks« von Australien, in sibirischen Niederungen, an kanadischen Strömen, auf finnischen Hochmooren oder in bundesdeutschen Sumpfwiesen: Der durch die Veränderung von Wasserständen angestrebte wirtschaftliche Fortschritt hat oft nur einen kurzen Atem. Stets aber wird er auf Kosten der Natur erreicht, gerät schnell oder langfristig zum ökologischen Rückschritt für eine ganze Region, zum »Aus« für komplexe Lebensgemeinschaften, zu denen allzu häufig auch Kraniche gehören.

Die ohnehin schon seltenen Klunkerkraniche werden durch große Wasserbauprojekte in Sambia und Botswana empfindlich in ihrem Gesamtbestand getroffen. Im US-Staat Nebraska steht am Platte River das wichtigste Rastgebiet für mehr als 500 000 Kanadakraniche (das ist fast der gesamte Bestand) und einen Teil der mühsam hochgepäppelten Schreikraniche für neue Projekte auf dem Spiel, nachdem der größte Teil

Viele Kraniche sind zu Kulturfolgern geworden. Wo sie für die Brut, die sie mit allen Mitteln zu verheimlichen suchen, einen versteckten Platz finden, kommen die meisten Arten in der vom Menschen gestalteten Landschaft gut zurecht. Wie dieses Klunkerkranichpaar mit seinem ausgewachsenen Jungen in Südafrika profitieren sie oftmals sogar von der Landwirtschaft. Die mächtigen Vögel, zweitgrößte Art in der Familie, erscheinen vor der ausladenden, runden Krone des Einzelbaumes als kleine Gestalten. Ein Bild der Harmonie, wenn auch nicht von natürlicher, sondern mit einem starken Hauch von Landschaftsgestaltung. Es könnte an viel mehr Orten zu sehen sein, hätten die Menschen nicht die fatale Neigung, überall Feuchtgebiete trockenzulegen. Mit zumeist hohem Aufwand und oftmals zweifelhaftem Nutzen zerstören sie dadurch die Brut- und Aufzuchtgebiete nicht nur der Klunkerkraniche im südlichen Afrika, sondern – weltweit – aller Arten. Da nützt die schönste Landschaft nichts, wenn keine Kraniche nachwachsen, um sie zu beleben.

des natürlichen Wasserflusses bereits für die Gewinnung von Elektrizität und für landwirtschaftliche Zwecke verbraucht wird. An der Ostküste Chinas sind mehrere große Flachwasserzonen durch landwirtschaftliche Pläne in Gefahr, als Brut- und Rastgebiete von sechs Arten vernichtet zu werden. Drei Beispiele für eine ganze Reihe elementarer Eingriffe ins Kranichleben.

In der Summe noch verheerendere Folgen hatten in der Vergangenheit die vielen »kleinen« Veränderungen in der Landschaft. Jahrelang war die Gewinnung von »Kulturland« um jeden Preis das oberste Gebot. Auf dem Weg zur landwirtschaftlichen Überproduktion ging vor allem in Europa eine große Zahl wertvoller Brutbiotope des Grauen Kranichs verloren. Ähnliches ist in Südafrika zu beobachten, wo mit dem Klunkerkranich, mit dem Paradieskranich und dem Grauen Kronenkranich gleich drei Arten betroffen sind. Im Süden Australiens erlitt der Brolga-Kranich, in den Vereinigten Staaten der Schreikranich, in Indien und angrenzenden Ländern der Saruskranich das gleiche Schicksal. In den folgenden Kapiteln wird mehr dazu berichtet.

Aber der Wasserentzug aus der Landschaft, der die Kraniche dermaßen schwer trifft, geschieht nicht nur auf so drastische Weise wie durch große Abzugskanäle, Gräben und Dränagerohre, durch das Umleiten oder Abdämmen von Fließgewässern. Die weltweit fortschreitende Erosion, die Austrocknung riesiger Landstriche durch unkontrolliertes Abholzen von Wäldern und die Überweidung von natürlichem Graswuchs, besonders in Gebirgsgegenden und Flußniederungen, nehmen nach und nach vielen Kranichen die Existenzmöglichkeit. Wo die Pflanzen verschwinden, welche die Feuchtigkeit speichern, trocknet der Boden aus, fließt das Regenwasser schnell ab.

Auch die Veränderungen hergebrachter Nutzungsformen des Landes bleiben nicht ohne Auswirkungen. Mitunter können sie positiv sein, zumeist jedoch gehen sie zu Lasten der großen Vögel. Auf den Rastplätzen und an den Aufenthaltsorten im Winterquartier kann zunehmender Getreide- und Maisanbau von Vorteil sein. Den Kanadakranichen beispielsweise bieten die Kornkammern Nordamerikas zur Zugzeit vielerorts einen reicher gedeckten Tisch als die einstmals dort vorherrschende Prärie. Die Umwandlung von Grünland in Ackerland indes, die bis heute aufgrund der veränderten Methoden bei der Viehhaltung mit Gras bewachsene Weiden und Wiesen der Reihe nach unter den Pflug bringen, und das nicht nur in Mitteleuropa, ist in vielen Brutgebieten von den Kranichen nicht zu verkraften. Grasland nämlich stellt für sie eine wichtige Nahrungsfläche dar, wenn die Äcker im Frühsommer nichts für sie hergeben. Im zeitigen Frühjahr können sie dort die Saaten nach Futter absuchen, im Sommer und Herbst halten sie Nachlese auf den Feldern (wobei es durch das schnelle Umbrechen der Stoppelfelder auch damit immer schwerer wird). Weide- und Wiesenland aber bieten durchgehend vom Frühling bis zum Herbst sowohl pflanzliche als auch tierische Kost. Auf letztere sind die Jungen in den ersten Lebenswochen angewiesen.

Eine falsche Landwirtschaftspolitik fordert ihren Tribut

Doch nicht nur manches Brutgebiet wird durch Umstellungen in der Landwirtschaft entwertet, auch ein Winterquartier kann sich auf katastrophale Weise für die Kraniche verändern. So gehen in Spanien Zehntausende Hektar ursprünglicher wertvoller Äsungsflächen für den größten Teil der westlichen Population des Grauen Kranichs verloren, wenn sich dort die schon für die übrigen Mitgliedsstaaten ökologisch so bedenkliche Landwirtschaftspolitik der Europäischen Gemeinschaft durchsetzen sollte. Stillgelegte Äcker, seit 1988 den mitteleuropäischen EG-Staaten aus Brüssel für die Gesundung der europäischen Landwirtschaft verschrieben, sind kein Ersatz für die einmaligen Eichenhaine und -felder, deren Früchte in der Region Extremadura den Kranichen monatelang Nahrung spenden. Diese Eichen aber, Bestandteil einer jahrhundertealten extensiven Nutzungsform, jeder Baum für sich schon ein Natur- und fast auch ein Kulturdenkmal, sind in Gefahr, der Motorsäge und den Bulldozern zum Opfer zu fallen, um Platz für eine maschinengerechte Bearbeitung der Felder und weitere Anhäufung des Getreideberges zu machen.

Die langsam zunehmende Bedeutung, die der Naturschutz auch in der Politik gewinnt, läßt hoffen, daß mancher Unsinn, den sich Naturbanausen (die sich damit gleichzeitig als Kulturbanausen zu erkennen geben) am Verhandlungstisch ausdenken, nicht verwirklicht wird. Und die wachsende Zahl der Wächter sowie der zunehmende Mut zum Protest verhindern künftig hoffentlich immer mehr Freveltaten, große und kleine, unter denen die Natur und mit ihnen die Kraniche leiden. Dazu gehören auch in manchen Ländern noch der Abschuß und das Vergiften. Auch das Fangen der Vögel und der Handel mit ihnen, wie sie in Pakistan und einigen afrikanischen Staaten betrieben werden, reißen erhebliche Lücken in ihren Bestand.

Der technische Fortschritt fordert unter den Kranichen auch auf andere Weise noch seinen Tribut: In allen Erdteilen verunglücken alljährlich insgesamt einige tausend von ihnen an elektrischen Leitungen. Besonders bei Nebel und Wind fliegen die Vögel gegen die über Millionen von Kilometern die Erde umspannenden Metallseile, brechen sich Hälse, Flügel und Beine und müssen kläglich sterben. In manchen Ländern unterblieb deshalb in jüngerer Vergangenheit der Bau einzelner Leitungen. Es gibt auch Orte, an denen Masten mit dem dazugehörigen Kabelwerk umlegt oder wo die Leitungen durch farbige Bänder als Hindernisse kenntlich gemacht werden.

Mehr als die Hälfte stehen auf der Roten Liste

Überhaupt haben etwa seit 1975 viele Bemühungen, den Kranichen das Leben leichter zu machen, parallel zu den anderenorts zunehmenden Beschwernissen, manchen Erfolg gezeigt. Dennoch haben Fortschritte im Naturschutz und speziell im Kranichschutz nicht verhindern können, daß mehr als die Hälfte der fünfzehn Kranicharten auf die Rote Liste der vom Aussterben bedrohten oder der in ihrem Bestand stark gefährdeten Vögel geraten sind. Zu ihnen zählen der Schreikranich, der Schneekranich, der Mandschurenkranich, der Schwarzhalskranich, der Weißnackenkranich, der Mönchskranich, der Klunkerkranich und der Paradieskranich. Hinzu kommen noch einige Unterarten von insgesamt bisher nicht bedrohten Arten wie etwa der östliche Saruskranich, der Kuba-Kranich und der Mississippi-Kranich (beide sind Unterarten des Kanadakranichs). Die derzeit am häufigsten vertretenen Arten sind der Jungfernkranich, dessen Zahl vor kurzem vielleicht noch die Million erreichte; der Kanadakranich, der es auf mehr als eine halbe Million bringt, und der Graue Kranich (beide Unterarten zusammen) mit etwa 250 000 bis 300 000 Angehörigen.

Manche Kranicharten nehmen gegenwärtig zu, unter ihnen der von der Schwelle des Artentodes zurückgeholte Schreikranich sowie die westliche Unterart des Grauen Kranichs, manche aber, die noch um 1980 als sicher im Bestand galten, sind innerhalb kurzer Zeit erheblich weniger geworden. Zu ihnen gehören der Saruskranich, der Klunkerkranich und der Paradieskranich. Bei zumindest einer Art hat die Entdeckung neuer Brut- und Überwinterungsgebiete eine erfreuliche Korrektur der Bestandszahl nach oben ermöglicht: Bis 1980 befürchteten alle »Kranologen«, daß es nur mehr rund 200 der »Sibirischen Kraniche« gäbe. Dann aber sahen chinesische Ornithologen erstmals eine bis dahin unbekannte östliche Population der weißen Vögel in ihrem Winterquartier am Poyang-See in der Provinz Jiangxi. Im Winter 1988 wurden allein dort mehr als 1500 Nonnenkraniche gezählt, die Zahl der westlichen Überwinterer in Indien und im Iran hingegen war auf unter 50 gesunken. Einzelheiten zur Aufsehen erregenden Geschichte der geheimnisvollen Schneekraniche sind im Kapitel »Die Weiße Lilie unter den Gefiederten« enthalten.

Auch einige andere Kranicharten machen es den um ihr Geschick besorgten Forschern schwer, genaue Bestandszahlen und Populationsgrößen festzustellen. Zu solchen Überraschungen wie bei den Schneekranichen wird es kaum mehr kommen. Eher zu umgekehrten wie bei den Klunkerkranichen. Lange Zeit wurden die in Botswana und Sambia festgestellten Vögel zusammengezählt. Bis einige Ornithologen herausfanden, daß es sich überwiegend um dieselben Vögel handelte, die hin- und herzogen. Die Folge war, daß die Bestandskurve auf dem Papier einen kräftigen Knick nach unten bekam. Seitdem sorgen sich die Kranichschützer noch stärker um diese Art.

Manche Geheimnisse werden noch lange bleiben

Eine große »Unbekannte« in der langfristigen Entwicklung der Kranicharten ist das durchschnittliche Alter der einzelnen Populationen. Da Kraniche recht betagt werden, kann ihre Zahl über eine lange Zeit hinweg stabil bleiben, ohne daß genügend Nachwuchs für die zum langfristigen Überleben notwendige kontinuierliche Verjüngung des Bestandes sorgt. So mag manche Art heute noch als hinreichend gesichert gelten, aber bei einem zu geringen Bruterfolg einige Jahre später einen gefährlichen Zusammenbruch erleiden. Daher richten viele Kranichforscher in den Winterquartieren der Vögel ihr ganz besonderes Augenmerk auf die an ihrem noch nicht ausgefärbten Gefieder (und an ihren piepsenden Stimmen) gut erkennbaren Jungvögel. Ihr Anteil an der Gesamtzahl der Kraniche muß bei mindestens zehn bis zwölf Prozent liegen, um das »natürliche« Aussterben zu verhindern.

In Zukunft wird noch manche Korrektur in der Kranichstatistik notwendig werden, weil sich weltweit immer mehr Menschen dieser Vögel annehmen und neue Erkenntnisse beibringen. Doch trotz aller Finessen in der Beobachtung, beim Verfolgen und mit dem Beringen, trotz Radar, Flugüberwachung und Funkpeilung, trotz Computerhochrechnungen und Satelliteneinsatz werden die Kraniche so manches Geheimnis um ihre Existenz noch lange bewahren. Ihre Freunde müssen aufpassen, daß sie rechtzeitig merken, wenn eine Art einer Existenzkrise zusteuert. Damit es nicht so weit kommt wie mit den Schreikranichen, die nur noch mit viel Glück und außergewöhnlichem Einsatz vor dem endgültigen Untergang gerettet werden konnten. Von ihnen ist deshalb mehrfach in diesem Buch zu lesen, weil zum einen ihre Geschichte so einmalig ist und weil sie – zum anderen – eine ständige Mahnung bleiben müssen.

Auf dem Zug und in ihren Winterquartieren gehören Kraniche zu den Kostgängern der Bauern, was in manchen Ländern und Gegenden zu Problemen führen kann. In solchen Fällen sind die Staaten gefordert, im Rahmen ihrer Naturschutzpflicht den angerichteten Schaden auszugleichen. Bei Zugvögeln wie den Kranichen ist schon wiederholt die Frage gestellt worden, inwieweit sich Länder, in denen die Vögel weit verstreut brüten, am Ersatz der Ernteschäden in denjenigen Staaten beteiligen, in denen sie im Winter massiert auftreten. In der Europäischen Gemeinschaft sollte es dafür einen Fonds geben. Allerdings brüten die wenigsten der über 30 000 in Spanien überwinternden Grauen Kraniche in Ländern der Europäischen Gemeinschaft. Fast alle kommen aus Skandinavien, aus der DDR und aus Osteuropa. In der Umgebung der Laguna Gallocanta in Aragon, wo das Bild entstanden ist, fallen sie zu Tausenden auf den Feldern ein. Gründliche Untersuchungen haben ergeben, daß sich der angerichtete Schaden jedoch – von wenigen Ausnahmen auf einzelnen Saatschlägen abgesehen – in engen Grenzen hält.

2000 Kilometer nonstop

Die Aufbruchstimmung unter den Kranichen ist nicht zu überhören. Obwohl das Morgenrot erst die schneebedeckten Berggipfel im Hintergrund mit einem zarten Hauch überzogen hat und das übrige Land noch in tiefer Dämmerung liegt, hat schon ein vielstimmiges Konzert rauher Stimmen angehoben. Selbst mit unseren starken Ferngläsern können wir die im flachen Wasser vor uns stehenden Vögel nicht sehen. Es ist noch zu dunkel. Wir haben im Abstand von einem Kilometer zum »Pantano del Rosarito«, einem Stausee am Rio Tiétar, nicht weit vom Städtchen Candeleda, hinter einigen Büschen Stellung bezogen. Von hier aus wollen wir den Abflug einiger hundert Kraniche beobachten. Seit Mitte Dezember fallen die Vögel an dieser Stelle, rund 130 Kilometer südwestlich von Madrid, jeden Abend an ihrem Schlafplatz ein und starten am frühen Morgen in die Umgebung zur Nahrungssuche. Jetzt, Ende Februar, kann für sie jeder Tag der letzte in diesem Teil des spanischen Winterquartiers sein.

In den letzten Februartagen werden die Grauen Kraniche von der Zugunruhe erfaßt. Mit dem Vordringen des Frühlings vom Süden der Iberischen Halbinsel in das Gebiet der Autonomen Region Extremadura, dorthin, wo der größte Teil der west- und nordeuropäischen Kraniche überwintert, bereiten sich die Vögel zum Abflug in den Norden vor. Heute ist ein solcher Tag, an dem es losgehen könnte. »Wenn der Himmel so klar bleibt und kein Wind von Norden aufkommt, wird heute vormittag ein Teil abfliegen«, sagt Juan Carlos Alonso. Mit ihm und seinem Bruder Javier sind wir in den Osten der Provinz Caceres gefahren, um zu sehen, wo und wie »unsere« Kraniche den Winter verbringen. Die beiden promovierten Biologen aus Madrid widmen seit Jahren ein gut Teil ihrer Arbeitskraft und Freizeit den Kranichen und kennen alle Gebiete, in denen größere Scharen von »Grus grus« für längere Zeit Station machen, wie ihre Westentasche. Mit von der Partie ist heute noch Rodrigo Munoz-Pulido. Er ist Student und sammelt Material für seine Doktorarbeit über die Kraniche im spanischen Winterquartier der Provinzen Badajoz und Caceres (beide bilden die Region Extremadura). Durch seine vielen Beobachtungsfahrten und Befragungen ist er mittlerweile den meisten Landbewohnern gut bekannt.

Eine halbe Stunde müssen wir noch warten, bis sich gegen sechs Uhr die ersten Kraniche in die Lüfte schwingen und über unsere Köpfe hinweg Kurs auf die hinter uns liegenden Felder und Weiden nehmen. Anfangs sind es kleine Gruppen, Familien oder Paare, die zu den Nahrungsgründen im Umkreis von drei bis zehn Kilometern streben; dann werden die fliegenden Trupps immer größer. Schließlich löst sich eine Kette nach der anderen aus dem Wasser und zieht in langer Reihe oder im klassischen Flugkeil der aufgehenden Sonne entgegen. Das »gruh, gruh« oder »grüh« will kein Ende nehmen. Signale zum Aufbruch, Begrüßung des neuen Tages, Verbindung der einzelnen Paare untereinander und zu ihren Jungen, die mit hohen Stimmen antworten — die Rufe können vieles bedeuten. Die beiden Bauern, die nicht weit von uns schon so früh am Tage begonnen haben, von knorrigen, nicht sehr hohen Eichen tiefhängende Äste abzusägen, blicken gelegentlich von ihrer Arbeit auf. Ihnen ist das Bild ziehender Kraniche seit Jahren vertraut.

Holzkohle statt Kranichnahrung

Mit jedem Ast, den sie abnehmen, verringern die Bauern das Nahrungsangebot für die Kraniche. Denn die Vögel kommen seit langem vor allem wegen der Eichen in diese Gegend, genauer: wegen der Eicheln, die von ihnen im Spätherbst und Winter abfallen. Millionen Bäume der immergrünen rundblättrigen Art »Quercus rotundifolia« haben hier jahrhundertelang Schweinefutter und Brennholz geliefert. Stellenweise gemischt mit »Quercus suber«, der Korkeiche, haben sie der Landschaft ihr eigenes Gepräge verliehen, dem Boden Schatten und damit Schutz vor dem Austrocknen verschafft. Vielen Vögeln bieten die Eichen, die auf Feldern und Viehweiden gleichermaßen wachsen, Quartier: Steinkauz, Grünspecht, Blauracke und Wiedehopf sind einige der Arten, die hier — neben vielen Fledermäusen — beste Wohnverhältnisse in den zahlreichen Höhlen vorfinden.

Solange die Bauern ihre Bäume nur »aufasten« und ihnen damit ein längeres Leben sichern, können die Kranichfreunde zufrieden sein, wenn auch der Eichelsegen vorübergehend etwas geringer ausfällt. Doch viele Landwirte roden die Eichen, um mehr Platz für den Getreideanbau zu schaffen und besser mit modernen großen Maschinen arbeiten zu können. Zwischen 1950 und 1980 wurden in der Region Extremadura mehr als acht Millionen Eichen gefällt, und es wurde so gut wie keine nachgepflanzt. Nach 1980 ging die Rodung weiter; der Beitritt Spaniens zur Europäischen Gemeinschaft hat die Entwicklung in der jüngsten Vergangenheit eher noch beschleunigt. Es ist ähnlich wie mit den Streuobstwiesen in der Bundesrepublik.

Die Eicheln unter den Bäumen der Eichenhaine geben zwar immer noch das Futter ab, aus dem einer der besten Schweineschinken der Welt entsteht, doch die Zahl der das ganze Jahr hindurch freilaufenden Schweine nimmt weiter ab. Schon lange gibt es in den einzelnen Gemeinden keinen »Grullero« mehr, einen »Kranichmann«, der früher die »Grullas«, die Kraniche, vertrieb, denn sie nahmen den Schweinen die Eicheln weg. Heute, da Großmästereien die Schinkenlieferanten mit Fertigfutter im Schnellverfahren auf das notwendige Gewicht bringen, hat sich zwar die Konkurrenz zwischen Schwein und Kranich entspannt (und das Fleisch ist wesentlich weniger schmackhaft), doch die Eichen haben in den Augen vieler Landbesitzer eben entsprechend an Wert verloren. Hingegen versprechen sie kurzfristigen Gewinn, wenn ihr Holz zu Holzkohle für Grillparties verarbeitet wird.

Die Eichenhaine der Extremadura müssen erhalten bleiben

Unsere Begleiter hoffen auf rechtzeitige Maßnahmen der spanischen Regierung zur Rettung der noch vorhandenen Eichenbestände, die neben dem unschätzbaren ökologischen Wert entscheidend zur Schönheit der Landschaft beitragen. Hierfür erwarten sie auch die Unterstützung der europäischen Partnerländer. Ihre Argumente sind einleuchtend: Zum einen ist es unsinnig, durch das Fällen und Roden der Eichen noch mehr Anbauflächen für Getreide im Gemeinsamen Markt zu schaffen, wo es schon eine Überproduktion gibt. Zum anderen sind die Eichenhaine der Extremadura und angrenzender Gebiete zum wichtigsten Überwinterungsgebiet der westlichen Population des Grauen Kranichs geworden. Im Winter 1987/88 haben hier zwischen 30 000 und 35 000 der großen Vögel einige Wochen verbracht. Das sind etwa dreiviertel aller Kraniche, die zwischen Frankreich (dort 1987/88: etwa 5000) und Marokko (dort 1987/88: zwischen 2000 und 4000) überwintern. Die Auswertung der Zählungen im Winter 1987/88 hat für die Iberische Halbinsel gut 35 000 Kraniche ergeben, von denen 1000 bis 2000 zeitweise in Portugal, in der Nähe der spanischen Grenze, waren. So kommen die Kranichforscher auf einen Gesamtbestand der »Westpopulation« von mindestens 45 000 Kranichen.

Daß sich der »Gemeine Kranich« unter den in meist weitem Abstand zueinander stehenden Eichen wohl fühlt und sich weder von braunen Schweinen noch von dunklen Rindern nachhaltig stören läßt, können wir im Lauf des Morgens beobachten. Bei unserer Rundfahrt über die ausgedehnten Weiden eines großen landwirtschaftlichen Betriebs, in dem noch vieles nach herkömmlicher extensiver Art abläuft, sehen wir mehrere Gruppen in einer Stärke von zehn bis fünfzig Vögeln herumstehen. Das Auto tolerieren sie auf etwa 150 Meter, doch sobald sie einen Menschen in voller Gestalt erkennen, fliegen sie auf: ein sicheres Zeichen dafür, daß er sie häufig stört oder gar verfolgt. Obwohl die Jagd auf den Kranich in Spanien seit 1973 verboten ist und entsprechende Nachstellungen seitdem stark zurückgegangen sind, wird hin und wieder noch ein Abschuß gemeldet. Dennoch spielt eine derartige Wilderei, der jährlich ein paar Dutzend Kraniche zum Opfer fallen mögen, keine Rolle für den Bestand, wie schändlich sie im Einzelfall auch ist.

So hat die Schonung der Kraniche vor der Bejagung, auch in anderen Ländern, wesentlich dazu beigetragen, daß sich im westlichen Europa ihre Zahl in den vergangenen 20 Jahren vergrößert hat. In der Region Extremadura kommt der Bau verschiedener Stauseen als Wasserspeicher hinzu. Auf deren Inseln oder an flachen Ufern übernachten die Kraniche gerne. Je nach Lage solcher Ruheplätze fliegen sie tagsüber zwischen fünf und fünfzehn, gelegentlich auch bis zu 25 Kilometer weit zur Nahrungssuche. Neben Eicheln nehmen sie Getreide auf, graben Kartoffeln und Wurzeln mit ihrem Schnabel aus und fangen auch manches Insekt oder kleines Säugetier. Lurche und Kriechtiere sind genausowenig sicher vor ihnen.

Start zum Flug nach Nordosten

Doch an diesem Morgen haben die meisten Kraniche anscheinend keinen Hunger. Sie haben sich in den vergangenen Wochen in gute Kondition gebracht und sind für einen langen Flug, der einige in mehreren Wochen bis nach Nordskandinavien führen wird, gewappnet. Zur ersten Etappe brechen einzelne Gruppen an diesem 25. Februar gegen 10.30 Uhr auf. Laut rufend schrauben sie sich in großen Kreisen immer höher, denn sie müssen schon bald auf ihrem Weg nach Nordosten eine Bergkette von mehr als 1500 Metern Höhe überwinden. Anders als Störche, die den größten Teil ihrer Zugwege im Gleitflug zurücklegen, sich also in Aufwinden »hocharbeiten«, um dann eine möglichst lange Strecke langsam sinkend zu segeln, bringen sich Kraniche überwiegend mit förderndem Schwingenschlag voran. Nur zum Start für einen großen Überlandflug oder vor dem Überqueren eines Meeres suchen sie eine günstige Thermik, die ihnen zur richtigen Flughöhe verhilft.

Es dauert zehn Minuten, dann sind die 23 Kraniche, die eben noch knapp 500 Meter von uns entfernt waren, nur mehr als winzige Punkte vor den weißen Bergen zu erkennen. Kurz darauf hat der blaue Dunst sie aufgesogen, können wir sie auch mit dem Feldstecher nicht mehr ausmachen. Bis kurz vor Mittag haben etwa 200 Kraniche das Gebiet in Richtung Nordosten verlassen. Als Schmalfrontzieher sind alle fast auf derselben Bahn davongeflogen. Die restlichen der gut 1000 Vögel, die am Pantano del Rosarito übernachtet

Die Eichenhaine mit ihrem Weideland und den extensiv bewirtschafteten Äckern (oben links) und die Stauseen mit ihren Grünlandgürteln (oben) bieten den Grauen Kranichen in Spaniens Extremadura gute Lebensbedingungen während ihres Winteraufenthalts. Doch die einmalige Landschaft ist in Gefahr, völlig umgewandelt und damit in ihrer Natürlichkeit zerstört zu werden. Spanische Ornithologen und Naturschützer, zu denen die Kranichexperten Juan C. und Javier A. Alonso sowie Rodrigo Munoz-Pulido (links außen) gehören, setzen sich für ihre Erhaltung ein und versuchen, gefährliche Überlandleitungen in Rastgebieten zu verhindern. An den Drähten verunglücken alljährlich unzählige Kraniche (links).

haben, wollen allem Anschein nach bleiben. »Nach 12 Uhr starten nur ganz selten Kraniche für einen längeren Flug von hier«, erfahren wir von den Brüdern Alonso. Sie wissen auch, daß am heutigen Abend die Zahl der Kraniche am Staudamm wieder aufgefüllt sein kann. »Wenn Wetter und Wind südwestlich von hier günstig sind, machen sich auch dort die Kraniche auf den Weg und legen hier vielleicht eine Rast ein.«

Sie kommen nicht nur aus anderen spanischen und aus portugiesischen Gebieten. Ein Teil fliegt auch aus dem Nordwesten Afrikas an. In manchen Jahren sind es nur einige hundert, in anderen mehrere tausend. Es hängt vor allem von den Temperaturen im spanischen Winter ab, wie viele Graue Kraniche im Winter die Straße von Gibraltar südwärts überqueren. Im letzten Jahrhundert müssen es mehr als heute gewesen sein, denn es gibt Berichte, daß mehr als 3000 Kraniche an einem einzigen Wintertag auf dem Zug nach Norden über Gibraltar erschienen seien. Aber in den vergangenen Jahrhunderten gab es ja insgesamt mehr Kraniche als in unserer Zeit. Doch die früher verbreitete Vorstellung, daß die Grauen Kraniche der westlichen Population größtenteils in Nordafrika überwintern, ist wahrscheinlich seit jeher falsch gewesen. Die meisten hatten nach der Meinung dortiger Ornithologen ihr Quartier sicherlich seit langem in Spanien bezogen, doch hatte sich niemand intensiv um sie gekümmert. Sie verteilten sich in den weiten Gebieten derart, daß sie nie sonderlich »auffielen«.

Die Zahl der Sammelplätze hat abgenommen

Da es früher auch nicht so viele Staudämme gab, an denen sich die Vögel abends in großer Zahl einfinden konnten, sie sich also zum Übernachten ebenfalls stärker aufsplitterten, blieb die Anzahl der gefiederten Gästeschar lange Zeit ein Rätsel. Die Veränderungen in der spanischen Landwirtschaft haben ebenfalls Wirkungen gezeigt: Mitte der sechziger Jahre kamen Kraniche im Winter regelmäßig in der Umgebung von mehr als 150 Orten vor, Ende der achtziger Jahre nur mehr an etwa 60 Plätzen.

Mit den Rastplätzen haben sich auch die Zugrouten stark geändert. Wie anpassungsfähig Kraniche sind, wie schnell auch veränderte Umweltbedingungen und neue »Angebote« in der großen Schar bekannt werden, zeigt die Beliebtheit des Ortes, den die Kraniche aus dem Südwesten Spaniens als erste große Zwischenstation ansteuern. In Aragon, knapp 400 Flugkilometer von hier, rund 250 Straßenkilometer nordöstlich von Madrid, liegt auf der Grenze zwischen den Provinzen Teruel und Zaragoza die Laguna de Gallocanta. Die nächste Stadt ist Calamocha, Zaragoza ist etwa 100 Kilometer entfernt. »Mit günstigem Wind können sie in sechs Stunden dort sein«, kommentiert Juan Carlos Alonso den Abflug des ersten Zugverbandes unweit des Staudamms von Rosarito. »Meistens legen die Vögel aber einen oder zwei Zwischenaufenthalte ein, denn das Wetter 100 oder 200 Kilometer weiter nördlich ist oft völlig anders als hier.«

Das bekommen auch wir zu spüren, als wir am nächsten Tag zur Laguna de Gallocanta fahren. Haben wir am Rio Tiétar schon den Frühling genossen, Weißstörchen bei der Balz auf ihren Baumhorsten zugeschaut und uns am Anblick hin- und herfliegender Rauchschwalben erfreut, geraten wir nun bald hinter Madrid in ein erstes Schneetreiben. In der spanischen Hauptstadt haben wir unsere Blicke wiederholt in den hier noch blauen Himmel gerichtet: Die nordwärts strebenden Kraniche wählen häufig »La Castellana«, die nordsüdlich verlaufende Hauptstraße Madrids, als Orientierungslinie, so daß Anfang März ziehende Kranichkeile über der Stadt kein seltener Anblick sind. Die Rufe der Luftreisenden freilich werden vom Verkehrslärm übertönt.

Immer stiller und menschenleerer hingegen wird es, je mehr wir uns der Laguna de Gallocanta nähern. Auf einer engen Bergstraße folgen wir längere Zeit einem Schneepflug, der uns den Weg durch die vom eisigen Nordwind aufgehäuften Schanzen bahnt. Der erste Blick in die weite Ebene, in welcher der 1400 Hektar große Salzsee liegt, läßt unsere Hoffnung auf viele Kraniche sinken. So weit die Augen die 53 637 Hektar große, von Bergen eingerahmte Fläche erfassen können, sehen wir fast nur schneebedeckte Felder. Doch die Brüder Alonso sind zuversichtlich. »Wir sehen hier mindestens 5000 Kraniche; außerdem bleibt der Schnee um diese Jahreszeit nicht lange liegen. Wenn der Wind sich legt, ist es morgen viel wärmer, und dann kommen mehr Kraniche. Es ist die Zeit dafür«, sagen sie. Die beiden müssen es wissen, denn seit mehreren Jahren regelmäßig im Herbst, Winter und Frühling sind sie hier, um – gemeinsam mit anderen spanischen Ornithologen – wissenschaftliche Untersuchungen über die Kraniche anzustellen und Schutzkonzepte für sie in dieser Gegend auszuarbeiten. Seit 1973, als hier die ersten Kraniche zur Rast einfielen und für längere Zeit blieben, hat sich die Laguna de Gallocanta innerhalb weniger Jahre zu einem der wichtigsten Rastplätze für die westeuropäischen Kraniche entwickelt. Vergleichbar in der Bedeutung sind die Insel Rügen sowie die westlich von Rügen gelegene Inselgruppe des Bock in der DDR, der Hornborga-See in Schweden und zwei Plätze in Frankreich (Der-Chantecoq im Nordosten und Captieux im Südwesten), wenngleich – ausgenommen Rügen und der Bock – die Zahl der Vögel an diesen Plätzen nicht so hoch und ihre Verweildauer nicht so lang ist.

Als das südöstliche Ufer des bei höchstem Wasserstand bis zu zweieinhalb Meter tiefen Salzsees vor uns auftaucht, entdecken wir auf den Feldern die ersten Kranichgruppen. Dem Wind zugewandt stehen sie dicht gedrängt auf einem braunweiß gemusterten Acker und fallen zwischen den vom Schnee freigewehten Schollen und den zugeschanzten Pflugrinnen kaum auf. Im kleinen Gasthaus von Tornos, einem der fünf Dörfer am Rand der Lagune, werden unsere Begleiter als alte Bekannte begrüßt. Der niedrige Raum der »Fonda« ist voll; an einem solchen Nachmittag können die Bauern draußen wenig beginnen. Sehr schnell kommt die Sprache auf die Kraniche: Es seien zu viele, und sie richteten großen Schaden an, hören wir. Man habe nichts gegen die Vögel. Aber wenn sie hier jetzt regelmäßig Rast machten und immer mehr von ihnen sogar überwinterten, müsse der Staat eine anständige Entschädigung für die Ernteverluste zahlen.

Fünf Millionen Peseten hat 1987 ein Teil der etwa eintausend rund um den 990 Meter über dem Meeresspiegel gelegenen »See des Singenden Hahns« wirtschaftenden Bauern von den Behörden als Entschädigung erhalten. Doch die im Gasthaus versammelten Landwirte sind nicht zufrieden. Das Geld sei ungerecht verteilt worden; die Kommission zum Feststellen des Schadens sei zum falschen Zeitpunkt gekommen; die Fristen zum Anmelden der Schäden liefen zu früh ab — es gibt eine Menge Einwände.

Die Bauern fordern eine gerechte Entschädigung

Die Alonsos kennen diese Diskussionen. Gemeinsam mit ihrem Kollegen José Veiga haben sie im Auftrag des Ministeriums »De Obras Publicas y Urbanismo« von 1980 bis 1982 eine Untersuchung über die Ernährungsgewohnheiten der Kraniche und deren Auswirkungen auf die Landwirtschaft im Gebiet von Gallocanta durchgeführt. Dabei ist herausgekommen, daß der durchschnittliche Verlust auf der von den Kranichen aufgesuchten Ackerfläche in einer Gesamtgröße von 35 000 Hektar weniger als ein Prozent beträgt. Da die meisten Felder nur zwischen einem halben und einem Hektar groß sind (der größte Betrieb hat 160 Hektar), können einzelne Bauern allerdings weitaus stärker heimgesucht werden. Auf manchen kleinen Feldern, die wie ein Fleckerlteppich die weite Ebene überziehen, wurden dreißig Prozent weniger geerntet. Daher können die spanischen Vogelschützer den Zorn einiger weniger Bauern verstehen und unterstützen deren Forderung nach einer gerechteren Zumessung der Entschädigung, von der jetzt noch mancher profitiert, obwohl ihm gar keine zusteht.

Vor wenigen Wochen erst, so erfahren wir bei unserem Gespräch am bullernden Kanonenofen, der in der Mitte des Gastzimmer steht, haben Bauern aus dem Nachbarort Bello drei Kraniche geschossen und »als Provokation« an den Kontrollweg des für die Kraniche zuständigen Wärters gelegt. Seit 1985 nämlich sind 6720 Hektar des Gebietes als nationales Schutzgebiet ausgewiesen: Das »Refugio Nacional de la Laguna Gallocanta« wird seitdem besser überwacht. Im Frühling und Sommer erstreckt sich der Schutz auf eine erkleckliche Zahl von Brutvögeln verschiedener Arten wie Säbelschnäbler, Seeschwalben, Regenpfeifern und Enten.

Ein alter Freund unserer Begleiter, Pascual Mercadal, hat das Entstehen des »Kranichbooms« miterlebt. Als 1973 erstmals 160 Kraniche an der Laguna überwinterten, war er gerade zum ersten Aufseher über das Gebiet ernannt worden. 1973 wurde nämlich das »kontrollierte Jagen« eingeführt; es galt vor allem für die Enten, von denen bis zum Austrocknen der Lagune im Jahr 1978 und dem anschließenden Absterben der Wasserpflanzen sich hier in jedem Winter mehr als zweihunderttausend aufhielten und eine beliebte Beute der Jäger waren.

Nach 1973, so erzählt der knapp siebzigjährige Pascual Mercadal, habe die Zahl der durchziehenden Kraniche ständig zugenommen. Wie viele überwinterten, hing vom Wetter ab. Im milden Winter 1983/84 waren es zehntausend. Er selbst habe früher viel gewildert, habe auch gelegentlich Kraniche geschossen, bevor er zum Wärter bestellt worden sei. Diesen Posten hatte Mercadal bis 1984, dem Zeitpunkt seiner Pensionierung, inne. Das Fleisch von Kranichen habe er nicht so sehr geschätzt. »Es ist zu sehnig. Gerade gut genug, um daraus — mit Reis gemischt — Wurst zu machen«, meint er. »Aber es gibt einige, die das Kranichfleisch gerne mögen. Im Frühjahr hat ein Kranich hier etwa eineinhalb Kilogramm Fleisch auf den Knochen. Das war früher, als die Leute noch ärmer waren, viel wert.«

Daß die Bewohner dieser Gegend heute nicht mehr so arm wie einst sind, kommt den Kranichen zugute. Die Bauern gehören zu den am besten ausgerüsteten in ganz Spanien. Seitdem sie von der Zweifelderwirtschaft auf eine intensive Bearbeitung der fruchtbaren Böden übergegangen sind, können sich ihre Erträge sehen lassen. Braugerste, Weizen, Sonnenblumen und Safran beherrschen die Anbaupalette. Ein Großteil der Felder wird gerade bestellt, wenn die meisten Kraniche eintreffen — sowohl im Herbst als auch im Frühjahr. Sie bedienen sich dann der Reste auf den abgeernteten Feldern oder auf den frisch eingesäten Flächen. Bei den Neusaaten kann es zu Schäden kommen. Die gesamte Anbaufläche ist zu groß, und die einzelnen Schläge sind zu weit verstreut, um eine gezielte Abwehr erfolgreich betreiben zu können. Das aber ist auch der Vorteil dieses ausgedehnten Agrargebietes: Die Belastung verteilt sich und schlägt dadurch, von Ausnahmen abgesehen, kaum zu Buche.

Wer in Spanien Kraniche beobachten will, braucht nur an die Laguna Gallocanta, 250 Kilometer nordöstlich von Madrid, zu fahren. Es ist allerdings ratsam, sich warm anzuziehen. Im März, wenn sich an dem 1400 Hektar großen Salzsee zeitweise mehr als 10 000 Kraniche auf einmal versammeln und insgesamt mehr als 40 000 von ihnen Station machen, kann es kälter als minus zehn Grad Celsius werden und hohe Schneeverwehungen geben. Kälte allerdings macht weder den hier versammelten Grauen (noch den meisten übrigen) Kranichen viel aus. Solange es auf den Feldern etwas zu ernten gibt, leiden sie keine Not. Mehrfach am Tag ziehen die Vögel in großen Verbänden hin und her. Besonders eindrucksvoll ist das Fluggeschehen zur Abenddämmerung und frühmorgens, wenn die Kraniche die Schlafplätze im flachen Wasser aufsuchen oder verlassen. Dauert ein Wintereinbruch am »See des Singenden Hahns« im März zu lange, fliegen manche Vögel für kurze Zeit sogar wieder südwärts. Sonst aber geht es von hier aus über die Pyrenäen und Frankreich nach Norden.

Die Idee, für die Kraniche eigene Futterfelder anzulegen, wurde wieder verworfen, da sie wegen des reichen Angebots rundherum doch nur von wenigen aufgesucht würden.

So sehen wir denn auch am Abend die Flugkeile von allen Richtungen auf die beiden Hauptschlafplätze im seichten Lagunenwasser zustreben. Im Lauf des Nachmittags sind viele Kranichverbände von den weiter abgelegenen Feldern schon näher an die stellenweise von Schilf bewachsenen Uferzonen herangerückt. Lachen und Gräben mit Süßwasser bilden einen besonderen Anziehungspunkt. Hier trinken und baden die Vögel. Heute abend allerdings, nachdem die Temperatur bereits unter null Grad gesunken ist, steht ihnen der Sinn weniger danach. Es ist schon nahezu dunkel, als immer noch einige Ketten auf das große Flachwasser zusegeln.

Wegen der Kälte werden die Beine eingezogen

Wie »winterhart« Kraniche (im Gegensatz zu uns frierenden Beobachtern) sein können, erleben wir am nächsten Morgen. Unter zehn Grad Kälte zeigt das Thermometer an, als wir vor dem ersten Licht das Gasthaus verlassen, um keinen beim Aufbruch zu verpassen. Heute findet eine erste der verschiedenen Frühjahrszählungen statt, die von der spanischen Naturschutzbehörde ICONA (Instituto para la Conservaçion de la Naturaleza) organisiert werden. Die Beobachter postieren sich an drei Plätzen, von denen sie eine gute Übersicht haben. Wegen der Kälte verlassen die ersten Kraniche den Schlafplatz fast eine halbe Stunde später als gewöhnlich. Nicht wenige fliegen mit eingezogenen Beinen, die sie ins Bauchgefieder »eingefahren« haben, um sie warmzuhalten.

Gegen Ende der ersten Märzwoche herrscht der dichteste Flugbetrieb. Bei gutem Wetter kommen dann um die Mittagsstunde oder am frühen Nachmittag von Süden mehr als 5000 Kraniche an. Tausende haben zuvor am Morgen die Ebene von Gallocanta verlassen. An einem schönen Märzmorgen haben die Beobachter in der Vergangenheit schon mehr als 9000 Kraniche gezählt, die innerhalb von zwei Stunden in Gruppen von zwei bis zu einigen hundert Vögeln aufwärts kreisten, um dann die etwa 400 Meter höheren Berggipfel nordwärts zu überfliegen. Als nächstes Ziel steuern sie den Südrand der Pyrenäen an, die sie bei guten Wetterbedingungen gleich überfliegen, um dann auf der französischen Seite zu landen. 70 Kilometer südlich von Bordeaux gibt es einen beliebten Rastplatz. Mancher Flugverband läßt auch diesen aus und strebt unverdrossen weiter nach Norden. Wie schnell die Vögel den nächsten großen Versammlungsplatz auf und um Rügen erreichen, hängt hauptsächlich vom Wetter und vom Wind ab. Nebel, Schneefall, Frost und Gegenwind können ihnen tagelange Zwangspausen auferlegen. Mitunter halten sich dann während eines »Zugstaus« Hunderte oder gar Tausende von Kranichen an Orten auf, wo sie sonst gar nicht zu sehen sind. Das kann in Frankreich, Belgien, Luxemburg, in den Niederlanden oder in der Bundesrepublik Deutschland sein. Wetter- und Windverhältnisse, insbesondere starker Seitenwind, sind in manchen Jahren die Ursache für freiwillige oder ungewollte Umwege auf den Zugrouten, die nicht selten mehrere hundert Kilometer ausmachen. Bei dichtem Nebel landeten Kraniche schon inmitten von Städten.

Die Lagune erlebt ein Aufbruchsspektakel

Bevor auch wir uns im Gefolge der Kraniche auf den Weg nach Norden machen, erleben wir noch einen sonnigen Frühlingstag. Am frühen Morgen ist die Luft erfüllt von den Rufen der rund 8000 Kraniche, die noch vor Sonnenaufgang auf die Felder starten. Zwei Stunden später sammeln sich die ersten Gruppen mit Trompetengeschmetter am Himmel zum Abflug, und nicht lange danach erscheinen von Süden die Vorhutgeschwader mit herabhängenden Ständern und abgewinkelten Schwingen, von den Artgenossen am Boden mit hellen Fanfarenstößen begrüßt. Dazwischen klingen immer wieder die durchdringenden Doppelrufe der Paare, die bereits in Balzstimmung sind. Alles scheint im Aufbruch zu sein. Schwärme von Lerchen, Finken und Piepern, die noch vorgestern windgezaust und geduckt am Boden hockten, ziehen an den Vogelscheuchen auf den Feldern vorbei, einige Kiebitze gaukeln durch die Luft. Noch ist das Maximum an Kranichen nicht erreicht; im Frühjahr 1987 wurden an einem Tag 27 000 in Gallocanta gezählt, am 5. März 1988 sind es 28 700. Sieben Tage, so haben die Brüder Alonso errechnet, hält sich jeder Kranich im Frühjahr durchschnittlich an der Lagune auf; im Herbst bleiben die Vögel mit vier bis fünf Tagen etwas kürzer, denn dann locken die Eicheln der Extremadura.

Zwar macht der Wirt der Fonda von Tornos im März dank der Kraniche ein zusätzliches Geschäft, da von Jahr zu Jahr mehr Vogelfreunde, auch aus dem Ausland, zur Laguna de Gallocanta kommen, doch das Interesse der Spanier an dem großartigen Spektakel ist noch mäßig. Unsere Freunde sehen das mit gemischten Gefühlen. Einerseits sind so die Störungen geringer, andererseits fehlt der Druck der öffentlichen Meinung, wenn es darum geht, einen besseren Schutz für die Kraniche zu erreichen. Dazu gehören das Verbot, Saatgetreide mit chemischen Beizmitteln zu behandeln, und die Verlegung einiger elektrischer Freileitungen unter die Erde. Außerdem muß die Entschädigung für die wenigen wirklich betroffenen Bauern besser geregelt werden. Ein spanisches Fernsehteam, das zur selben Zeit wie wir die große Kranichversammlung mit langen Objektiven anvisiert, will mit seinem Film dafür werben.

Eine derartige Werbung hat ein Ort einige tausend Kilometer nordöstlich nicht nötig. Der Hornborga-See im südlichen Västergötland, zwischen den Städten Falköping und Skara gelegen, ist im April eines jeden Jahres das Ziel von mehr als 5000 Kranichen und einigen zehntausend Menschen, die sie sehen wollen. Alle Zeitungen, das Fernsehen und der Rundfunk in Schweden berichten über das Eintreffen der ersten Kraniche auf den Feldern von Stora Bjurum nahe dem schilfreichen See. Die Vorhut von einigen Dutzend Vögeln landet oft schon in den letzten Märztagen. Sie kommen wie das im Lauf der ersten Aprilhälfte folgende Gros der Artgenossen im rund 450 Kilometer langen Nonstop-Flug von der Insel Rügen und vom Bock über die Ostsee. Nur bei schlechtem Wetter oder Gegenwind schaffen sie den etwa achtstündigen Flug nicht ohne Unterbrechung. An der deutschen Ostseeküste haben sie sich einige Tage oder Wochen vom Flug von Spanien über das westeuropäische Festland erholt, bevor sie sich – wie an der Laguna de Gallocanta – an einem schönen Morgen der hochtragenden Thermik anvertrauen. Ein Teil steuert seine Brutgebiete direkt an, wobei sich die Flugverbände auf ihrem Weg nach Norden über dem schwedischen Festland nach und nach auflösen. Paar für Paar landet irgendwo zielsicher an einem kleinen Waldmoor oder auf einer freien Sumpffläche, wo es vielleicht schon seit einigen Jahren nistet. Oder es sucht einen Platz auf, den es erstmals auf seine Eignung zum Brüten untersucht.

Kranichdorado Hornborga-See

Tausende von Kranichen aber, die im April an der mecklenburgischen Ostseeküste aufbrechen (die Mehrzahl von ihnen in der ersten Monatshälfte, wenn ein »später Winter« sie nicht daran hindert), wählen seit Generationen den Hornborga-See als Zwischenziel. Von dort geht es nach einer Pause von einigen Tagen weiter nordwärts zu den norwegischen und schwedischen Brutrevieren. Die Kraniche kommen aus gutem Grund an den 25 Quadratkilometer großen See, der seit seiner ersten großen Absenkung im Jahre 1911 und weiteren sich später anschließenden Eingriffen in den Wasserhaushalt eher ein Moor ist und überwiegend aus Schilfflächen besteht. (In der jüngeren Vergangenheit ist der Wasserspiegel aus Gründen des Natur- und insbesondere des Kranichschutzes wieder angehoben worden.)

Der Wunsch vieler Menschen, sich mit einem oder mehreren Schnäpsen in eine gute Stimmung zu bringen, hat schon vor mehr als hundert Jahren die Gegend zum Dorado der in die Brutheimat zurückkehrenden Kraniche werden lassen. Für zwei dort ansässige Brennereien wurden große Felder mit Kartoffeln bestellt, von denen im Herbst viele im Boden steckenblieben, manchmal auch wegen eines frühen Wintereinbruchs gar nicht geerntet werden konnten. Für die Kraniche gab es nichts Besseres, als im Frühjahr die aufgetauten und nunmehr süßen Kartoffeln mit ihren Schnäbeln auszugraben und zu verzehren. Als 1971 die Brennereien stillgelegt wurden, ging auch der intensive Kartoffelanbau auf dem Gut Dagsnäs und einigen benachbarten Höfen zu Ende. Die Kraniche merkten schnell, daß ihre Nahrungsquelle versiegt war. Innerhalb weniger Jahre sank ihre Zahl von zeitweise mehr als 3000 an einem Tag auf unter 800. Als es 1979 so aussah, daß in absehbarer Zeit vielleicht nur noch ein paar Dutzend Kraniche im Frühjahr am Hornborga-See erscheinen würden, schlugen die schon lange beunruhigten Naturschützer und Vogelfreunde, aber auch die Fremdenverkehrsmanager der nahen Städte Alarm. Mit den Kranichen blieben nämlich auch die vielen Besucher aus.

Zunächst versuchte man, die Vögel mit auf Feldern ausgestreuten gefrorenen Kartoffeln und Gerste zurückzugewinnen. Doch ihr Interesse hielt sich in Grenzen. 1981 wurden daraufhin erstmals gut fünf Hektar Land eigens für die Kraniche mit Kartoffeln bepflanzt, die sie im Frühjahr 1982 zusammen mit zehn Tonnen Gerste »ernten« konnten. Von da an ging es ständig aufwärts, mit den Kranichen wie mit den Besuchern, die sich mittlerweile in jedem April selbst aus fernen Ländern einfinden, um den »Kranichtanz am Hornborga-See« zu erleben. Verbuchten die Kranichbeobachter, unter ihnen der wegen seiner intensiven Forschungen weit über die schwedischen Landesgrenzen hinaus bekannte ehemalige Zahnarzt Dr. Per Olof Svanberg und der seit 1966 regelmäßig aus dem norddeutschen Schleswig-Holstein für den ganzen Monat April anreisende Berthold Brüshaber, 1982 schon wieder 18 500 »Kranichtage« (das ist die Verweildauer der Vögel, auf ihre Gesamtzahl pro Tag bezogen), so zählten sie 1988 mehr als das Dreifache: 61 700 Kranichtage. Den Höhepunkt brachte der 15. April 1988. An diesem Tag registrierten sie 4700 Vögel, die sich auf acht Hektar Kartoffelland gütlich taten und einen Teil der zwanzig Tonnen Gerste verspeisten, die von Ende März bis Ende April abends ausgestreut wurden. 1982 waren am »kranichreichsten« Tag 2760 Vögel festgestellt worden.

Bis auf einige Paare, die im Schilfgürtel des Hornborga-Sees und in nahegelegenen Mooren brüten, sind die durchreisenden Kraniche bis Ende April, in einem kalten Frühjahr spätestens in den ersten Maitagen, weitergezogen. Kleine Gruppen von Jungvögeln des vorausgegangenen Jahres, von denen sich die Eltern vor dem Abflug aus dem Winterquartier oder wäh-

Wenn die Grauen Kraniche im April in ihren nordeuropäischen Brutrevieren eintreffen, liegt das Land nicht selten noch unter einer Schneedecke. Dann heißt es, wie hier in der Nähe des schwedischen Hornborga-Sees, abwarten. Den beiden Paaren kann es auch passieren, daß sie noch später, einige hundert oder mehr als tausend Kilometer weiter nordöstlich, vorübergehend auf ihrem Nest eingeschneit werden. Doch nur in Ausnahmefällen geht ein Gelege durch zu große Kälte oder Schnee verloren, solange die Vögel während der Brut ungestört bleiben.

rend des Zuges trennen, oder ältere »Nichtbrüter« lassen sich in den folgenden Wochen gelegentlich blicken. Ab Mitte August treffen die ersten Kraniche wieder am Hornborgasjön ein, dieses Mal von Norden. Seitdem Teile des Sees wieder mit Wasser versorgt werden und im Rahmen eines Wiederherstellungsprogramms der Behörden auch ein Teil des Schilfes regelmäßig gemäht wird, gewinnt er im Herbst als Rast- und Sammelplatz zunehmend an Bedeutung. (Flache Gewässer mit einem freien Blick und in genügendem Abstand zu menschlichen Ansiedlungen, aber nicht zu weit von futterreichen Feldern, ziehen die Kraniche überall auf ihren Routen an.) Bis 1970 fanden sich vor dem Abflug nach Süden hier keine Kraniche ein; seit 1982 sind es im September mehr als 3000.

Öland, Rügen und Der Bock

Etwa doppelt so viele halten sich zur selben Zeit auf Öland auf. Die langgestreckte schwedische Ostseeinsel, nur zehn bis zwanzig Kilometer vom Festland entfernt, ist seit jeher im Herbst ein beliebter Versammlungsort. Hier stärken sie sich noch einmal auf den abgeernteten Feldern. Die Paare ohne Junge treffen zuerst ein, die Familien folgen in der Regel etwas später. Nicht wenige der Vögel vom Hornborga-See fliegen ebenfalls nach Öland zu einer weiteren Zwischenlandung. Ein großer Teil aber kommt aus dem Norden Skandinaviens direkt dorthin. Für die meisten ist die mecklenburgische Küste das nächste Ziel, sowohl vom Hornborga-See als auch von Öland. (Von denen, die einen ganz anderen Kurs einschlagen, ist später die Rede.)

Auf der Insel Rügen und auf dem nahegelegenen Bock findet das größte Kranichtreffen Europas statt. Seit Jahrhunderten, wahrscheinlich schon seit Jahrtausenden, kommen hier zwischen Mitte August und Mitte Dezember Kranichscharen aus allen Himmelsrichtungen zusammen. Von Norden fliegen die meisten ein; auch von Osten sind es nicht wenige. Aus dem südlich gelegenen Brandenburger und Mecklenburger Land zieht es die Brutpaare genauso hierher wie jene aus den Revieren der Bundesrepublik an der westlichen Verbreitungsgrenze von »Grus grus«. Die Mehrzahl der Vögel bleibt auf und um Rügen sowie auf und um den Bock mehrere Wochen, und damit erheblich länger als im Frühjahr. (Der Bock, in der Fachliteratur als »die größte Schwemmlandbildung alluvialen Ursprungs an der deutschen Ostseeküste« bezeichnet, liegt westlich von Rügen und ist die östliche Verlängerung der Halbinsel Zingst und des Darß. Die Stadt Stralsund im Süden ist nicht weit entfernt.)

Der größere, künstlich aufgespülte, fast zehn Kilometer lange und bis zu drei Kilometer breite Teil des Bock wurde 1937 aufgeforstet; die Inseln, der Große Werder und vier Kleine Werder, die zusammen 585 Hektar ausmachen, hingegen sind mit Salzwiesen, Sumpf-, Seggen- und Schilfzonen bedeckt. Die Werder gehen in einigen Bereichen ins mehr als 1000 Hektar große Sandwatt über, das die Halbinsel und die Werder auf einer Länge von zehn Kilometern und einer Tiefe von bis zu eineinhalb Kilometern von der offenen Ostsee trennt.

Der unter Naturschutz stehende Bock, der auch von vielen Limikolen, von Enten und Gänsen angeflogen wird, ist in den vergangenen Jahren bei den Kranichen als Übernachtungsplatz immer beliebter geworden. Zeitweise fallen hier im Herbst an einem Abend mehr als 15 000 Vögel an verschiedenen Schlafstellen ein. Seit vielen Jahren werden die Kranichdaten von Mitgliedern der »Arbeitsgruppe Kranichschutz beim Arbeitskreis zum Schutz vom Aussterben bedrohter Tiere« erfaßt. Sie konnten am 25. Oktober 1986 auf Rügen und am Bock einen bisherigen Rekord festhalten: 27 500 Kraniche versammelten sich am Abend dieses Tages in den beiden Gebieten zur Nacht. Weitere Rastplätze in der DDR gibt es vor allem im Havelland westlich und nordwestlich von Berlin. Die einstmals gut besuchten Plätze um den Müritzsee zwischen Schwerin und Neubrandenburg haben ihre Bedeutung verloren. 80 Prozent aller Schlafplätze in den Rast- und Sammelgebieten sind als Naturschutzgebiete oder als Flächennaturdenkmäler ausgewiesen.

Rekordzahlen in der DDR

Die DDR ist wie Spanien zu einem der wesentlichen Gastländer für den Grauen Kranich geworden und damit für den internationalen Kranichschutz von ausschlaggebender Bedeutung. Im Herbst 1987 zählten die ostdeutschen Kranichschützer mehr als 45 000 Vögel, den überwiegenden Teil am Bock und auf Rügen. Zusammen mit den nicht erfaßten schätzten sie die Gesamtzahl der im Herbst durchziehenden Kraniche auf 48 000 bis 54 000. Auch in der DDR gibt es immer wieder Diskussionen um den möglichen Schaden, den die Kraniche auf den Feldern anrichten. Landwirtschaftliche Produktionsgenossenschaften – seit einiger Zeit heißen sie »Kooperative Abteilungen Pflanzenproduktion«, soweit sie keine Tierzucht betreiben –, die auf ihren großen Schlägen Ernteverluste nachweisen können, erhalten eine staatliche Entschädigung. Im Herbst profitieren Kraniche und Betriebe davon, wenn die Stoppelfelder lange ungepflügt bleiben. Diese werden nämlich mit Vorliebe von den langbeinigen Vögeln aufgesucht, und somit bleibt die Wintersaat geschont. Einige Betriebsleiter haben durch die Erhöhung der Einsaatmenge bei Winterweizen und Wintergerste einem möglichen Verlust vorgebeugt, der auch dort auf den betroffenen Flächen im Durchschnitt unter einem Prozent liegt. Verschiedene Abwehrmethoden von der Vogelscheuche über drehbare Böllerschüsse, Fuchsattrappen und bunte Fahnen bis zu Reitern mit Hunden schützen die Felder meistens nur vorübergehend.

Nicht nur die Zahl der durchziehenden und rastenden Kraniche ist in den vergangenen Jahren im östlichen Deutschland gestiegen. Von Jahr zu Jahr haben sich auch mehr Paare zum Brüten niedergelassen. 1987 wurde ihre Zahl auf 1200 veranschlagt. Gemeinsam mit den nichtbrütenden »Übersommerern« hielten sich zwischen 5000 und 5500 Kraniche im Sommerhalbjahr dort auf, die Jungen des Jahrgangs 1987 nicht mitgerechnet. Die einheimischen Kraniche gehören im Frühjahr nicht nur zu den ersten, die ankommen. Sie sind auch im Herbst oft unter den letzten, die abziehen. Mitunter schieben nicht wenige Vögel den Aufbruch bis zur letzten Dezemberwoche hinaus. So wurden am 21. Dezember 1986 an verschiedenen ostdeutschen Rastplätzen noch 1800 Kraniche gezählt.

Sieben Wochen früher, am 2. November 1986, begann im Raum Rügen–Bock am frühen Morgen eine ungewöhnliche Kranichreise unter ebenso ungewöhnlichen Begleitumständen. Monate zuvor schon hatten Kranichfreunde aus Frankreich – Mitglieder der »Groupe Grues France« innerhalb der von der International Crane Foundation (ICF) ins Leben gerufenen Europäischen Kranich-Arbeitsgruppe –, aus der DDR und der Bundesrepublik eine Aktion geplant, die erstmals genaueren Aufschluß über den Zugverlauf zwischen der Ostseeküste und den Pyrenäen geben sollte. Was sich dabei herausstellte, kam fast einer Sensation gleich. In Frankreich war die halbe Nation alarmiert worden, um für den entsprechenden Tag gerüstet zu sein. Die Jugendzeitschrift »La Hulotte« hatte ihre Leser in einigen Ausgaben vorbereitet, der staatliche Rundfunk hatte mit seinem vielbeachteten Programm »France Culture« wochenlang Vorarbeit geleistet. Das Ziel beider Redaktionen und vieler privater Aktionen war, möglichst viele Menschen dafür zu gewinnen, am Tag, an dem eine große Zahl von Kranichen an der Ostsee aufbrechen würde, Überflug- und Landedaten sowie andere Beobachtungen zu registrieren und an eine bestimmte Adresse zu geben. Das Problem war nur, daß niemand wußte, wann es den Kranichen einfallen würde, sich auf die Reise zu begeben, und welchen Kurs sie wählen würden.

In Deutschland gibt es seit Jahren ein Netz von Beobachtern, die Zugdaten sammeln. Hier standen die Fachleute in Bereitschaft. Dieses Mal war aber auch noch eine schnelle Kommunikation vonnöten. Die erste Meldung aus der DDR nach Frankreich stellte sich als blinder Alarm heraus: Am Morgen des 1. November hatte es an der Ostseeküste nach einem Massenstart in die Ferne ausgesehen, doch die Kraniche waren nur einige Kilometer geflogen und hatten sich auf Feldern niedergelassen. Die Einsatzleiter bei »France Culture«, die schon die ersten Meldungen nach einem Anruf von Rügen verbreitet und die Menschen in ihre Beobachtungsstartlöcher gebeten hatten, mußten eine Entwarnung senden. Am Tag darauf wurde es dann aber ernst.

Massenstart an der Ostseeküste

Als wüßten die Vögel, welche Aufmerksamkeit ihnen zuteil werden sollte, machten sich so viele wie selten zuvor gemeinsam auf den Weg. 24 000 verließen am Morgen ihre Schlafplätze zu einem langen Flug. Etwa die Hälfte wählte »einen um etwa 150 Kilometer südöstlich verschobenen Kurs auf schmaler Front, der besonders gut beobachtet werden konnte«, so ist es in einem Rundschreiben der Arbeitsgemeinschaft Kranichschutz zu lesen. Um acht Uhr morgens zogen die ersten bereits über den Kreis Lübz, 50 Kilometer südwestlich von Schwerin, gegen 15 Uhr wurden sie über der östlichen Rhön gesichtet, kurz danach überflogen sie die deutsch-deutsche Grenze. Wie in vielen Jahren zuvor tauchten die großen Geschwader am Spätnachmittag über Frankfurt auf und wurden nicht nur von den Vogelfreunden, sondern auch von den Fluglotsen aufmerksam beobachtet. Ab 18 Uhr wurde es für die Franzosen ernst: Zwischen Saarbrücken und Rastatt kreuzten die ersten Verbände die Grenze. Da es dunkel ist um diese Zeit, halfen Radarpeilung und das Lauschen auf die unverwechselbaren Rufe, von denen »France Culture« wiederholt Hörproben gesendet hatte. Der Sender brachte laufend Positionsmeldungen und fachte ein wahres Kranichfieber an. Alle Experten rechneten mit einer baldigen Landung der gefiederten Flugstaffeln, doch alle Experten lagen falsch: Die Kraniche flogen und flogen und kümmerten sich nicht um gewohnte Rastplätze, die sie unter sich liegen ließen.

Was bisher nicht für möglich gehalten worden war, wofür es zumindest keine sicheren Beweise gab, zeigte sich ab acht Uhr morgens am nördlichen Rand der Pyrenäen: Dieselben Kraniche, die 24 Stunden zuvor an der mecklenburgischen Ostseeküste gestartet waren, befanden sich noch immer in der Luft. Und ihr pausenloser Flug über 1700 Kilometer mit einer Durchschnittsgeschwindigkeit von 65 Kilometern pro Stunde war noch nicht zu Ende, denn sie steuerten auf die Pässe zu, die sie regelmäßig zum Überqueren des Grenzgebirges zwischen Frankreich und Spanien benutzen. Da niemand eine solche Flugleistung der großen Vögel vorausgesehen hatte, waren die spanischen Vogelkundler nicht rechtzeitig in die Zugüberwachung eingeschaltet worden. So ist nicht bekannt, ob die Vögel vielleicht gleich bis zur Laguna de Gallocanta

Wenn sie auch, wie links vorne im oberen Bild, kräftig balzen, kommen die fortpflanzungsfähigen Kraniche doch schon fest verpaart aus den südlichen Quartieren in die nördlichen Breiten Europas zurück. Aus den großen Scharen auf den Feldern bei Stora Bjurum am Hornborga-See lösen sich die Paare truppweise oder einzeln, um weiterzuziehen (rechte Seite) und sich im Nistrevier intensiv auf die Familiengründung vorzubereiten (rechts).

durchgeflogen sind. Dann hätten sie nochmals rund 300 Kilometer zurückgelegt und ihre Rekordtour auf 2000 Kilometer ausgedehnt.

Zwischenlandung in Frankreich

Nicht alle 2400 Kraniche, die am 2. November die DDR verließen, setzten sich dieser Anstrengung aus. Ein Teil von ihnen machte Zwischenlandungen. Auch Frankreich gewinnt zunehmend an Beliebtheit bei den südwestwärts ziehenden Kranichen. Wie in anderen europäischen Ländern verlocken ein besseres Nahrungsangebot, insbesondere durch einen verstärkten Maisanbau, zwischen Herbst und Frühjahr, sowie künstliche Seen zu längerem Bleiben an bestimmten Orten. Im nordöstlichen Frankreich, in der Champagne, sind es der 1966 geschaffene Stausee von Forêt d'Orient (Département Aube, 2500 Hektar) und der 1974 angelegte See von Der-Chantecoq (Départements Marne und Haute-Marne, 4800 Hektar), die eine besondere Anziehung auf die Vögel ausüben. Beide Seen sind nur rund 40 Kilometer voneinander entfernt. Während immer mehr Kraniche an diesen Plätzen eine längere Rast einlegen, wenige aber erst dort überwintern, wählen andere zunehmend das 9000 Hektar große Militärgelände von Captieux, 70 Kilometer südlich von Bordeaux, ein beträchtliches Stück weiter südwestlich also, als Standquartier. Im Winter 1982/83, als im November starke Oststürme den gesamten Kranichzug durcheinandergebracht hatten (in den Niederlanden, die sonst im Herbst von durchschnittlich knapp 1000 Kranichen überflogen werden, tauchen etwa 17 000 auf, und einige Zugverbände wurden bis nach England verdriftet), überwinterten in Captieux mehr als 1700 Kraniche. (Im selben Jahr waren es am See von Der-Chantecoq, der als Zugvogelschutzgebiet ausgewiesen ist, allerdings auch etwa 1300.) Das Gelände von Captieux – auf dem zeitweise ebenso wie an den Seen in der Champagne mehr als 10 000 Kraniche rasten – bietet zwar in einigen Bereichen durch seine militärische Nutzung Schutz, doch wird es auch intensiv bejagt. So ist schon mancher Kranich, obwohl seine Bejagung in Frankreich verboten ist, von Schrotgarben oder Büchsenkugeln getötet worden. An tieffliegende Düsenjäger und Bombenerprobungen haben sich die Vögel weitgehend gewöhnt.

Vom stark ausgeweiteten Maisanbau, von neuen Stauseen und großen Teichanlagen und nicht zuletzt von einem verbesserten Schutz profitieren auch diejenigen Grauen Kraniche, die Europa auf einer östlichen Zugstraße verlassen oder – ebenfalls mit einer zunehmenden Tendenz – im südöstlichen Europa überwintern. Zu ihnen gehört ein Teil der skandinavischen Population, in erster Linie die in Finnland brütenden Vögel. Das Hauptkontingent wird von Kranichen aus Polen und dem westlichen Teil der UdSSR gestellt. Es gibt keine klare Trennungslinie zwischen den westeuropäischen und den osteuropäischen Vertretern von »Grus grus«; in jüngster Zeit hat es den Anschein, als würde es immer mehr Kraniche aus östlichen Bereichen zum Überwintern in den Westen ziehen. Die steigenden Zahlen auf der Westroute sprechen dafür. Da bislang noch nicht viele Graue Kraniche mit einem Ring am Bein Auskunft über ihre Zugwege erteilen (denn es ist – im Gegensatz zu jungen Störchen, die im Nest hocken – schwierig, fast flügge Kraniche in schwer zugänglichen und kaum begehbaren Mooren einzufangen, um ihnen die farbige Plastikmarkierung anzulegen), sind viele Fragen noch nicht geklärt. Immerhin wurde schon ein in Estland beringter Vogel in Spanien gesichtet.

Die Finnen können die Uhr nach dem Kranichzug stellen

Estland, die nördlichste der drei baltischen Sowjetrepubliken, ist eine bedeutende »Drehscheibe« für den osteuropäischen Kranichzug. Im Naturschutzgebiet der südwestlich von Tallinn (Reval) gelegenen Matsalu-Bucht legen im Frühjahr und Herbst zwischen 10 000 und mehr als 20 000 Kraniche eine Rast ein. Im Frühling fällt sie, wie auch auf Rügen und rund um den Bock, kürzer aus. Wenn sich der größte Teil von ihnen in der zweiten Aprilhälfte, vornehmlich zwischen dem 25. und 30. April, anschickt, den Finnischen Meerbusen in Richtung auf Helsinki zu überqueren, senden die estnischen Ornithologen vom Institut für Zoologie und Botanik der Akademie der Wissenschaften in Tartu ihren finnischen Kollegen ein Fernschreiben. Dort wird die Nachricht der bevorstehenden Invasion über das Fernsehen und Radio verbreitet. Viele Finnen laufen dann einige Tage lang vor allem vormittags als »Hans Guck in die Luft« umher. Etwa 15 Kilometer westlich von Helsinki zieht die Masse der Kraniche vorbei; von den gut 6000, die diese Route wählen, sind in manchen Jahren schon mehr als 4000 an einem einzigen Vormittag erschienen. Von den Temperaturen, vom Wind und von der Bewölkung hängt es ab, wie hoch sie fliegen. Viele von ihnen haben noch einen weiten Weg in den Norden vor sich; bis Helsinki haben sie vom Rastplatz an der Matsalu-Bucht rund 200 Kilometer zurückgelegt. In der Regel können die Finnen die Uhr nach ihnen stellen: Die ersten Vögel tauchen bei Helsinki um 10.45 Uhr (Ortszeit), das ist sechs Stunden nach Sonnenaufgang, auf.

Ein anderer Zugweg führt an Hanko im südwestlichen Finnland vorbei. Etliche der Kraniche, die diesen Kurs wählen, haben Nord- und Ostschweden, auch die Insel Gotland als Ziel. Östlich ziehende streben dem sowjetischen Karelien und der Halbinsel Kola zu. Der

Brutbestand in Finnland wird auf 3500 bis 5000 Paare geschätzt; wenigstens 1000 »Sommerkraniche«, die nicht brüten, kommen hinzu. Durch die starke Veränderung ihres Lebensraumes – allein in Südfinnland wurden in den vergangenen Jahrzehnten 80 Prozent aller Moore entwässert, landesweit etwa die Hälfte – mußten viele Vögel ihre Nistgewohnheiten völlig umstellen. In jedem Frühjahr finden etliche Paare ihr bisheriges Revier stark verändert, wenn nicht gar biologisch restlos zerstört vor. Daher schwankt die Zahl der »Nichtbrüter« beträchtlich. Langfristig, so befürchten finnische Vogelkundler, wird die Zahl der brütenden Kranichpaare in ihrem Land weiter zurückgehen. Diese Aussichten hindern zur Zeit freilich einige der dafür zuständigen Behörden nicht daran, im Herbst Kraniche zum Abschuß freizugeben. Besitzer kleiner Felder können sich auf diese Weise noch immer einer »Heimsuchung« durch die langbeinigen Gefiederten erwehren. So verliert schon mancher Jungkranich, kaum daß er wenige Wochen fliegen kann, sein Leben auf unnatürliche Weise. Während der Zeit des Heranwachsens kann den Vögeln eher ein Fuchs, in Finnland auch ein Wolf, ein Luchs oder ein Steinadler gefährlich werden. Altvögel fallen hin und wieder ebenfalls einem vierläufigen Beutegreifer oder einem Greifvogel zum Opfer, zumal wenn sie während der Vollmauser flugunfähig sind.

Von Leningrad nach Estland

Um die Augustmitte verlassen die ersten Kraniche Finnland bereits wieder und finden sich größtenteils in den estnischen Randgebieten ein. In dem rund 2000 Quadratkilometer umfassenden Einzugsbereich der Matsalu-Bucht – es gibt weitere Sammelplätze im Land – sind in der zweiten Septemberhälfte und während der ersten Oktobertage die meisten Kraniche versammelt: Mehr als 11 000 wurden an einem einzigen Tag gezählt. Ein Teil von ihnen stammt aus Schweden, ein anderer kommt vermutlich aus den westrussischen Brutgebieten. So sammeln sich beispielsweise bis zu 2000 Vögel in der Umgebung von Leningrad, wo mindestens 400 Paare brüten. Von Leningrad nach Estland, wo ebenfalls mehrere Dutzend Paare für Nachwuchs sorgen, ist es nicht weit. Und die südliche Küste des Finnischen Meerbusens ist eine gute Leitlinie.

Kraniche, die nicht weiter westwärts ziehen, nehmen von Estland Kurs über Lettland, Litauen, Polen und die Tschechoslowakei nach Ungarn. Andere ziehen über Weißrußland und die Ukraine zunächst ans Schwarze Meer und dann weiter in die Türkei, den Iran oder ebenfalls nach Ungarn. Dort hat sich neben dem 1972 auf 52 000 Hektar eingerichteten Hortobágy-Nationalpark (westlich von Debrecen) ein Gebiet nahe der Stadt Orosháza, nicht weit von der Grenze zu Rumänien, rund 200 Kilometer südöstlich von Budapest gelegen, zu einem herausragenden Rastgebiet für Kraniche entwickelt. Mittelpunkt ist ein 100 Hektar großer Natronsee bei Kardoskút, den die Kraniche – neben Enten, Gänsen und Limikolen – als Schlafstätte benutzen. 1966 wurde ein Gebiet von 488 Hektar als »Kardoskút-Naturreservat« ausgewiesen. Zwischen 10 000 und 20 000 Kraniche versammeln sich zwischen Ende September und Ende November bei Kardoskút und in der angrenzenden Montágpuszta. Tagsüber verteilen sie sich über gut 20 000 Hektar und halten Nachlese auf den riesigen Maisschlägen der Landwirtschaftlichen Kooperativen. Von der einstmals durch weite Gras- und Steppenflächen gekennzeichneten Pußtalandschaft ist nämlich nebst dem weiten Horizont auch hier außer Monokulturen nicht viel übriggeblieben. Während zahlreiche Tierarten, vor allem viele früher in der ursprünglichen Pußta brütende Vogelarten, der intensiven Landwirtschaft zum Opfer gefallen sind, ziehen die Kraniche neben wenigen anderen Arten Nutzen aus dieser Veränderung. In manchen Jahren lassen sich an einem Herbstabend annähernd 15 000 von ihnen beobachten, wie sie in endlosen Ketten gegen die untergehende Sonne dem flachen, bisweilen auch ausgetrockneten Salzsee zustreben. Selbst bei Dunkelheit steuern noch einzelne Verbände das Quartier an und versuchen, zwischen den Heerscharen der bereits ruhenden Artgenossen einen Landeplatz zu finden.

In angemessener Entfernung zum See ist eine große Beobachtungsplattform errichtet. Hier finden sich zur »Kranichzeit« viele Besucher ein, die das Schauspiel genießen. Im Oktober 1985 waren die Teilnehmer der ersten Europäischen Kranichkonferenz (First Meeting of the »Working Group on European Cranes«) unter ihnen: 35 Kranichschützer und -forscher aus elf Ländern, die eine knappe Woche in und bei Orosháza tagten.

Immer häufiger haben die ungarischen Vogelfreunde Gelegenheit, den ganzen Winter hindurch Kraniche bei Kardoskút zu sehen. Selbst bei minus 15 Grad ziehen manche nicht ab. Nur Schnee, der die Nahrungssuche erschwert oder unmöglich macht, veranlaßt dann die letzten, die Gegend zu verlassen. Doch nicht in jedem Winter schneit es im südlichen Ungarn.

Das Hauptkontingent ungarischer »Gastkraniche« allerdings zieht im November und Dezember über Rumänien, Jugoslawien, Albanien und Süditalien nach Nordafrika. Sizilien ist für jene, die in Tunesien einige Winterwochen verbringen, die letzte europäische Station. Andere fliegen über Griechenland und Kreta nach Ägypten. Auch die Insel Zypern ist eine wichtige Lande- und Abflugbasis. Hier finden sich vor allem russische, vielleicht auch türkische Kraniche ein (in der

An natürlichen Störungen mangelt es auch in einem von Menschen unbehelligten kleinen Waldmoor – wie hier in Polen – nicht. Der zudringlichen Nebelkrähe kann sich der Graue Kranich leicht erwehren, schwerer wird vielleicht schon die Verteidigung des Geleges gegen einen Kolkraben. Aber auch kleinere Rabenvögel, wie etwa der Eichelhäher, machen sich über die Kranicheier her, wenn der große Vogel wegen einer Störung sein Nest verläßt. Daher ist absolute Ruhe in einem Kranichrevier unerläßlich. Gegen Bodenfeinde hilft nur ein genügend hoher Wasserstand rund um das Nest. Dennoch schaffen es immer wieder Rotfüchse, brütende Kraniche auf dem Nest zu reißen. In Schleswig-Holstein ist das zwischen 1985 und 1988 wiederholt geschehen. Manches zerstörte Gelege ging auf das Konto von Wildschweinen. Da es genügend naturbedingte Ausfälle gibt, darf der Mensch nicht zusätzliche Verluste herbeiführen.

Türkei brüten etwa 300 bis 500 Paare), die in Länder des Nahen Ostens oder nach Ägypten, in den Sudan und nach Äthiopien weiterziehen. In der Türkei überwintern Kraniche ebenso wie im Irak. Auch der Iran ist für die russischen Kraniche ein beliebtes Ziel.

In manchem Winterquartier müssen die Vögel auf der Hut sein, denn von nicht wenigen Einheimischen werden sie schon als begehrte Jagdbeute erwartet. So etwa lassen alljährlich einige tausend Kraniche im Sudan ihr Leben. Ihr Bejagung ist dort (noch) erlaubt; die meisten fallen der Flinte, einer Schlinge, einem Wurfnetz oder mitunter auch dem Zafaroq, einem dem Bumerang ähnlichen Wurfholz, zum Opfer. Neben den Grauen Kranichen werden hier auch Jungfernkraniche erbeutet. Beide Arten finden sich häufig in gemischten Trupps auf abgeernteten Sorghum- und Hirsefeldern ein und betätigen sich als unerwünschte Helfer bei der Erdnußernte. Anläßlich einer Untersuchung zum Vorkommen und der Gefährdung des Weißstorchs im Sudan durch zwei Biologen der Umweltstiftung WWF-Deutschland wurden 1986 erstmals ziemlich bedrückende Tatsachen über das Schicksal der Kraniche (und der Störche) in diesem Winterquartier bekannt.

Je weiter östlich die europäischen Vertreter von »Grus grus« überwintern, desto eher haben sie Gelegenheit, mit ihren ganz nahen Verwandten innerhalb derselben Art, den eurasischen Lilfordkranichen (Grus grus lilfordi), zusammenzutreffen. Diese im Osten des großen Verbreitungsgebiets beheimatete »Unterart« des Grauen Kranichs unterscheidet sich nur geringfügig von den westlichen Angehörigen (Grus grus grus): durchschnittlich etwas kleiner und in der Färbung etwas blasser — so erscheint der östliche neben dem westlichen Artgenossen dem Beobachter, der sie beisammen sieht. Das sich das Brutgebiet beider Unterarten überschneidet, etwa im Bereich der Wolga; da es dort, wo beide zusammentreffen, fließende Übergänge gibt, und da »gemischte« Ehen, sofern sie als solche überhaupt bezeichnet werden können, an der Tagesordnung sind, ziehen manche Vogelkundler die Berechtigung für eine Aufteilung der Art in Zweifel. So wird »Grus grus«, der Graue Kranich, nicht selten pauschal als »Eurasischer Kranich« geführt.

Von allen Kranicharten hat er das ausgedehnteste Brutgebiet. Es erstreckt sich mit Lücken in Mitteleuropa von England, wo nach einer Pause von mehreren hundert Jahren ein Paar 1982 erstmals wieder brütete (siehe das folgende Kapitel), bis in den Nordosten Sibiriens. Graue Kraniche brüten in der Mongolei, in der Inneren Mongolei, in der Mandschurei und in den nordwestlichen Provinzen beziehungsweise Autonomen Regionen Chinas. Zum Überwintern fliegen die sibirischen Kraniche zu einem gut Teil über Afghanistan und Pakistan nach Indien, wo viele sich mit Jungfernkranichen zusammentun. So sahen wir größere Zahlen an den Stauseen von Gujarat. In der südwestchinesischen Provinz Gouizhou beobachteten wir in verschiedenen Jahren mehr als 1000 Graukraniche am Cao Hai, wo sie sich 2200 Meter über dem Meeresspiegel das Winterquartier mit Schwarzhalskranichen teilen. Auch in der Provinz Yunnan tauchen sie zur Winterzeit regelmäßig auf, ebenso im benachbarten Vietnam, in Birma, Thailand und Kambodscha. Manche verschlägt es nach Korea und bis Japan, wo sie im Gefolge von Weißnacken- und Mönchskranichen erscheinen. Selbst in den Vereinigten Staaten und in Mexiko wurden sie vereinzelt gesichtet.

Kein Wunder, daß es bei einer derartigen Verbreitung so gut wie unmöglich ist, die Anzahl der Grauen Kraniche zu erfassen. Irgendwann einmal werden die Kranichforscher und -schützer ein solch dichtes Netz von Beobachtern über die Erde gezogen haben, daß sie in allen Winterquartieren gleichzeitig eine Zählung der Vögel durchführen können. Hoffentlich wird diese Aufgabe nicht dadurch erleichtert, daß durch Einwirkungen des Menschen weitere Rastplätze verschwinden. Obwohl es den Anschein hat, als habe die Zahl der westeuropäischen Grauen Kraniche seit den siebziger Jahren zugenommen, befürchten Fachleute, daß sie weiterhin zurückgehen wird. Gab es in den vergangenen Jahrhunderten bis in die jüngste Zeit überwiegend im Westen einen starken Rückgang der Art, so droht jetzt ihre Siedlungsdichte im Osten dünner und dünner zu werden. Denn auch im endlos scheinenden Sibirien, in der Mongolei und im nordchinesischen Verbreitungsgürtel nimmt der Mensch den Lebensraum der Kraniche immer stärker für sich in Anspruch.

Auf 250 000 bis 300 000 wird gegenwärtig die Zahl des Grauen Kranichs geschätzt. Gemessen an seinem riesigen Lebensraum, bleibt er damit hinter mancher anderen Kranichart zurück, die in absoluter Zahl weitaus seltener vorhanden ist. Die meisten Grauen Kraniche leben in der Sowjetunion, die damit eine besondere Aufgabe für ihren Schutz vor sich hat. Die lange Liste der Mitglieder in der Kranich-Arbeitsgruppe der UdSSR gibt in dieser Hinsicht Anlaß zu Hoffnungen für die Zukunft. Von großer Bedeutung ist die Sicherung, mancherorts auch der Ausbau der Winter- und Rastplätze für die großen Zugvögel. Denn die wachsenden Scharen an den Sammel-, Rast- und Überwinterungsplätzen sind in erster Linie die Folge einer höheren Konzentration auf die geeigneten und geschützten Räume. Die Länder, in denen der Graue Kranich nistet, müssen stärkeren Einfluß auf die Gastländer nehmen. Sonst sind alle Schutzbemühungen in den Brutgebieten vergeblich. Besonders in den afrikanischen Winterquartieren gehen zunehmend bisherige Aufenthaltsorte verloren. Der Sudan ist nur einer von vielen Staaten, in denen der Schutz der Kraniche verbessert und überwacht werden muß.

Der Brückenschlag nach England

Eine bessere Wahl hätten die beiden gefiederten Einwanderer kaum treffen können. Vielleicht hatten sie sich schon ein größeres Gebiet im Osten Englands genauer angesehen, bevor sie sich in Norfolk niederließen. Vielleicht hatten sie gemerkt, daß hier, wo die britische Hauptinsel dem europäischen Kontinent am nächsten kommt, die Verhältnisse für sie am besten sind. Vielleicht aber waren sie auch einfach gleich dort geblieben, wo sie nach dem Flug über die Nordsee zuerst Land unter sich sahen. Möglicherweise hatten sie ursprünglich nur eine kleine Stippvisite machen wollen, als sie im Herbst 1979 erstmals bei Great Yarmouth landeten. So, wie es vor ihnen schon wiederholt Kraniche getan hatten; einzelne Paare oder Gruppen von mehreren Dutzend, manchmal einige hundert »Common Cranes« tauchten im Herbst immer wieder mal auf den Britischen Inseln auf.

Mit diesem Paar aber sollte es seine besondere Bewandtnis haben, was damals von den wenigen, denen die beiden Kraniche bekannt geworden waren, noch niemand ahnen konnte. Die Vögel hatten das Glück gehabt, auf der Farm eines Ornithologen und Naturfreundes ihr Hauptquartier einzurichten. Als sich abzeichnete, daß sie den Winter in der Gegend verbringen wollten, nicht zuletzt verlockt von einem Feld mit ungeernteten Kartoffeln in der Nachbarschaft, verhängten die wenigen Eingeweihten eine Nachrichtensperre über die seltenen Dauergäste. Bei einem Volk mit Millionen begeisterter Vogelbeobachter wie dem englischen hätte eine Meldung von dem Kranichpaar eine Invasion von mit Ferngläsern bewaffneten »Birdwatchers« ausgelöst. So aber blieb es in der vom Verkehr abgelegenen Gegend unbehelligt und konnte mit seiner Wahlheimat vertraut werden.

Als die beiden Neusiedler, zeitweise von einem, später von zwei Artgenossen begleitet, auch im Frühjahr von größeren Ausflügen immer wieder zurückkehrten, wagte die kleine britische Kranichgemeinde erstmals zu hoffen: Sollte vielleicht dieses Paar in dieser Gegend nach gut 300 Jahren eine alte britische Kranichtradition wiederaufleben lassen? Bis zur Mitte des 17. Jahrhunderts etwa soll der Graue Kranich noch auf der Hauptinsel gebrütet haben. Zuvor gab es ihn in gar nicht so kleiner Zahl als Brutvogel über weite Teile des Inselreichs verstreut. In Irland wird noch im 14. Jahrhundert von ihm berichtet, auch als geschätzter Braten auf festlichen Tafeln. Die Haupverbreitung der Kraniche hat im Inselreich aber immer im Südosten gelegen. Dorthin war nun auch das Paar mit seiner gelegentlichen Gesellschaft gekommen.

Doch es sollte noch bis zum Frühjahr 1982 dauern, bis die Vögel – dezent und dennoch wirkungsvoll bewacht – ein Nest bauen und brüteten. Gäbe es trotz eifriger Bejagung den Kranichen zuliebe nicht so viele Füchse in der Gegend, auf deren Konto sowohl Eier als auch Junge in den letzten Jahren zu buchen sind, hätten sich die britischen Kranichpioniere vielleicht schon stärker vermehrt. Auch eine Rohrdommel hat ein Kranichgelege auf dem Gewissen – von diesem »Kranichfeind« war bis zu einer entsprechenden Beobachtung in Norfolk noch nichts bekannt gewesen. Etwas zahlreicher sind die Kraniche dennoch geworden: Im Jahr 1988 brüteten immerhin schon zwei Paare; eins von ihnen zog erfolgreich ein Junges auf. Dieses Ergebnis ist in doppelter Hinsicht bemerkenswert, denn die Eltern sind Geschwister und stammen von dem anderen, dem ersten Paar ab. Nur bei einer so kleinen und isoliert lebenden Population, die im Winter nicht auf große Reise geht, sind derartige, interessante Beobachtungen möglich.

In den nächsten zehn Jahren wird sich zeigen, ob der Brückenschlag der Kraniche nach England bis ins nächste Jahrtausend reicht. Sollte sich in dieser Zeit ein selbständiger Brutbestand jenseits des Ärmelkanals fest eingerichtet haben, wäre es der Art »Grus grus« gelungen, ihre Verbreitungsgrenze in Mitteleuropa wieder um ein beträchtliches Stück nach Westen auszudehnen. Ohne die intensive Hilfe von Menschen, deren Vorfahren die Vögel einst von hier vertrieben und ausgerottet haben, wird das nicht möglich sein. Wenn die britischen Kraniche ihre Gewohnheit beibehalten, der Insel auch im Winter treu zu bleiben, leben sie schon ein gutes Stück weniger gefährlich.

Aus Westeuropa als Brutvogel verschwunden

Damit können all jene Naturschützer nicht rechnen, die auf dem europäischen Festland bislang mit enormen Anstrengungen das Vordringen der Kraniche nach Westen fördern. Bei Einbruch eines milden Winters verlassen die großen grauen Vögel mit wenigen Ausnahmen ihre Brutgebiete im Nordosten der Bundesrepublik Deutschland. Im schleswig-holsteinischen Kreis Herzogtum Lauenburg, auf Lübecker und Hamburger Gebiet sowie im Osten Niedersachsens haben sie einiges von ihrem in Jahrzehnten zuvor verlorenen Terrain wiedergewonnen. Seit Anfang der siebziger Jahre nimmt hier die Zahl der Brutpaare zu, nachdem es bis dahin so ausgesehen hatte, als würde sich die Art langsam, aber unaufhaltsam aus dem westlichen Deutschland verabschieden. So, wie sie es nach und

Erlenbrüche inmitten hoher Buchenwälder sind bevorzugte Nistplätze des Grauen Kranichs in Norddeutschland. Hier steht das Wasser im zeitigen Frühjahr manchmal so hoch, daß die langbeinigen Vögel die Unterlage für die beiden Eier am Stamm eines Baumes errichten müssen (oben). Schlüpfen die Jungen nach der vierwöchigen Brutzeit im Abstand von einem oder zwei Tagen, werden sie zunächst einmal mit den Resten der Eischale gefüttert (rechts), bevor sie als Nestflüchter mit ihren Eltern auf die Wanderschaft gehen; hier zunächst durch ein Moor mit blühendem Wollgras.

In Niedersachsen und Schleswig-Holstein sorgt ein von Naturschützern entwickeltes ausgeklügeltes Programm von Gestaltungsmaßnahmen und Sicherheitsvorkehrungen dafür, daß die Zahl der brütenden Kranichpaare von Jahr zu Jahr steigt. Durch den Bau von kleinen Stauwehren wird der Wasserabfluß aus einem Moor unterbunden (oben); zur Brutzeit garantieren Bewacher im Gelände rund um die Uhr den Vögeln Ruhe vor den Menschen. Auf dem Foto weist Thomas Neumann von der Umweltstiftung WWF-Deutschland, rechts im Bild, zwei Helfer am Wachwagen in ihr Revier ein (links).

nach aus vielen Gegenden getan hat: Bis zur Mitte des 19. Jahrhunderts sollen Kraniche in Bayern gebrütet haben, im Rheinland und im Oldenburgischen kamen sie noch später vor. Auch außerhalb von Deutschland bröckelten die Kranichbastionen im Westen Europas ab: Aus Frankreich ist kein Brutvorkommen seit Ende des 18. Jahrhunderts bekannt; für Oberitalien war die Art bereits früher verloren; in Südspanien hielt sich ein Paar bis 1956 an der Laguna De La Janda bei Cadiz, nachdem die meisten der hier brütenden Kraniche bereits um die Jahrhundertwende vom Menschen vertrieben worden waren. Im südöstlichen Europa sah es nicht besser aus. Der Graue Kranich verschwand als Brutvogel aus Griechenland, Albanien, Jugoslawien, Rumänien, Bulgarien, Ungarn und Österreich. In der Tschechoslowakei ist er heute nur noch mit einem Paar vertreten. Es geht dem Grauen Kranich ebenso wie dem Weißstorch und vielen anderen Zugvogelarten: Er bleibt zunächst an den Rändern seines Verbreitungsgebietes aus, zumal die Menschen dort besonders stark in seinen Lebensraum eingreifen. Im Norden Eurasiens, der Kernzone seines Brutareals, konnte sich der Bestand besser behaupten, wenngleich es auch dort gebietsweise einen Rückgang gibt.

Alarmrufe aus Schleswig-Holstein und Niedersachsen

Als im Verlauf der sechziger Jahre auch in Nordwestdeutschland von ursprünglicher Natur immer weniger zu sehen war; als die Landwirtschaft, die Forstwirtschaft, die Straßenbauämter, die Flurbereinigungsbehörden, die Wasserbehörden, die Torfindustrie – und wie sie alle heißen, die im Wettstreit untereinander zum Landschaftsverbrauch angetreten waren – nach den allerletzten noch erhaltenen Feuchtgebieten zu greifen drohten, machte sich erster Widerstand bemerkbar. Zwar dauerte es noch, bis sich eine Garde von Naturschützern formierte, bis neue Verbände entstanden oder alte Gruppen sich besser organisierten, doch in Niedersachsen und Schleswig-Holstein machten sich zunächst einzelne Naturfreunde ans Werk. Die einen von Amts wegen, die anderen aus eigener Initiative. In diesen beiden Bundesländern gab es nämlich ein besonders drängendes Naturschutzproblem, das zum Handeln ohne Aufschub zwang: die Kraniche. Mit der zunehmenden Vernichtung ihrer nassen Brutreviere wurde die Zahl der Paare mit Jungen von Jahr zu Jahr geringer. Um 1970 waren es keine zwanzig mehr, wo dreißig Jahre zuvor noch mehr als doppelt so viele gebrütet hatten.

Zu denen, die es nicht bei Alarmrufen beließen, gehörte Henry Makowski, der damals an der Vogelschutzstation Lüneburg arbeitete. Neben einer Bestandsaufnahme und erster praktischer Unterstützung, die er mit seinen Kollegen und freiwilligen Helfern für einige gefährdete Nistplätze in Gang setzte, konnte er die Umweltstiftung WWF-Deutschland (World Wildlife Fund, heute auch als World Wide Fund for Nature bekannt) für ein Kranichschutzprogramm entlang der deutsch-deutschen Grenze gewinnen. Mit dem damaligen Biologiestudenten Thomas Neumann stand als Projektleiter jemand zur Verfügung, der wie kein zweiter in Norddeutschland die Kraniche und fast alle ihre Brutplätze kannte. Neben großem persönlichen Engagement und den biologischen Kenntnissen brachte er praktische Erfahrungen im Naturschutz aus der ehrenamtlichen Arbeit für die Rettung der letzten Seeadler in Schleswig-Holstein mit.

Seit 1973, als die ersten im Zeichen des Großen Panda gesammelten Gelder in zunächst bescheidenem Umfang für den Kranichschutz zu fließen begannen, hat sich das Schicksal der großen Schreitvögel auf bundesdeutschem Boden gewendet. Quadratmeter für Quadratmeter, Moorauge für Moorauge, Erlenbruch für Erlenbruch, Feuchtwiese für Feuchtwiese, Graben für Graben und Dränage für Dränage haben die Kranichschützer ihren anvertrauten Vögeln verlorengegangenes Terrain wieder zurückerobert. Aus dem anfänglich kleinen Häuflein, das die Kranichschutztruppe ausmachte, ist mittlerweile eine beachtliche Armee geworden. Neben dem WWF machte sich auch der DBV (Deutscher Bund für Vogelschutz) für den Kranich stark. 1978 erklärte er ihn zum »Vogel des Jahres« und empfahl ihn damit einer weiten öffentlichen Beachtung.

So wurde auch die Lufthansa auf das Schicksal ihres Wappenvogels aufmerksam. Seit 1983 unterstützt sie den Landesverband Hamburg des DBV bei der Einrichtung und dem Erhalt des Vogelschutzgebietes Höhbeck in den Elbniederungen des niedersächsischen Kreises Lüchow-Dannenberg. Hier, im Hannoverschen Wendland, wo die Grenze zur DDR am weitesten nach Osten führt, hatte früher gut ein Dutzend Kranichpaare regelmäßig gebrütet. Als die Hamburger Vogelschützer auf den Plan traten, waren es nur mehr drei oder vier. Unterstützt von einigen Forstverwaltungen und einem großen privaten Grundbesitzer, gingen sie zunächst daran, den für das Nisten der Vögel wichtigen etwa kniehohen Wasserstand an den restlichen Brutplätzen zu sichern. Dann wurden Geländeabschnitte, die trockengelegt worden waren oder die ihren nassen Charakter als Folge der großflächigen Grundwasserabsenkung verloren hatten, nach und nach wieder in einen feuchten Zustand versetzt. Mancher Vorstoß in dieser Richtung scheiterte am Widerstand von Behörden, Landwirten und Waldbesitzern. Dennoch gelang es, nicht zuletzt auch durch den Erwerb eigenen Grundes und Bodens durch den DBV, wieder mehr Kraniche im Kreis Lüchow-Dannenberg heimisch zu machen.

Bundes- und Landesmittel sowie die Beteiligung der Deutschen Lufthansa, die den Ankauf wertvoller Biotope ermöglichten, trugen dazu bei, daß 1988 zu einem Rekordjahr wurde: 22 Paare zogen mindestens 25 Junge auf; so hat es die amtliche Statistik festgehalten. Dieser Erfolg wäre nicht ohne das tatkräftige Engagement von Forstoberrat Eckhard Seebaß vom Staatlichen Forstamt Lüchow möglich gewesen. Über den Fortgang des Kranichschutzes und der Arbeiten, die vielen Tier- und Pflanzenarten in der Nähe des Städtchens Gartow zugute kommen, können sich Besucher am Ortsrand in einem eigens dafür errichteten Häuschen informieren. Über dessen Eingang prangen die Namen von DBV und Lufthansa gemeinsam. Und im Vogelschutzgebiet Höhbeck lassen sich von Beobachtungsschirmen mitunter sogar Kraniche sehen. Neben den »einheimischen« legen im Herbst nicht selten durchziehende im Wendland eine Rast ein: Die schöne Landschaft mit ihren relativ vielen Naturschätzen liegt genau unter dem schmalen Luftkorridor, den viele Kraniche auf dem Weg von Osten nach Südwesten und umgekehrt benutzen. Und wenn sie nicht landen, dann machen sie zumindest mit lauten Rufen auf ihre schönen Flugformationen aufmerksam.

Die Kraniche sind wichtige Bio-Indikatoren

Bis weit nach Niedersachsen, wo der Lehrer Eckehard Bühring außerhalb des Kreises Lüchow-Dannenberg erfolgreich für den Kranichschutz tätig ist, reicht auch der Aktionsradius von Thomas Neumann. Aus dem Biologiestudenten, der landauf, landab zunächst mit dem Fahrrad und dann mit dem Motorroller unterwegs war, um alle Kranichbiotope und Greifvogelhorste in Augenschein zu nehmen, ist der Leiter der Naturschutzstelle Nord der Umweltstiftung WWF-Deutschland und zugleich einer von zwei Naturschutzbeauftragten des Kreises Herzogtum Lauenburg im Süden Schleswig-Holsteins geworden. Zwar gehört der Kranichschutz nach wie vor zu seinem zentralen Anliegen, doch hat sich das damit zusammenhängende Aufgabenfeld zum großflächigen Management von Inlandsfeuchtgebieten erweitert. Hierbei spielen die Kraniche als »Bio-Indikatoren« für die natürliche Qualität einer Landschaft eine entscheidende Rolle. Ihre Anwesenheit zeigt an, ob ein Biotop die richtigen Voraussetzungen für eine intakte Lebensgemeinschaft von Tieren und Pflanzen besitzt.

Als Thomas Neumann sich im Kreis Herzogtum Lauenburg an die Arbeit machte, war im westlichen Grenzgebiet zwischen Schleswig-Holstein und Mecklenburg ebenfalls nicht einmal mehr ein halbes Dutzend Kranichpaare übriggeblieben. Und die wenigen noch unberührten Brutplätze inmitten der zum Naturpark hochgelobten Landschaft waren vielfältigen Aktivitäten von Menschen ausgesetzt. Zum Drang der einen, letzte natürliche Zipfel zu »kultivieren«, sie unter das Gebot menschlicher Ausbeutung zu stellen, kam der Wunsch anderer, grenzenlose Freizeitfreuden zu genießen und dabei in die abgelegensten Winkel vorzudringen. So mußten die lauenburgischen Kranichschützer an zwei Fronten beginnen: den Vögeln bessere Voraussetzungen zum Nisten verschaffen und sie während der Brutzeit vor unliebsamen Störungen bewahren.

Neben dem Aufbau einer verläßlichen Truppe ehrenamtlicher Helfer, die vor harter Arbeit im Gelände nicht zurückscheuen, klopfte Thomas Neumann an die Türen vieler Behörden und Grundbesitzer. Manche zähe Verhandlung war nötig, um ein Stück Land aus der Flurbereinigung herauszulösen. Mancher Schnaps mußte getrunken werden, um einen Bauern oder Förster zum Mitziehen zu bewegen, wenn es darum ging, eine Kranichparzelle unter Wasser zu setzen. Vorträge, Gespräche, Gelage, Bitten, Drohungen, Anzeigen – das ist nur ein Teil dessen, was bis heute dem praktischen Teil vorausgeht. Der findet im Gelände statt. Zwischen Oktober und Februar sind für die kleine WWF-Mannschaft um Thomas Neumann und die freiwilligen Helfer oftmals nasse Füße oder eiskalte Hände an der Tagesordnung. Dann lichten sie Erlenbrüche aus; mähen Feuchtwiesen und Schilfränder von Seen; befreien ausgetrocknete und von Birken oder Fichten zugewachsene Restmoore von Bewuchs und setzen sie anschließend wieder unter Wasser; verschließen früher angelegte Abzugsgräben; stauen Wasser durch den Bau kleiner Dämme und legen Flachteiche an. Mitunter kommen ihnen Bagger und Planierraupen zu Hilfe. Bei manchen Aktionen helfen private Grundbesitzer oder Behörden. Gut 3000 Hektar »Kranichland« sind auf diese Weise im Lauf von 15 Jahren Thomas Neumann und seinen Mitstreitern anvertraut worden. Einige Dutzend Hektar besonders wichtiger Flächen kaufte die Umweltstiftung WWF-Deutschland mit Hilfe von Spendengeldern, wozu im Kranichkreis Lauenburg (es ist mittlerweile der bundesdeutsche Landkreis mit der dichtesten Besiedlung durch die Vögel) besonders die Holsten-Brauerei beiträgt. Andere sicherte die in der Eulenspiegel-Stadt Mölln ansässige Stiftung Herzogtum Lauenburg in Zusammenarbeit mit dem WWF. Das Land Schleswig-Holstein hat manchen Landkauf für den Naturschutz entscheidend gefördert.

Die Brut beginnt in manchen Jahren schon im März

Die naturnahe Erhaltung bestehender, die Wiedervernässung ehemaliger und die Neuanlage netzartig über die Landschaft verteilter Feuchtgebiete ist die erste Voraussetzung für die Rückkehr der Kraniche. Die zweite ist das absolute Ungestörtsein vor, während

Der Graue Kranich wird auch Eurasischer Kranich genannt, denn sein Verbreitungsgebiet erstreckt sich von Westeuropa bis nach Ostsibirien und China. Der Gesamtbestand wird auf 250 000 bis 300 000 geschätzt; zwischen 30 000 und 50 000 von ihnen überwintern jährlich in Afrika. Die Zoologen unterscheiden zwei Unterarten von »Grus grus«: die westliche (Grus grus grus) und die östliche (Grus grus lilfordi). Es gibt keine klare geographische Grenze zwischen ihnen, und auch im Aussehen fehlt es häufig an eindeutigen Erkennungsmerkmalen. Auf diesem Foto, das am Cao Hai in China entstand, fällt allerdings ein Kennzeichen auf: Die Lilfordkraniche sind insgesamt heller und am Kopf blasser gefärbt als ihre westlichen Artgenossen. Sie sind im Durchschnitt auch etwas kleiner als diese. Im sowjetischen Grenzgebiet gibt es viele »Mischehen«.

und nach der Brut. Diese beginnt in Norddeutschland gelegentlich schon unmittelbar nach dem Ende eines milden Winters, um den 25. März. Zu einem Zeitpunkt also, wenn viele der skandinavischen Kraniche noch nicht einmal an der mecklenburgischen Ostseeküste eingetroffen sind.

So sind denn auch die Kranichbetreuer der norddeutschen WWF-Station im März viel und vorsichtig auf den Beinen. Es gilt, alle besetzten Brutreviere rechtzeitig zu kennen. Bei den bekannten Plätzen ist alles seit Jahren eingelaufen, sowohl bei dem Kranichpaar als auch bei seinen Beschützern. Doch die Entdeckung eines neuen Nestes, das nicht abseits und versteckt genug liegt, löst im Breitenfelder WWF-Büro zusätzliche Aktivität aus: Ein Wachwagen muß in genügend großem Abstand aufgefahren, getarnt und rund um die Uhr mit Beobachtern besetzt werden. Schon lange ist dies ein wichtiger Bestandteil des Programms: Die Brutplätze müssen vor dem Hauptfeind der sensiblen Vögel, dem Menschen, bewacht werden. Manchmal sind es nur unachtsame Spaziergänger, die dem Nestbereich zu nahe kommen; aber auch allzu neugierige Vogelbeobachter oder rücksichtslose Fotografen bedrängen den Bodenbrüter leichtfertig: Da kann es passieren, daß ein empfindliches Kranichpaar nach nur zweimaliger kurzer Störung sein Gelege für immer verläßt.

Erst seitdem mehr als hundert freiwillige Mitarbeiter des WWF, von denen mehr als die Hälfte schon seit Jahren für eine oder zwei Wochen auf »ihr« Paar aufpassen, von mehr als einem Dutzend olivfarbener ausgedienter Wohnwagen aus für insgesamt etwa sechs Wochen Wache schieben, geht es mit der Zahl des Kranichnachwuchses gut voran. 1988 brüteten 58 Paare in der Bundesrepublik gegenüber 16 oder 17 im Jahr 1973. Im Kreis Herzogtum Lauenburg stieg die Zahl der Paare mit fester Revierbindung von 6 im Jahr 1973 auf 28 im Jahr 1988. Von diesen hatten 22 mit Sicherheit ein Gelege, und mindestens 14 zogen erfolgreich Nachwuchs auf. Gegen natürliche Verluste, durch Füchse (die sich nach erfolgreicher Bekämpfung der Tollwut in den letzten Jahren wieder stark vermehrt haben und mancherorts zu einer Bedrohung für die jungen und alten Kraniche werden), Wildschweine und Parasiten etwa, können allerdings auch sie nichts ausrichten.

Die Erfolge fünfzehnjähriger Schutzarbeit in Niedersachsen und Schleswig-Holstein machen sich auch anderswo bemerkbar: Langsam breiten sich die Kraniche weiter aus. Auf Hamburger und Lübecker Gebiet hat sich jeweils schon Anfang der achtziger Jahre ein Paar niedergelassen, nachdem auch hier Biotopverbesserungen dazu eingeladen hatten. Im Kreis Segeberg und bei Schleswig gibt es Ansiedlungen, ebenso im Süden Niedersachsens und bei Bremerhaven. Die Zuwanderer in Dänemark, wo die Kraniche längere Zeit verschwunden waren, stammen wohl eher aus der mecklenburgischen oder skandinavischen Population. Es gibt also Anlaß zur Hoffnung, daß sich eines Tages wieder eine – wenn auch dünne – Besiedlung von »Grus grus« über Nordwesteuropa bis nach England erstreckt. Ohne dauerhafte Anstrengungen vieler gutwilliger Menschen wird das freilich auf dem Kontinent genausowenig möglich sein wie in England.

Zwischen Europa, Afrika und Asien unterwegs

Vor rund hundert Jahren noch hätten wir es von Deutschland aus nicht so weit gehabt, um die kleinsten aller Kraniche an ihrem Brutplatz zu beobachten. Statt in die Mandschurei zu fahren, hätten wir an verschiedenen Plätzen Europas unser Versteck beziehen können. Denn ursprünglich erstreckte sich die Verbreitung des Jungfernkranichs von Nordafrika über Teile Südwesteuropas, über Südeuropa und das südliche Rußland bis in die chinesische Mandschurei nahe der Pazifikküste. In einem relativ schmalen Gürtel hatte er seine Brutgebiete südlich der Verbreitungszone des Grauen Kranichs; streckenweise reichen sie auch heute noch nach Norden in diese hinein. Bis gegen Mitte des vorigen Jahrhunderts zogen Jungfernkraniche wahrscheinlich Junge im südlichen Spanien auf; aus dem Jahr 1883 liegt der letzte sichere Nachweis einer Brut in Rumänien vor. In der Dobrudscha und in der Baragan-Steppe, westlich vom Schwarzen Meer, gab es einst reiche Vorkommen. Bis 1926 wurden im nördlich anschließenden Bessarabien regelmäßig Altvögel mit Nachwuchs beobachtet und nach altem Brauch sogar noch gefangen. Vor der fortschreitenden Erschließung der Halbsteppen durch den Menschen zogen sich die schönen Vögel schließlich auch in der Ukraine immer weiter ostwärts zurück.

Die Jungfernkraniche nehmen rapide ab

Heute brüten sie nur noch verstreut in ganz wenigen Gebieten der europäischen Sowjetunion; so wurden 1986 knapp 30 Paare von der Halbinsel Kretsch als nahezu der gesamte Restbestand auf der Krim, zwischen dem Schwarzen Meer und dem Asowschen Meer, gemeldet. In den südlichen Gebieten Sibiriens sind sie zwar noch zahlreicher, doch nach einer Veröffentlichung des Zoologischen Instituts der Sowjetischen Akademie der Wissenschaften aus dem Jahr 1987 »haben sich die Lebensbedingungen der bislang als weit verbreitet angesehenen Art durch das Pflügen der ursprünglichen Steppen beträchtlich verschlechtert«. Schlecht und recht versuchen die Vögel, nun auf Ackerflächen zu brüten, doch scheitern die meisten an ihnen ähnlich wie die Trappen, denen das gleiche Schicksal widerfährt.

Die rapide Abnahme blieb nicht auf die genannten Gebiete beschränkt. Seit Jahrzehnten sind die Brutvorkommen in den maghrebinischen Staaten Tunesien, Algerien und Marokko erloschen. (Immer wieder tauchen Meldungen über eine winzige Restpopulation westlicher Jungfernkraniche in Marokko auf, doch verschiedene Versuche einiger Ornithologen, mit kleinen Expeditionen dafür vor Ort eine Bestätigung zu erhalten, blieben bis Mitte 1988 erfolglos.) In der östlichen Türkei, im anatolischen Hochland um den Berg Ararat, ist eine zwar isolierte, aber lange Zeit stabile Population ebenfalls recht schwach geworden.

Entsprechend sind die einstmals großen Scharen von Jungfernkranichen zusammengeschrumpft, die aus dem westlichen Teil ihres Brutgebiets in Winterquartiere am Nil geflogen sind. Bengt Berg hat sie in seinem erstmals 1924 erschienenen Buch »Mit den Zugvögeln nach Afrika« eindrucksvoll beschrieben. Auch heute fliegen noch einige tausend der vom schwedischen Naturforscher Carl von Linné (1707 bis 1778) mit dem wissenschaftlichen Namen »Anthropoides virgo« belegten Art nach Ägypten, in den Sudan, nach Äthiopien, in den Tschad und ins nordöstliche Nigeria, doch wird ihre Zahl von Jahr zu Jahr kleiner. So gibt es immer weniger Gelegenheit, sie bei einer Zwischenlandung auf der Insel Zypern zu beobachten. Hier war der Akrotiri-See der beliebteste Rastplatz, doch an ihm ist es mit der ungestörten Ruhe und einem unversehrten Biotop auch längst vorbei. Dieser wichtige »Trittstein« für viele Vogelarten auf ihrem Zug, unter ihnen ebenso Graue Kraniche, bedarf dringend eines besseren Schutzes.

Jungfernkraniche, die nicht über das östliche Mittelmeer fliegen, wählen eine Route über den Iran, den Irak, den Norden Saudi-Arabiens und das Rote Meer. Sie machen sich etwa zwei Monate früher als die Grauen Kraniche auf den Weg. Da sie nur knapp vier Wochen brüten und die Jungen nach weniger als zwei Monaten flügge sind, sammeln sich die Familien bereits Ende Juli. Oft verläßt die Reisegesellschaft in den ersten Augusttagen das Brutgebiet. Wiederholt wurden Zugverbände von Jungfernkranichen Ende August in Nordafrika beobachtet. Sie sind gewissermaßen die Quartiermacher für ihre größeren Verwandten. Die Grauen Kraniche stoßen zwei bis drei Monate später hinzu, und beide Arten bilden an bevorzugten Schlafplätzen und auf Feldern gemischte Truppen. Manche Jungfernkraniche allerdings ziehen in Afrika so weit nach Süden und Westen, daß sie dort eher mit den Kronenkranichen als mit den Grauen Kranichen zusammentreffen.

Grandioses Schauspiel an den Stauseen von Gujarat

Wie gut sich die Art »Anthropoides virgo« und die Art »Grus grus« miteinander vertragen, erleben wir im nordwestindischen Bundesstaat Gujarat. Schon we-

Im Winter teilen sie in großer Schar, wie auf dem unteren Foto im indischen Staat Gujarat, das Gelände mit Schafen und Menschen, im Frühling und Sommer brüten sie zu zweit in der ostasiatischen Steppenlandschaft: So spielt sich das Leben der Jungfernkraniche ab. Ihr Bestand, der bis vor wenigen Jahrzehnten noch nach Millionen zählte, womit sie die häufigste Art in der Familie »Gruidae« waren, hat in der jüngeren Vergangenheit erheblich abgenommen.

nige Kilometer von der Hauptstadt Rajkot entfernt werden in der zweiten Februarhälfte einige Stauseen mehrfach am Tag zur Bühne für ein unvergeßliches Schauspiel. Wir sind zwar von unseren indischen Freunden vorbereitet auf »viele Kraniche, sicher ein paar tausend«, doch als wir uns am Morgen gegen neun Uhr etwa einen Kilometer vom künstlichen See entfernt auf einem kahlen Berghang niederlassen und auf das blau schimmernde Wasser in einer weitgehend von der Sonne ausgebrannten Landschaft blicken, ahnen wir nicht, was sich hier eine Stunde später abspielen wird.

Bei unserer Ankunft stehen ein paar Kuhreiher und einige Löffler am Rand und auf einer flachen Insel des Speichersees, der zur Zeit des Monsuns das kostbare Naß für die vielen trockenen Monate sammelt. Rinder lagern in der Nähe des kahlgetretenen Ufers, in dessen Nähe einige Hirten ihre Schafherden für uns unsichtbare Pflanzen abweiden lassen. Nichts deutet darauf hin, was hier geschehen wird, zumal es immer heißer wird. Kurz nach zehn Uhr hören wir ganz entfernt plötzlich einen uns vertrauten Klang: Kranichrufe. Um so angestrengter wir in den wolkenlosen Himmel schauen, desto mehr flimmert es vor unseren Augen. Nichts ist zu sehen. Aber die Rufe werden deutlicher, mehren sich. Es dauert noch mindestens fünf Minuten, bis einer aus der kleinen Gruppe schließlich die ersten Vögel entdeckt. Unendlich hoch segeln sie herbei; mehr als 1200 Meter. Wir, die den Anblick der größeren Grauen Kraniche am Himmel gewöhnt sind, meinen, daß sie noch höher fliegen. Doch unsere indischen Begleiter erinnern uns daran, daß die Flügelspanne der Jungfernkraniche etwa um ein Viertel kürzer ist. So wirken sie für uns entfernter, als sie es sind.

Weiße Federbüschel und ein langes Lätzchen

Vielleicht sind es ja auch Graue Kraniche, die sich jetzt langsam herabschrauben. Gegen das Licht sehen die Silhouetten genauso aus. Vor allem aber klingen die Rufe so vertraut wie über einem norddeutschen Moor. Erst später, als die ersten 30 Vögel zum Landeanflug auf die Sandbank ansetzen, erkennen wir deutlich den Unterschied: Die Jungfernkraniche haben eine dunkle Gefiederzeichnung an Hals und Brust, die sie schon im Flug kenntlich macht. Am Boden hebt sich die silber- bis blaugraue Färbung des Rückens und der Flügel vom Grau des »Gemeinen« Kranichs ab. Dessen über den Stoß hängenden Schmuckfedern sind dunkel, die des Jungfernkranichs haben die Farbe des Hauptgefieders. Als auffälligen Schmuck tragen die Kleinsten der Sippe hinter den Augen weiße Federbüschel, die ein Stückchen am Hinterkopf herunterhängen. Im Wind flattert das dunkle Brustgefieder mitunter wie ein langes Lätzchen.

Aus der Nähe hören wir auch Unterschiede in der Stimme. Die Rufe der Jungfernkraniche klingen in unseren Ohren rauher, zum Teil aber auch etwas höher. In der Lautstärke stehen sie hinter den größeren Grauen Kranichen nicht zurück. Auf jeden Fall ist es nicht leicht, beide Arten auf dem Zug an ihren Rufen zu unterscheiden. Im Nistrevier fällt es weniger schwer, denn bei der Balz und während der Brut bedienen sich die Jungfernkraniche eines anderen Repertoires: Eher knarrend und tief verständigen sie sich dann.

Der Landebetrieb wird immer dichter

Nachdem der erste Trupp gelandet ist, vergeht eine Viertelstunde, bis erneut Stimmen am Himmel ertönen. Doch nun geht es in immer schnellerer Folge. Die nächsten Verbände fliegen ebenfalls noch sehr hoch an und kreisen im Sinkflug nach unten. Die letzten 100 Meter stellen die Vögel ihre Schwingen schräg nach unten, lassen die Beine hängen und fallen fast senkrecht in die Tiefe. Wird ihnen die Geschwindigkeit vor dem Aufsetzen zu groß, schwenken sie ein paarmal hin und her. Der Landebetrieb wird immer dichter. Nun kommen auch Kranichgruppen in einer Höhe von 100 oder 200 Metern angeflogen. Mal sind es zehn bis zwanzig, mal sind es zwischen dreißig und achtzig. Obwohl es nahezu windstill ist, fliegen alle die Sandbank gegen die Windrichtung an. Als diese voll ist, landen die ersten am Ufer in der Nähe einer Schafherde.

Eine Stunde lang etwa wissen wir nicht, wohin wir zuerst schauen sollen. Die atemberaubenden Flugmanöver beim Niedergehen sind ebenso faszinierend wie die ruhigen Runden hoch oben in der vor Hitze flimmernden Luft. Zwischen Himmel und Erde entfaltet sich ein Konzert mit einer eigenartigen Wirkung. Obwohl es alles dieselben oder sehr ähnliche Rufe sind, die aus Hunderten von Kehlen dringen, geht eine unglaubliche Dynamik von dem Stimmengewirr aus. Mal ebbt es ab, mal setzt es für einige Sekunden völlig aus, bis eine neue Staffel am Himmel den Auftakt zu neuen lebhaften Schmetter- und Trompetenarien gibt.

Mehr als 3000 Vögel sind schon gelandet, doch am Himmel ist noch keine Beruhigung abzusehen. Aus einer Entfernung von fünf bis zwanzig Kilometern, manche auch von näher, manche von weiter als dreißig Kilometern, kommen die Kraniche von den Feldern, auf denen sie sich während der Morgenstunden gestärkt haben. Gerste und anderes Getreide, Kichererbsen und Erdnüsse ernten sie hier mit Vorliebe. Die Bauern, die ihre kleinen Felder größtenteils noch mit einem Gespann Kühe oder Ochsen bearbeiten und die Ernte per Hand mit der ganzen Familie einbringen, sehen volle Stauseen daher mit gemischten Gefühlen. Gibt es Wasser, dann gibt es zwischen November und

Ende Februar auch Kraniche. Zweimal täglich fliegen sie in Scharen auf die Felder; bei hellem Mondschein bleiben die Vögel auch nachts bei der Ernte oder fliegen zwischen den Äsungs- und Rastflächen hin und her. So gut es geht, versuchen die Bauern, die Vögel von ihren Feldern fernzuhalten. »Selbst wenn wir sie verscheuchen, holen sie immer noch genug«, sagt uns später einer von ihnen, als er uns abgerissene und halb ausgepickte Gerstenähren zeigt.

Gegen 11.30 Uhr ebbt der Flugverkehr ab. Jetzt kommen noch einzelne Paare, mitunter auch drei bis sechs Vögel. Wir haben wenige Familien erkennen können; der weitaus überwiegende Teil der gut 7000 Kraniche, die nun an drei Plätzen im und am Wasser beisammenstehen, sind Altvögel. Die noch braun gefärbten und daher gut erkennbaren Jungen stellen einen Anteil von höchstens fünf Prozent. Auch an den anderen Stauseen, die wir später besuchen, ist das Verhältnis nicht besser. Fünf Prozent aber sind zuwenig, um den Bestand auf gleicher Höhe zu halten.

Etwa drei Stunden verbringen die Kraniche über die Mittagszeit an den künstlichen Gewässern. Sie ruhen sich aus, sie pflegen ihr Gefieder und trinken. In den dichten Pulks der Jungfernkraniche stehen einige Dutzend Graue Kraniche. Sie fallen uns erst beim genauen Betrachten der Menge durch das Fernglas auf. Ihre Köpfe überragen ein wenig die der Jungfernkraniche. Mit weitem Abstand sind die Lilfordkraniche hier überall in der Minderheit.

Todesgefahr an pakistanischen Gebirgspässen

Beide Arten, die hier unweit des Arabischen Meeres überwintern, kommen in der Mehrzahl aus Kasachstan (Kasachische Sowjetrepublik) östlich des Kaspischen Meeres, aus der Mongolei und angrenzenden Gebieten. Die von Nordwesten herbeiziehenden Vögel – die Grauen Kraniche haben einen längeren Weg, weil sie nördlicher als die Jungfernkraniche brüten – müssen über Afghanistan und Pakistan besondere Gefahren überstehen. Seit langem üben sich hier die Angehörigen einiger Stämme im Herbst und im Frühling in der Kunst des Kranichfangs. Wochenlang beziehen sie während der Zugzeit Lager an den Gebirgspässen, welche die Kraniche überfliegen, und warten mit halbzahmen Vögeln auf ihre Beute, um sie nachts zu überlisten. Angelockt von den Rufen ihrer gefangenen Artgenossen, kreisen die durchziehenden Kraniche einige Zeit über ihnen, weil sie glauben, dort gebe es einen guten Rastplatz. Sobald sie tief genug fliegen, schleudern die versteckt wartenden Männer Wurfleinen in die Höhe, an deren Ende Steine befestigt sind, die sich um Flügel oder Beine der Vögel wickeln und diese zum Absturz bringen.

Zwischen 1500 und 2000 Kraniche, jeweils zur Hälfte Graue Kraniche und Jungfernkraniche, werden jährlich von gut tausend Männern des Pathan-Stammes im Norden Pakistans erbeutet. Sie werden wieder als Lockvögel verwendet, als Haustiere verkauft oder gleich an Ort und Stelle verspeist. Nicht wenige verletzen sich nämlich beim Absturz erheblich. In Pakistan sind sie als Wachvögel mancherorts sehr populär, und im Norden des Landes sieht man auf manchem Markt einen Jungfernkranich oder einen Grauen Kranich in einem geflochtenen Käfig. Es gibt auch Dörfer, in denen gezähmte Kraniche auf der Straße herumstolzieren.

Da der als besonders männlich angesehene Kranichfang, der mit einem wochenlangen Leben unter freiem Himmel verbunden ist, in der jüngeren Vergangenheit in Pakistan immer mehr Anhänger gefunden hat (in Afghanistan standen für die meisten Menschen andere Sorgen im Vordergrund), schätzen dortige Naturschützer die Verluste als besorgniserregend ein. Der Amerikaner Steve Landfried, der im Auftrag der International Crane Foundation und des World Wildlife Fund unter schwierigen Bedingungen die Situation in Pakistan untersucht hat, sieht schwarz für die Zukunft der Kraniche auf den Zugstraßen im Industal. Nicht unbegründet ist seine Furcht, daß auch einige der seltenen Schneekraniche auf dem Weg zwischen Westsibirien und Indien einer nächtlichen Fangaktion zum Opfer fallen können. Eine Aufklärungskampagne in Zusammenarbeit mit nationalen Naturschutzbehörden soll langfristig einen Sinneswandel unter den Kranichfängern bewirken. Vor allem soll die Haltung von Kranichen in Gefangenschaft stark eingeschränkt werden.

Auch in den indischen Überwinterungsgebieten tut mehr Aufklärung not. Früher galten bei der Landbevölkerung alle Kraniche als heilige Vögel, früher hatte niemand auf dem Land ein Gewehr, früher gab es auch in Indien weniger Menschen, früher war eben vieles besser für die Kraniche. Einst kamen die Jungfernkraniche in Millionenscharen ins westliche Indien. Zwar meldeten die Forstbehörden von Gujarat nach einer Bestandserfassung im Winter 1983/84 genau 1 478 073 Jungfernkraniche (wobei ohnehin schon rätselhaft ist, wie bei einer derartigen Menge eine so genaue Zahl festgestellt werden kann), doch bezweifeln Fachleute diese Angaben entschieden. Schon zehn Prozent, also rund 150 000 Vögel, wären ein stolzer Winterbestand. Selbst wenn sich in einem Winter infolge der stark schwankenden Wasserverhältnisse die Vögel in einem Landesteil konzentrierten, rechnen auch optimistische Kranichkenner in ganz Indien nicht mit mehr als einer halben Million Jungfernkranichen. Die in Afrika und in Burma überwinternden Vögel hinzugerechnet, ergibt sich ein Gesamtbestand unter einer Million. Es können aber mittlerweile schon wesentlich weniger sein. Eine annähernd genaue Zahlenangabe ist schwierig.

Wo der Mensch auftaucht, und sei es nur als Viehhirte, da müssen die Kraniche häufig weichen. Die beiden linken Fotos zeigen, wie sehr Kraniche sich sogar durch Kühe gestört fühlen. Jungfernkranichpaare im Xianghai-Reservat in Nordostchina verlassen beim Auftauchen von Rindern schon auf recht große Entfernung ihr Nest, an dem sie sich fast immer gemeinsam aufhalten (oben). Die Kuh auf dem Foto links ist nur wenige Meter vom fast unsichtbaren Gelege (in der Mitte des Bildes auf der linken Seite unten) entfernt, das schnell zertreten sein kann.

Besuch im »Xianghai Nature Reserve«

Woher sollen so viele »Demoiselles« (das ist die vielgebrauchte Abkürzung für den englischen Namen »Demoiselle Crane«) kommen, wenn in dem 105 000 Hektar großen Xianghai-Naturschutzgebiet in der nordostchinesischen Provinz Jilin nicht einmal ein Dutzend brütet? Drei Kranicharten haben mich in der zweiten Maihälfte 1988 in das abseits aller Verkehrsstraßen nicht weit von der Grenze zur Inneren Mongolei gelegene Reservat gelockt: Hier brüten außer dem Jungfernkranich der Mandschurenkranich und der Weißnackenkranich; der Nonnenkranich, der Mönchskranich und der Graue Kranich (von dem es nach jüngsten Schätzungen in China etwa 20 000 gibt) halten sich auf dem Zug längere Zeit in dem Gebiet auf. Ein Trupp von zwölf Grauen Kranichen ist noch am 20. Mai dort zu beobachten.

Das im Süden der Mandschurei gelegene »Xianghai Nature Reserve« gehört zu den bedeutendsten Vogelschutzgebieten der Volksrepublik China. 1987 hat das Forstministerium in Peking – dem als oberster Behörde die meisten der knapp 350 Naturschutzgebiete von nationalem Rang unterstehen – die 1981 von der Provinzregierung als Naturreservat ausgewiesene Landschaft als nationales Schutzgebiet anerkannt. Das bedeutet in China allerdings nicht, daß die Nutzung durch den Menschen ausgeschlossen ist. Rund um die zentrale Schutzzone wohnen etwa 7000 Menschen in Dörfern und einzelnen Gehöften. Knapp ein Drittel von ihnen ist mongolischer Abstammung. Während die übrigen Bewohner überwiegend vom Ackerbau und vom Fischfang leben, betätigen sich die Mongolen in erster Linie als Viehzüchter. Auf mehr als 2000 Kühe, 400 Pferde sowie einige tausend Schafe schätzen die Naturschutzbeamten die Zahl der Weidetiere.

Ausgerechnet zur Brutzeit treiben die Hirten zu Pferde ihre Herden in die ausgedehnten Flachwasserzonen, da hier nach dem langen Winter mit Temperaturen bis unter minus 40 Grad Celsius junges Gras und Schilf die erste frische Nahrung bieten. Das alte Schilf ist im Spätherbst geschnitten und zur Papierverarbeitung abtransportiert worden. Ungemähte Parzellen, die inselartig den meisten der mehr als 200 auf dem Durchzug und während der Brutzeit vorkommenden Vogelarten als Deckungs- und Nistraum dienen sollen, sind kaum vorhanden. Die für das Reservat Verantwortlichen beklagen das und wollen darauf achten, daß solche Auflagen besser eingehalten werden. Eine Verbesserung des Schutzes versprechen sie sich auch von Elektrozäunen, die zwei insgesamt 15 000 Hektar große Sperrgebiete vor vierbeinigen und in ihrem Gefolge zweibeinigen Eindringlingen schützen sollen.

Wie notwendig das ist, erfahre ich mehrfach während meines Aufenthaltes. Dank der großzügigen Unterstützung meiner chinesischen Gastgeber und der guten Biotopkenntnisse von zwei jungen Vogelwärtern haben wir innerhalb kurzer Zeit von einem Beobachtungshügel am Rand des völlig flachen Geländes aus mit dem Spektiv mehrere Kranichnester erspäht. Die Mandschurenkraniche verraten sich durch ihr weißes Gefieder; die Weißnackenkraniche sind schon schwerer zu entdecken; die Jungfernkraniche indessen tarnen sich hervorragend, obwohl sie auf völlig kahlem, trockenem Untergrund nisten. Für sie sei es wohl jetzt, zwischen dem 20. Mai und Anfang Juni, noch zu früh, meinen die Begleiter. Obwohl die meisten schon im April einträfen, begännen die wenigsten vor Anfang Juni mit der Brut.

Jungfernkraniche und Mandschurenkraniche brüten in enger Nachbarschaft

Aber ich habe gewaltiges Glück. Wir bauen mein kleines tarnfarbenes Fotozelt zunächst in respektvoller Entfernung zum Nest eines Mandschurenkranichs auf. Um dorthin zu gelangen, müssen wir eine halbe Stunde durch knie- bis hüfttiefes Wasser waten. Unterwegs bekomme ich einen Eindruck von dem überwältigenden Vogelreichtum des Gebietes (von dem 29 Prozent Sumpf- und Flachwasserbereiche, zehn Prozent befischbare Seeflächen, 38 Prozent Sand- und Buschzonen und der Rest Ackerland sind): verschiedene Reiher-, Dommel-, Enten- und Gänsearten, Schnepfen, Bekassinen, Kiebitze, Stelzenläufer und zahlreiche andere Limikolen, Seeschwalben und gleich drei verschiedene Weihenarten, die Rohrweihe, die Steppenweihe und die Scheckenweihe – bei einem einzigen Rundblick habe ich mehr als ein Dutzend verschiedener Arten vor Augen.

Der Mandschurenkranich, über den in einem späteren Kapitel mehr berichtet wird, stört sich an dem unauffälligen Fremdkörper aus olivfarbenem Leinen nicht. Ebensowenig ein Paar Jungfernkraniche, das genau 115 Meter vom Nest des Mandschurenkranichs entfernt (später habe ich den Abstand genau gemessen) seine beiden Eier auf einer höchstens 100 Quadratmeter großen trockenen Fläche auf den flachen Erdboden gelegt hat. Obwohl die Vögel mir so nahe sind, werde ich während eines langen Ansitztages, an dem ich mich voll auf den Mandschurenkranich konzentriere, nicht auf sie aufmerksam: Ihr Nest liegt schräg hinter mir, und ausgerechnet dazwischen steht eine der kleinen Schilfinseln. Einer der beiden Vogelwärter hat – glücklicherweise – aus der Ferne mit dem Spektiv die einmalige Konstellation entdeckt.

Drei Tage später merke ich, wie überaus vorsichtig die beiden Jungfernkraniche sich in der Nähe ihres Nistplatzes verhalten. Wir haben das Zelt umgestellt und uns aus der Ferne vergewissert, daß das Paar – es hat den örtlichen Vogelkundigen zufolge besonders früh mit der Brut begonnen – durch die Veränderung nicht beunruhigt ist. Als mich meine beiden Begleiter allein im Zelt zurückgelassen haben und so bei den Vögeln den Anschein erwecken, alle Gefahr sei vorüber, dauert es fast eine Stunde, bis sich das Männchen schließlich auf dem Gelege gut 40 Meter vor mir niederläßt. Lange vorher schon geht das Paar immer wieder gemessenen Schrittes ganz dicht am völlig unauffälligen Brutplatz vorbei; jedesmal denke ich, daß sich einer von beiden nun hinsetzen wird, aber sie stolzieren erneut ganz gelassen weiter. Ein Grund für den noch wenig intensiven Bruttrieb: Das Weibchen hat die Eier gerade erst gelegt. Jetzt macht es noch nichts, wenn das Gelege für einige Zeit ungewärmt bleibt.

Anders als die Mandschurenkraniche, deren Nistplatz ich vom Ansitz bei den Jungfernkranichen gleichzeitig im Auge habe, bleiben diese fast die gesamte Zeit nahe beisammen. Während ein Partner brütet, steht der andere nur wenige Meter entfernt und ruht sich aus. Die Futtersuche führt ihn für kurze Zeit in die nähere Umgebung. Bei den Mandschurenkranichen hingegen fliegt der abgelöste Vogel nach dem Brutwechsel sogleich weit davon, nachdem er zunächst einigen Abstand zum Nest zu Fuß eingelegt hat.

Störungen durch Kühe und Menschen

Das Bild der Beschaulichkeit rund um die Kranichnester wird allerdings wiederholt gestört. Immer wieder kommen Kühe, manchmal bis zum Bauch im Wasser watend, nahe an die Brutplätze heran. Obwohl die Vögel die Herdentiere dauernd irgendwo in der Umgebung wahrnehmen, werden sie unruhig, sobald sie eine Entfernung von ungefähr 200 Metern zu ihnen unterschreiten. Weiden sie sich auf etwa 100 Meter heran, steht der brütende Kranich auf und verläßt geduckt den Nestbereich. Die Störungen können länger als eine halbe Stunde dauern. Wiederholt halte ich den Atem an, weil die Kühe nur wenige Meter am Gelege vorüberziehen.

Einmal muß ich auf alle Heimlichkeit verzichten und laut losschreien. Ein Reiter, der anscheinend den hell leuchtenden Mandschurenkranich schon von weitem gesehen hat, steuert sein Pferd genau auf dessen Nest zu. Als er absteigt und kurz zu meinem etwa 200 Meter entfernten Zelt blickt, ahne ich schon nichts Gutes. Während ich mein Teleobjektiv auf ihn richte, bückt sich der Hirte, hebt ein Ei auf, legt es wieder hin, schaut noch einmal zum Zelt, ergreift dann kurz entschlossen beide Eier und schickt sich an, sie in die Satteltasche zu stecken. Da rufe ich, so laut ich kann, irgend etwas ihm Unverständliches, das aber seine Wirkung nicht verfehlt: Der Mann legt die Eier zurück und macht, daß er fortkommt. Die Jungfernkraniche, die ihr Nest ebenfalls verlassen haben, kehren fast gleichzeitig mit dem Mandschurenkranich nach einer halben Stunde zu ihrem Gelege zurück.

Am Abend stellen meine beiden Abholer auf dem Weg durch das aus dem Wasser immer höher sprießende Schilf und Gras zwei andere Eiersammler, die bereits mehr als 20 Enteneier in ihrem Beutel haben. Einer wird zur Station mitgenommen und dort festgesetzt, bis sein Begleiter mit 200 Yuan (zehn Yuan pro Ei) kommt, um ihn auszulösen. Dieser Betrag ist höher als zwei Monatslöhne. Den Reitersmann werden sie sich auch noch schnappen, meinen sie, denn sie glauben zu wissen, wer es ist.

Als ich nach einer Woche abreise, habe ich große Bedenken, ob die Kraniche ihre Brut erfolgreich beenden können. Und nicht nur diese, wenn schon in einem derart abgelegenen Gebiet so vielfältige Störungen und Gefahren auftreten. Nur durch geduldige Aufklärung der Bevölkerung, wie sie auch in Xianghai mit Hilfe eines von der Zoologischen Gesellschaft Frankfurt am Main gestifteten Informationsfahrzeuges betrieben wird, und mit gleichzeitiger aufmerksamer Überwachung kann sich die Lage für die Kraniche hier und in allen anderen Schutzgebieten bessern. Dabei ist außerdem wichtig, daß mancher alte Naturschutzbürokrat, der in einem Reservat ein Parteiamt absitzt, von einem jüngeren, im Wildlife-Management geschulten Landsmann abgelöst wird.

Auch außerhalb der Balzzeit unterhalten sich die Paradieskraniche mit gestenreichen Bewegungen, die den weltumspannenden Kranichtanz um einige Figuren und Formen bereichern. Obwohl die südafrikanischen »Stanley-Kraniche« besonders lange, bis zum Boden reichende Schmuckfedern haben, können sie diese verlängerten Armschwingen nicht zu einem so imposanten Busch aufplustern wie die Angehörigen der Gattung »Grus«. Wenn aber der Wind ihnen ins Gefieder bläst, was in den bis über 2000 Meter hoch gelegenen Brutgebieten immer wieder geschieht, wird die Pracht der ganzen Schleppe sichtbar. Ihr und der silbergrau-blauen Gefiederfärbung verdanken die Vögel die verschiedenen Namen. Kranichfedern sind übrigens architektonische Meisterwerke: Auf beiden Seiten ihres Schaftes befinden sich annähernd 1000 Äste, von denen wiederum bis zu 600 000 einzelne Strahlen abzweigen. Kein Wunder also, daß sich die Könige der Zulus gerne mit Federn vom Paradieskranich schmücken.

Sorge um die Abgesandten des Paradieses

Die Jungfernkraniche, von denen im vorausgehenden Kapitel die Rede ist, können in ihren Brutgebieten, auf dem Zug und in den Winterquartieren mit zehn der anderen Kranicharten zusammentreffen; in Afrika mit drei der vier dort lebenden. Nur mit ihrem nächsten Verwandten werden sie nicht in Berührung kommen: Der Paradieskranich ist, abgesehen von einer kleinen isolierten Population nahe der Etoschapfanne in Namibia und einigen erst seit Mitte der achtziger Jahre in Botswana vermuteten Standvögeln, ausschließlich in der Südafrikanischen Republik zu Hause. Auf seinen begrenzten Wanderflügen gerät er allenfalls mal in die Grenzgebiete der nördlichen Nachbarstaaten. Und so weit nach Süden in Afrika ziehen die Jungfernkraniche nicht.

Sähe man beide Arten beisammen, würde man sie zwar nicht gerade miteinander verwechseln, zumal der Paradieskranich mit einer Körperhöhe von 100 bis 120 Zentimetern den Jungfernkranich etwa um ein Viertel überragt, doch träten die Gemeinsamkeiten stärker hervor als beim Betrachten von Bildern. Und manche Übereinstimmung im Verhalten würde geradezu ins Auge stechen.

Das wird mir klar, als ich in den südafrikanischen Drakensbergen einem Paar tagelang aus einem Versteck bei der Brut zusehe; als Gruppen von zehn bis dreißig der blaugrauen Vögel mehrfach vor mir über das weite grasbewachsene Hochland Natals fliegen; als ich sie beim Einbruch der Dunkelheit zu mehr als hundert an einem Staudamm beobachte, wo sie die Nacht verbringen.

Am Nest, auf einer 2100 Meter über dem Meeresspiegel gelegenen, mehrere hundert Hektar großen und nur extensiv genutzten Viehweide in Transvaal, werde ich in vielem an meine Erlebnisse im Xianghai-Reservat erinnert. Nur die Landschaft sieht hier natürlich anders aus. Ich blicke von meinem Ansitz viele Kilometer über ein weites Tal, an dessen südlichem sanftem Hang die beiden Paradieskraniche ihren Brutplatz eingerichtet haben. Das Nest ist so karg wie das der Jungfernkraniche in China: Die beiden dunklen, schön gesprenkelten Eier liegen auf dem blanken Erdboden. Da die Brutzeit zur Dezembermitte, am Ende des südafrikanischen Frühlings, fortgeschritten ist, schmücken ein paar kleine Steine den Sitzplatz. Aus langer Weile sammeln die brütenden Vögel sie von Zeit zu Zeit in Reichweite ihres Schnabels auf und legen sie vor oder neben sich ab.

Die Ablösung der Partner geht bei beiden Arten nahezu identisch vonstatten. Mit leise knurrenden Lauten, mit dem Recken des Halses und dem Sträuben des Halsgefieders wird der Wechsel angekündigt. Auch bei den Paradieskranichen fällt ein besonders inniges Verhältnis der Ehepartner zueinander auf: Der freihabende Vogel steht gerne wenige Meter neben dem brütenden, ordnet sein Gefieder oder steckt den Kopf unter einen Flügel und schläft eine Runde. Zur Nahrungssuche fliegt er allerdings zwischendurch auch ein beträchtliches Stück fort. Auf Störungen durch Vieh reagieren Paradieskraniche und Jungfernkraniche ebenfalls vergleichbar. Kommen Kühe näher als etwa siebzig Meter an das Nest heran, steht der brütende Paradieskranich auf, geht zunächst nur einige Schritte vom Gelege fort, bleibt kurz stehen und macht sich dann, wenn der Störenfried weiterhin auf das Nest zuhält, geduckt davon. Taucht ein Mensch auf, verläßt er bereits, wenn dieser erst auf etwa 500 Meter herangekommen ist, eilends mit eingezogenem Hals seinen durch nichts auffallenden Brutplatz. Nur diejenigen Paradieskraniche, die ihr Nest in nassem Gelände einrichten, tragen eine kleine Unterlage aus Gras- und Schilfhalmen zusammen. Doch im Vergleich zu den großen Anlagen vieler anderer Kranicharten bleiben solche Sumpfnester der Paradieskraniche – wenngleich sie sich dann erheblich von denen der Jungfernkraniche, die immer auf dem Trockenen brüten, unterscheiden – in den Ausmaßen eher dürftig und damit unauffällig.

Der Nationalvogel wird immer seltener

Trotz all seiner Bescheidenheit und Anspruchslosigkeit ist es um die Zukunft des Paradieskranichs nicht rosig bestellt. Südafrikanische Naturschützer und Vogelkundler machen sich zunehmend Sorge um sein Schicksal. Denn im Gegensatz zu seiner allgegenwärtigen Abbildung auf der Fünf-Pence-Münze und auf einer Briefmarke hat er in freier Wildbahn stark abgenommen. Besonders drastisch hat sich der Rückgang in den letzten Jahren beschleunigt. Wurde um 1970 der Bestand der »Blue Cranes« mit über 10 000 als stabil angegeben, so daß auch auf einer internationalen Kranichschutzkonferenz in Indien die Art 1983 noch als »nicht gefährdet« eingestuft werden konnte, ergab indes eine landesweite Zählung in den Jahren 1985 und 1986 nur noch 3800 von ihnen. Ausgenommen bei dieser Bestandserfassung war lediglich das Gebiet der Karoo gewesen. Bei großzügiger Schätzung kommen Fachleute auf einen Gesamtbestand von 5000 bis 6000 Vertretern der Art »Anthropoides paradisea«. Das bedeutet etwa eine Halbierung des

Vorkommens in weniger als zwanzig Jahren.

Dieser Artenschwund, der nach jüngsten Erkenntnissen weiter anhält, löst unter den Menschen nördlich des Kaps der Guten Hoffnung zunehmend Betroffenheit aus, weil er den Wappenvogel der Südafrikanischen Republik betrifft. Er alarmiert darüber hinaus Ornithologen und unter diesen insbesondere Kranichfreunde, weil der Paradieskranich eben nur in Südafrika zu Hause ist. Auch auf ihren jahreszeitlich bedingten Wanderungen ziehen die Vögel fast ausschließlich innerhalb des Landes hin und her. (Gelegentliche Abstecher führen einige nach Lesotho, Swasiland, Namibia und in die Grenzbereiche von Botswana, Simbabwe und Mosambik.) So hängt ihr Überleben einzig von den Schutzmaßnahmen ab, die ihnen hier zuteil werden. Und diese reichen, obwohl die Art – ebenso wie ihre beiden in Südafrika lebenden Verwandten, der Klunkerkranich und der (Südliche) Graue Kronenkranich – laut Gesetz nicht verfolgt werden darf, nach der Ansicht von nationalen und internationalen Naturschutzorganisationen bei weitem nicht aus.

Vernichtung durch Gift und Gewehrkugeln

Die beiden hauptsächlichen Ursachen für die schleichende Ausrottung sind bekannt: In immer größerem Ausmaß wird den schönen Gefiederten von den Menschen der Lebensraum streitig gemacht, und – kaum glaublich, aber wahr – zu Hunderten werden sie Jahr für Jahr von Farmern vergiftet. Zwar richten auch einige andere Kranicharten gelegentlich auf Getreidefeldern einigen Schaden an. Doch keine wird so brutal verfolgt wie die Paradieskraniche in einigen Gegenden Südafrikas. Da sie sich zur Zeit der Aussaat und des Auflaufens von Mais und Weizen besonders gerne auf landwirtschaftlichen Flächen einfinden und dabei mitunter Ansammlungen von mehr als einer Hundertschaft bilden, können böswillige Feldbesitzer sie auf leichte Weise vernichten. In deren Augen sind sie nicht die gefiederten Abgesandten des Paradieses in blau- bis perlgrauer Tracht mit den langen, bis zum Boden reichenden inneren Armschwingen, sondern Schädlinge. Statt sie zu verscheuchen, legen einzelne Landwirte einfach vergiftetes Getreide aus.

So wurden in der Nähe von Harrismith, knapp 300 Kilometer südlich von Johannesburg, auf einen Schlag mehr als 70 Paradieskraniche vergiftet. Eine ähnliche Zahl von Paradies- und Kronenkranichen kam innerhalb weniger Tage in der Transkei qualvoll ums Leben. Darüber hinaus werden immer wieder Einzelfälle bekannt, doch viele Kraniche sterben ungesehen durch Gift oder Gewehrkugeln und werden heimlich beseitigt. Behörden, private Naturschutzorganisationen wie die Wildlife Society, der Endangered Wildlife Trust, die Southern African Nature Foundation (WWF), die Südafrikanische Ornithologische Gesellschaft (die den Paradieskranich als ihr Emblem führt), regionale Vogelschutzvereinigungen in den Provinzen und Privatpersonen schlagen zwar immer wieder Alarm, auch wird manche Untersuchung in Gang gesetzt, doch fehlt es fast immer an den für eine Bestrafung notwendigen Beweisen.

Da tröstet es wenig, daß etliche Farmer den Kranichen wohlgesonnen sind und sie auf ihren Feldern gewähren lassen. Sie wissen, daß sich die Vögel nur wenige Wochen als »Erntehelfer« betätigen und der von ihnen angerichtete Schaden sich in Grenzen hält. Mit privaten, aber auch mit vielen amtlichen Naturschützern sind sie der Meinung, daß in besonderen Fällen der Staat Schadensersatz leisten sollte, wie es in anderen Ländern geschieht. Eine andere Möglichkeit, die drohende Vernichtung der Paradieskraniche zu verhindern, sehen die in Südafrika zahlreich vertretenen Vogelfreunde in der Anpachtung von Feldern und in der Ausweisung von besonderen Schutzgebieten, in denen den Vögeln für sie angelegte Äsungsflächen angeboten werden. Auch solche »Ablenkungsfütterungen« werden andernorts erfolgreich mit Kranichen und anderen Arten praktiziert. Zwar werde in dem mit einer reichen Avifauna gesegneten Land erfreulich viel für das Großwild getan, doch der Vogelschutz und insbesondere Maßnahmen für den »national bird« kämen immer noch zu kurz, heißt es immer wieder.

Ausgewiesene Schutzgebiete alleine helfen den Paradieskranichen nicht

In der Einrichtung von großräumigen Reservaten, in denen eine schonende landwirtschaftliche Nutzung nicht ausgeschlossen sein muß, sehen die Befürworter eines intensiveren Kranichschutzes auch die beste Möglichkeit, der zweiten Gefahr für die Vögel mit dem weittragenden heiseren Ruf wirksam zu begegnen: Durch die Umwandlung von Weideland in Acker und damit einhergehender intensiver Bearbeitung sind gerade in der jüngeren Vergangenheit viele der von den Paradieskranichen zur Brut bevorzugten Biotope verlorengegangen. Die meiste Zeit des Jahres halten sich die »Blauen« auf den zwischen 1000 und 2500 Meter hoch gelegenen, nur von Gras bewachsenen und mit Steinen bedeckten Flächen von Natal, Transvaal, der Kapprovinz und des Oranje-Freistaates auf.

Die Behörden von Transvaal haben im Gebiet des Steenkampsbergs zwischen Belfast und Lydenburg 1985 ein bemerkenswertes Beispiel gegeben. Sie kauften von etwa 20 (weißen) Viehfarmern 6000 Hektar zusammenhängende Landfläche auf, teilweise im Austausch, teilweise mit erheblichem Druck von seiten der Regierung, und richteten das Naturschutzgebiet »Verloren Vallei« ein. Das größtenteils über 2000 Me-

Auf dem Bild sind die beiden Eier deutlich zu erkennen, in der Landschaft unter freiem Himmel ist es jedoch ganz anders. Auf die großartige Tarnung vertrauen die Paradieskraniche denn auch am stärksten, wenn sie ihren Brutplatz ohne viele Umstände auf den grasbewachsenen Höhen der südafrikanischen Drakensberge einrichten. Die Nistmulde bildet sich im Verlauf der 30tägigen Brutzeit; darüber hinaus gibt es kaum eine Ausstattung. So kommt es, daß der Wanderer fünf Meter entfernt vorbeigeht, ohne das Gelege zu entdecken. Selbst wenn er den brütenden Vogel beim Fortschleichen gesehen hat, wird er es nur mit Schwierigkeiten finden und muß aufpassen, nicht darauf zu treten. Nicht alle Paradieskraniche brüten so exponiert und auf dem Trockenen. Die beiden Angehörigen einer kleinen isolierten Population im Norden Namibias haben sich in einem Sumpf des Etoscha Nationalparks eingerichtet. Zwei wenige Tage alte Küken verbergen sich im hohen Bewuchs (rechts unten). Wenn sie flügge sind, schließt sich die Familie mit anderen Eltern zusammen, um durchs Land zu ziehen. In Natal halten sie sich gerne auf den ausgedehnten Viehweiden des Hochlandes auf (rechts oben).

ter hoch gelegene Gelände darf von einigen Viehhaltern noch extensiv genutzt werden, wobei die Naturschutzbehörde darauf achtet, daß der Auftrieb von Rindern so gering bleibt, daß Flora und Fauna nicht darunter leiden. Andererseits sorgt eine mäßige Beweidung durch die schwarzen Kühe der Drakensberge dafür, daß sich die Vegetation im Vergleich zu den vergangenen Jahrzehnten nicht allzu schnell verändert und damit vor allem den Paradieskranichen, die neben Klunkerkranichen und Riesentrappen von der Ausweisung als Schutzgebiet besonders profitieren, die geeignete Umgebung erhalten bleibt.

Warwick Tarboton, der sich in der Provinz Transvaal als Naturschutzbeamter besonders mit dem Schicksal der drei hier lebenden Kranicharten beschäftigt und entscheidenden Anteil an den langen Vorarbeiten für das Schutzgebiet im »Berg« hat, beurteilt die Zukunft der langbeinigen Vögel in seiner Heimat dennoch wenig optimistisch. Solange nicht die Vergiftung und der Abschuß von Kranichen vollständig unterbunden werden, können wenige Menschen die Bemühungen vieler anderer zunichte machen. Neben einer intensiven Aufklärungsarbeit halten er und seine Kollegen von der Transvaal Nature Conservation Division ebenso wie vom Natal Parks, Game and Fish Preservation Board mehr staatliches Engagement für notwendig.

Daß gerade die Paradieskraniche eher anspruchslos sind und bei einem richtigen »Wildlife Management« langfristig in ihrem Bestand wieder an vergangene Zeiten anschließen können, zeigen die vielen in Gefangenschaft gehaltenen Vögel, die sich dort auch ohne große Schwierigkeiten vermehren. Während seiner lebenslangen Ehe, die länger als 20 Jahre dauern kann, sorgt ein Paar in jeder Brutsaison, sofern es denn erfolgreich ist, durchschnittlich für 1,6 Nachkommen. Im Freiland spielt für die Aufzucht des Nachwuchses neben dem in den Bergen recht wechselhaften Wetter mit sommerlichen Kälteeinbrüchen die Ernährungslage eine entscheidende Rolle. In ihren ersten Lebensjahren brauchen die jungen Kraniche Insekten aller Art. Ein entsprechend reiches Angebot weisen nur die unbewirtschafteten oder zurückhaltend genutzten Flächen auf. In derartigen Gebieten haben die Vögel auch die besten Aussichten, ihr Gelege 30 bis 33 Tage lang ungestört zu bebrüten. Wo zuviel Vieh über die Weiden läuft, müssen sie zu häufig eine Zwangspause einlegen. Geschieht das immer wieder, gibt manches Paar sogar das Nest ganz auf. Hin und wieder wird auch ein Gelege von einem Rind zertreten. Gegen manchen natürlichen Feind, etwa einen Schakal oder einen Greifvogel, setzen sich Paradieskraniche erfolgreich zur Wehr.

Seit jeher ein eng begrenztes Verbreitungsgebiet?

Sind die Jungen im Alter von gut drei Monaten – und damit etwa einen Monat später als junge Jungfernkraniche – flügge, schließen sich die Familien zu größeren Verbänden zusammen. Dann lassen sich Gruppen von mehreren Dutzend Vögeln bisweilen auch hoch in der Luft beobachten, wenn sie über größere Entfernungen hinweg ihren Aufenthaltsort verlegen. Ausgewachsene Vögel verschmähen zwar auch Insekten und Kleingetier nicht, halten sich aber verstärkt an Vegetarisches. Im Gegensatz zu anderen Kranicharten, die ihre Nahrung teilweise mit dem Schnabel aus dem Boden ausgraben oder unter Wasser zusammensuchen, lesen die Paradieskraniche das meiste von der Oberfläche auf. Da kann es auch schon geschehen, daß sie kurzerhand junge Pflanzen mit ausziehen.

Kaum eine andere Art aus der überschaubaren Familie der Kraniche ist auf einen derartig kleinen Teil der Erde beschränkt wie die südafrikanischen Paradieskraniche. Das scheint, bedingt durch die besonderen Lebensansprüche, schon seit jeher so gewesen zu sein, denn keine Funde deuten darauf hin, daß die Art in früherer Zeit einmal sehr viel weiter verbreitet war. Gerade wegen der Beschränkung in ihrem Vorkommen fordern zunehmend auch internationale Organisationen, allen voran die International Crane Foundation, die Regierung in Pretoria auf, wirkungsvolle Schutzmaßnahmen für die lebenden Vertreter ihres Nationalvogels durchzusetzen. Anderenfalls kann überraschend schnell der Zeitpunkt gekommen sein, zu dem es eine überlebensfähige Population von Paradieskranichen nicht mehr gibt. Die besorgniserregende Abnahme von Brutpaaren in traditionellen Nistrevieren, wie sie seit einigen Jahren in Natal und Transvaal, zwei früheren »Hochburgen« der Blauen Kraniche, beobachtet wird, ist alarmierend genug.

Gekrönte Häupter Afrikas

Eine einzelne prächtig bunte Blume ragt im Schilf bis fast zu den oberen Spitzen der Halme empor. Doch sie wiegt sich nicht wie die übrigen Pflanzen im Wind sachte hin und her. Gelb, schwarz, weiß, rot, hellblau und grau: Das herrliche Gewächs steht ganz still. Gerade wollen wir es mit dem Fernglas genauer betrachten, da ist es plötzlich verschwunden. Sekunden später leuchtet es erneut aus dem grünen Meer der Blätter und Stengel – ein schöner, aber bewegungsloser Farbfleck. Das bunte Auf und Ab wiederholt sich einige Male. Auch der Feldstecher gibt keine restlose Aufklärung. Die Entfernung ist noch zu groß. Erst ein merkwürdiger Ruf bestätigt die Ahnung. »Honk, honk« klingt es tief und fremdartig aus dem Sumpf vor uns. Dann bewegt sich die »Blume«. Kurz darauf taucht eine zweite auf, nur wenige Meter entfernt. Auch sie verschwindet ruckartig wieder.

Nachdem wir uns der feuchten Senke vorsichtig auf knapp hundert Schritte genähert haben, bestätigt ein erneuter Blick durchs Fernglas die Vermutung. Hier schauen zwei Kronenkraniche aus der Deckung ihres Nistreviers. Ihre Köpfe gleichen tatsächlich farbenprächtigen Blumen: Die goldgelbe Krone aus steifen Federn; die schwarze gewölbte Stirn, ähnlich einer Samtkappe; der große weiße Wangenfleck; die dunkle Einfassung der hellen Wangen; der rote Kehllappen; die hellblaue Iris (Regenbogenhaut) und die dunkle Pupille des Auges; und schließlich der graue glänzende Schnabel geben einen Schmuck ab, mit dem die übrigen Kranicharten in dieser Fülle nicht aufwarten können.

Unsere Gastgeber haben uns also nicht zuviel versprochen. Nur einige hundert Meter von ihrem Farmhaus im südafrikanischen Transvaal entfernt hat ein Paar Kronenkraniche seinen Nistplatz. Seit mehr als zehn Jahren schon brütet es hier in der feuchten Talniederung, und der »vlei« wird ihnen zuliebe ständig unter Wasser gehalten. Jetzt, Mitte Januar, haben die beiden Altvögel Küken. Sie sind vor etwa einer Woche geschlüpft, und da halten die Eltern sie noch gut versteckt. Erst einige Tage später gelingt uns ein flüchtiger Blick auf die beiden braunen Dunenkinder, als sie sich unter der Leitung der beiden aufmerksam nach allen Seiten sichernden Alten durchs hohe Gras vor dem Schilfwald mühen. Immer wieder senken die erwachsenen Kraniche ihre Köpfe zu den Küken hinab, picken etwas aus den Gräsern und halten ihnen mit der Schnabelspitze irgendeinen kleinen Bissen vor. So erklärt sich auch das Auf und Ab der Köpfe im Schilf. Sobald die Vögel irgendeine Gefahr für ihren Nachwuchs befürchten, führen sie ihn sofort zurück ins Wasser, wo sich die Kleinen schwimmend fortbewegen. Wird es ganz ernst, verstecken sich die Küken und verharren regungslos, bis die Luft wieder rein ist. Die Altvögel versuchen währenddessen, die Störenfriede oder Räuber, Tiere oder Menschen, fortzulocken. Dabei wenden sie recht geschickt die Tricks des Verleitens an: Sie tun so, als könnten sie nicht gut laufen und erst recht nicht fliegen, lenken so die Aufmerksamkeit des Eindringlings auf sich und locken ihn schließlich vom Aufenthaltsort der Jungen fort.

Bei diesem Manöver behalten sie den Feind gut im Auge, laufen also mit halb umgedrehtem Kopf vor dem Verfolger her, um immer den richtigen Abstand zu ihm zu wahren. Von Zeit zu Zeit erhöhen sie die Dramatik des Geschehens durch einige ihrer dumpfen Rufe, die so ganz anders als die der übrigen Kranicharten klingen. Die merkwürdigen Lautäußerungen, die entfernt an die von Kanadagänsen erinnern, aber auch von einem Säugetier stammen könnten, haben den Kronenkranichen in Afrika viele besondere Namen eingetragen. So heißen sie auf afrikaans »Ma-hem«, in der Sprache der Xhosa »I-hem« und bei den Zulus »U-Nohemu«.

Zwei Arten mit vielen Namen

Es gibt viele Namen für den Kronenkranich in Afrika, denn er ist dort in zwei Arten mit jeweils zwei Unterarten weit verbreitet. Für immer weitere Landstriche muß es seit gut zwanzig Jahren freilich heißen: Er war weit verbreitet. Bedauerlicherweise gilt das für den Schwarzen Kronenkranich (Balearica pavonina), auch Schwarznacken-Kronenkranich oder Dunkler Kronenkranich genannt, mit seinen beiden Unterarten: Westafrikanischer Kronenkranich (Balearica pavonina pavonina) und Ostafrikanischer oder Sudanesischer Kronenkranich (Balearica pavonina ceciliae) ebenso wie für den Grauen Kronenkranich (Balearica regulorum) mit seinen beiden Unterarten: Südlicher Grauer Kronenkranich (Balearica regulorum regulorum) und Östlicher Grauer Kronenkranich (Balearica regulorum gibbericeps).

Die Namensvielfalt ist also nicht auf Afrika beschränkt, wiewohl sie dort infolge der vielen Stammessprachen ungleich bunter ist. Gemeint ist immer *der* Kronenkranich. Bis vor einigen Jahren war das auch bei uns einfacher: Als die Kronenkraniche noch in einer Art zusammengefaßt wurden, waren sie in vier Unterarten – den Westlichen, den Nördlichen, den Östlichen und den Südlichen Kronenkranich – eingeteilt.

Die beiden Kronenkrancharten unterscheiden sich von ihren Verwandten nicht nur im Aussehen. Als einzige der Familie baumen sie auf, das heißt, sie landen im Geäst von Bäumen und Sträuchern und verbringen hier besonders gerne die Nacht. Gelegentlich brüten sie sogar in luftiger Höhe, doch das ist erst einige Male beobachtet worden. Niemand weiß, ob diese Bruten erfolgreich verlaufen. Eine weitere Besonderheit neben verschiedenen abweichenden Körpermerkmalen: Kronenkraniche legen meistens drei, mitunter sogar vier oder fünf Eier. Die sind nicht, wie bei den anderen Arten, gesprenkelt, sondern anfangs schneeweiß. Während der gut vierwöchigen Brutzeit werden sie zunehmend grau. Auch ihre eigentümlich dumpfen Rufe weisen auf eine von den anderen Kranichen abweichende Entwicklung hin. Kronenkraniche gelten als die stammesgeschichtlich ältesten in ihrer Sippe, die schon seit etwa 60 Millionen Jahren die Erde bewohnt. Der Südliche Graue Kronenkranich auf dem Foto ist eine der vier heute noch lebenden Unterarten und kommt im südlichen Afrika vor.

Aufgrund neuer Erkenntnisse wurden die Südliche und die Östliche »Unterart« abgetrennt und in den Stand einer eigenen Art erhoben: Balearica regulorum, der Graue Kronenkranich, war geboren. Die ursprünglich namengebende Art »pavonina« wurde in zwei Unterarten aufgeteilt. Wenngleich sich diese neue Zuordnung noch nicht überall durchgesetzt hat, findet sie überwiegende Anerkennung. Das Zurechtfinden in der gekrönten Sippe ist dadurch nicht eben einfacher geworden.

Neben den Ergebnissen blutserologischer Untersuchungen, die für eine Artentrennung sprechen, gibt es auch äußerliche Merkmale, die auf Unterschiede hinweisen. Außer dem mehr oder weniger intensiven Schwarz und Grau des Hauptgefieders fallen die voneinander abweichende Zeichnung der Wangen und die verschieden große Ausformung der Kehllappen auf. Einen deutlichen Hinweis darauf, daß die Schwarzen und die Grauen Kronenkraniche entfernter miteinander verwandt sind, als ihr Aussehen vermuten läßt, haben die Verhaltensforscher aus ihren Rufen herausgehört: Insbesondere der Doppelruf (unison call), mit dem sich ein Paar verständigt, ist bei beiden Arten ganz anders. Auf die Folgen der geänderten wissenschaftlichen Einteilung bei den Kronenkranichen für die gesamte Familie ist im Kapitel »Fünfzehn Arten in fünf Erdteilen« eingegangen worden.

Der Westafrikanische Kronenkranich wird immer seltener

Zwar sind die Kronenkraniche unter den in Afrika brütenden Kranicharten mit jeder Unterart für sich genommen am zahlreichsten vertreten, doch haben sich ihre einstmals großen Scharen seit den sechziger Jahren immer schneller verkleinert. Ganz besonders trifft das auf den Westafrikanischen Kronenkranich zu. Sein ursprüngliches Verbreitungsgebiet erstreckt sich über alle westafrikanischen Staaten südlich der Sahara vom Atlantischen Ozean bis zum Tschad und in die Zentralafrikanische Republik. Im Süden reicht es in den Kongo hinein. Dicht besiedelt waren einst Nigeria und der Tschad mit jeweils mehreren 10 000 Vögeln. In Nigeria gilt der Kronenkranich inzwischen als ausgerottet, abgesehen von wenigen hundert vorübergehend über die Grenzen zufliegenden, vielleicht auch von dem einen oder anderen noch versteckt lebenden Brutpaar. In Kamerun, wo noch Mitte der siebziger Jahre mehr als 10 000 einige Monate im Norden im Gebiet des Waza-Nationalparks zubrachten, wird ihre Zahl auf höchstens 2000 geschätzt. Doch wurde hier Mitte der siebziger Jahre ihre Zahl allein im inneren Niger-Delta noch auf etwa 50 000 veranschlagt. Am besten sieht es in Mali aus, wo 6000 bis 7000 leben sollen. Insgesamt ist die Bilanz für den Westafrikanischen Kronenkranich erschütternd: Von den ehemals mehreren hunderttausend Angehörigen sind 15 000 bis 20 000 übriggeblieben.

Die Aussichten, daß sich wenigstens dieser Bestand halten wird, sind nicht gut. Denn Afrika entwickelt sich weiter zuungunsten der Kraniche (wie der gesamten freilebenden Tierwelt schlechthin). Die im Nordosten lebende Unterart des Schwarzen Kronenkranichs, der Ostafrikanische oder Sudanesische Kronenkranich, ist zwar mit etwa 50 000 bis 70 000 Vögeln noch etwas besser dran als sein westlicher Verwandter, doch auch sein Bestand schrumpft fortlaufend. Das größte Vorkommen gibt es im Sudan; im westlichen Äthiopien wird es auf wenige tausend geschätzt; im Norden Kenias treffen die Östlichen Schwarzen Kronenkraniche mit den Östlichen Grauen Kronenkranichen zusammen, was auch im nördlichen Uganda möglich ist.

Die beiden ostafrikanischen Staaten sind die weitaus stärkste Basis für den Grauen Kronenkranich. Nach den Angaben in einem »Crane Action Plan« für Afrika von 1988 bis 1992, den Emil K. Urban und Nathan Gichuki für die Internationale Naturschutz-Union (International Union for Conservation of Nature and Natural Resources = IUCN) aufgestellt haben, leben im mittleren und südlichen Uganda sowie im mittleren und südwestlichen Kenia jeweils etwa 35 000 Östliche Graue Kronenkraniche. In Tansania, in Zaire und im nördlichen Sambia gibt es ebenfalls mehrere tausend, in Ruanda und Burundi kommen einige hundert vor, im nördlichen Mosambik ebenfalls.

Die Grenzen zwischen der Östlichen und der Südlichen Unterart des Grauen Kranichs sind fließend; letztere brüten in Simbabwe, im südwestlichen Mosambik, im Süden Angolas, im Norden Namibias, in einigen kleinen Gebieten Botswanas, in Malawi und im östlichen Südafrika. Der Bestand in Südafrika wird mit 2000 bis 3000 Vögeln angegeben; insgesamt bleibt die Zahl des Südlichen Grauen Kronenkranichs mit 10 000 bis 20 000 weit hinter der des Östlichen Grauen Kronenkranichs zurück, der es noch auf etwa 80 000 bringt. Obwohl solche Zahlenangaben nie auf echten Bestandserfassungen fußen können, ergibt eine Gesamteinschätzung der Population des Grauen Kronenkranichs etwa 100 000 Vögel. In einem nicht geringen Ausmaß leidet auch die Kranichbevölkerung in mehreren Staaten unter den mannigfachen Bürgerkriegen und ist dadurch zusätzlichem Druck ausgesetzt. Ganz abgesehen von der Unmöglichkeit, unter Kriegsbedingungen Zählungen durchzuführen oder Schutzmaßnahmen in Gang zu setzen.

Sorgten sich alle Menschen so sehr um ihr Wohlergehen wie der Farmer ins Transvaal, in dessen wasserreichem, verschilftem Tal wir tagelang die vierköpfige Vogelfamilie beobachten, ginge es den Kronenkranichen in ganz Afrika besser. Denn: So gut sie in der meisten Zeit des Jahres auf trockenem Gelände zurechtkommen, sosehr sind die zwischen 95 und 110 Zentimeter großen »Königskraniche« wie die meisten ihrer Verwandten für die Brut auf sumpfiges Gelände angewiesen. Dort, wo das Schilf am höchsten ist, trampeln die Tiere auf mehreren Quadratmetern die Pflanzen platt und tragen im knie- bis hüfttiefen Wasser einen 30 bis 40 Zentimeter über die Wasseroberfläche ragenden Haufen aus Halmen zusammen. Bis zu eineinhalb Meter mißt das in der Mitte zu einer sanften Mulde ausgesessene Nest im Durchmesser. Da die Vögel, die sich beim Brüten ablösen, immer einige Dutzend Meter vom Nest entfernt landen und die letzte Strecke – aus Gründen der Tarnung – zu Fuß zurücklegen, entstehen während der vierwöchigen Brutzeit ein oder zwei kleine Pfade durchs Schilf. Mehr nicht, denn die Kronenkraniche landen immer genau auf denselben Plätzen, allein schon, um nicht zu viele Schneisen in die schützende Vegetation zu treten.

Auch darin unterscheiden sich die Kronenkraniche nicht von den übrigen Familienangehörigen: Zur Brutzeit beansprucht jedes Paar einige Hektar ausschließlich für sich und duldet in diesem Nestbezirk keine Artgenossen (wohl aber gelegentlich den Klunkerkranich, dem die Kronenkraniche gegebenenfalls weichen). Daher muß ein Sumpf schon recht groß sein, um mehreren Kronenkranichpaaren ausreichend Platz zum Einrichten ihres jeweiligen Brutreviers zu bieten. Und daran scheitern in den meisten Teilen Afrikas immer mehr der schönen Vögel.

Trockenlegung und Staudämme vernichten Feuchtbiotope

Zur Zeit werden in allen Staaten die großen Sumpf- und Überschwemmungsgebiete in Angriff genommen: Durch Trockenlegung und den Bau von Staudämmen zur Wasserregulierung und Energiegewinnung gehen Flächen unvorstellbaren Ausmaßes als Feuchtbiotope und damit als Lebensraum für zahllose Arten, unter ihnen die Kronen- und Klunkerkraniche, verloren. Die Tiefebenen und Deltas des Senegals, des Nigers, des Schari mit seinem Mündungsgebiet am Tschad-See, mehrere Flußsysteme in Nigeria, der Sudd im Süden des Sudans westlich vom Weißen Nil, die Sümpfe und Überflutungsgebiete des Kafue und des Bangweulu-Sees in Sambia, das Okavango-Delta und die gelegentlich vom Boteti-Fluß unter Wasser gesetzte Makgadikgadi-Ebene in Botswana – das sind nur einige der Gebiete, die schon für sich allein mehr als drei Millionen Quadratkilometer Lebensraum für Kronenkraniche und viele, viele – zum Teil nur in diesen Gebieten vorkommende – Tier- und Pflanzenarten darstellen.

Ungezählt indes bleiben Abertausende kleinerer Sümpfe, Moore, Überschwemmungsflächen von Flüssen und Seen, die Jahr für Jahr der landwirtschaftlichen Nutzbarmachung zum Opfer fallen. Die Bevölkerung nahezu aller afrikanischen Staaten wächst bedrohlich schnell, und der Druck der Menschen auf die bisher nicht oder nur gering genutzten Flächen wird immer stärker. Hinzu kommt, daß sich die vom Menschen verursachte Austrocknung des Kontinents fortsetzt: Es gibt nicht nur immer weniger natürliche Feuchtgebiete, sondern immer mehr einstmals fruchtbares Land wird zu Wüste und Steppe. Wenn auch die afrikanischen Kraniche nicht im Wald leben, so hat der hemmungslose Ausverkauf der tropischen Urwälder Westafrikas dennoch Folgen für sie. Durch die Klimaveränderung und den ausbleibenden Regen trocknen selbst weit entfernt von den ehemals »grünen Lungen« Feuchtgebiete aus.

Auch bei den Kronenkranichen ist eine zunehmende Überalterung der Populationen zu befürchten. Konnten sie früher einige aufeinanderfolgende Jahre mit schlechtem Bruterfolg, oftmals durch natürliche Trockenperioden hervorgerufen, in regenreichen Jahren wieder ausgleichen, stehen nunmehr in den meisten Gebieten ihrer geographischen Verbreitung nicht mehr genügend Brutbiotope zur Verfügung. So sterben allein schon auf natürliche Weise in Zukunft mehr alte Kraniche, als junge nachwachsen.

Für die »Pfauenkraniche« (so wurden die Kronenkraniche früher wegen ihrer Kopfverzierung häufig genannt) kommt eine ganz besondere Form der Dezimierung hinzu, die für keine der anderen Arten eine derartig einschneidende Bedeutung hat. Wegen ihres attraktiven Aussehens werden sie gerne von Menschen als Ziervögel gehalten, und das nicht nur in Afrika, wo sie seit jeher Dörfer und Einzelsiedlungen beleben. Weltweit schmücken Zoologische Gärten und private Vogelhalter ihre Gehege und Volieren mit Kronenkranichen. Es gibt nur wenige Zoos, die auf sie verzichten. Und fast immer laufen gleich mehrere, nicht selten mehr als ein Dutzend umher. Zwar wird mancher Kronenkranich inzwischen auch in Gefangenschaft gezüchtet, doch viele kommen – trotz anderslautender Beteuerungen von interessierten Kreisen – immer noch unmittelbar oder mittelbar aus der freien Wildbahn.

Die Einheimischen nehmen die Nester aus

Bezeichnend ist das Schicksal von fünf Kronenkranichpaaren, die 1986 im Rahmen einer Feldstudie im östlichen Uganda genau beobachtet wurden. Der Kronenkranich ist der Nationalvogel Ugandas (wie er auch das Wappentier der Transkei in Südafrika ist). Aber nicht deshalb wurden alle Nester von Einheimischen ausgenommen. Der Verkauf handzahm aufgezogener

Kronenkraniche machen trotz aller Unterschiede zu den anderen Arten darin keine Ausnahme: Außerhalb der Brutzeit schließen sie sich zu großen Gesellschaften von mitunter mehr als 100 Mitgliedern zusammen und suchen gerne die Buschsavannen von Nationalparks auf, wo sie – mit den Füßen auf den Boden stampfend – Jagd auf Insekten machen und mit dem Schnabel Samen von den Gräsern streifen. Die Fotos auf der linken Seite zeigen eine Gruppe Südlicher Grauer Kronenkraniche in Simbabwes Hwange Nationalpark (früher Wankie Nationalpark). Ihr attraktives Aussehen hat die Kronenkraniche schon früh zu beliebten Zoo- und Gehegetieren werden lassen. In Afrika halten die Eingeborenen sie gerne in ihren Dörfern. Das hat viele der Vögel die Freiheit und noch mehr von ihnen das Leben gekostet. Vor allem der Bestand des Dunklen Kronenkranichs (links) ist stark rückläufig. Viele Zoos züchten heute Kronenkraniche (oben: ein grauer Kronenkranich mit einem knapp einwöchigen Küken) und sorgen so für den weiteren Abbau des – überwiegend illegalen – Handels mit Wildfängen. (Das obere Foto entstand im Frankfurter Zoo, das linke im Münchner Tierpark Hellabrunn. Auf den Bildern ist der bei beiden Arten unterschiedliche Wangen- und Kehlschmuck gut zu erkennen.)

Kronenkraniche verspricht vielmehr Geld. Aus mindestens drei Nestern verschwanden die Küken, die alle später infolge falscher Behandlung und ungenügender Fürsorge eingingen. Paul Gumonye-Mafabi und Derek Pomery, die über ihre deprimierenden Erkenntnisse in der im August 1988 erschienenen zweiten Ausgabe des Mitteilungsblattes »Crowned Crane« der Afrikanischen Kranich-Arbeitsgruppe berichten, mußten miterleben, daß auch der Versuch einiger Paare, eine zweite Brut aufzuziehen, scheiterte. Im nördlichen Teil ihres rund 400 Quadratkilometer großen Untersuchungsgebietes flogen ganze drei Junge von 15 bis 20 Paaren aus. Dabei ist zu berücksichtigen, daß Kronenkraniche – im Gegensatz zu allen anderen Arten – oft drei (weiße) Eier legen und in der Regel pro Jahr zwei Junge aufziehen.

Trotz so hoher Ausfälle wurden allein aus Uganda in den ersten neun Monaten des Jahres 1986 mindestens 400 Kronenkraniche exportiert; 1979 wurden aus Kenia 445 der Vögel legal ausgeführt, von denen 147 in die Niederlande, 130 nach Japan und 130 in die Vereinigten Staaten gingen. Legt man eine Verlustrate von nur eins zu fünf zugrunde (ein noch ungünstigeres Verhältnis wäre wahrscheinlich angemessener), wird ein unverantwortlicher und durch nichts auszugleichender Raubbau deutlich. Wenngleich in einigen afrikanischen Staaten gesetzliche Vorschriften verbessert wurden, wenngleich immer mehr von ihnen internationalen Naturschutzabkommen beitreten, bleibt der Aderlaß vieler Tierarten und unter ihnen der Kronenkraniche schon wegen ungenügender Kontrollen auf lange Sicht groß. Zu groß für die noch existierenden Bestände.

Hinzu kommt in manchen Ländern die Jagd. In Zaire beispielsweise wird das Fleisch der Kronenkraniche gerne von Menschen gegessen; bei manchen Stämmen gelten bestimmte Körperteile als wichtige Heilmittel der Medizinmänner. Selbst dort, wo die bunten Gefiederten nicht gezielt verfolgt werden, bleibt der Brutversuch so manchen Paares erfolglos, weil ihnen Papyrus- und Schilfschneider die Deckung rauben oder weil jenen, die aus Mangel an einem natürlichen Feuchtgebiet ihr Nest in einem Reisfeld anlegen, plötzlich die Erntearbeiter alles zunichte machen. Häufig genug nützt es den Vögeln also nichts mehr, daß sie zur Regenzeit oder in Perioden hoher Wasserstände – überwiegend zwischen November und Februar – mit der Brut beginnen. Der Mensch kümmert sich immer weniger um solche natürlichen Schutzbarrieren.

Ob die wenigen Kronenkraniche, die auf einem Nest in einer Baumkrone beobachtet wurden, erfolgreicher brüten, muß bezweifelt werden. Die Jungen, die als Nestflüchter kurz nach dem Schlüpfen im Gefolge der Eltern ihre Kinderwiege verlassen, landen dank ihres geringen Gewichts vielleicht noch unbeschadet auf dem Erdboden. Doch wenn in der Nähe des Nistbaumes kein Wasser ist, haben sie sicher schlechte Aussichten, die ersten Wochen ihres Lebens zu überstehen. (Vom Nahrungsangebot hängt es ab, wie schnell die jungen Kronenkraniche flügge werden; es kann gut zwei, es kann aber auch dreieinhalb Monate dauern.) Immer wieder wird einmal von einer Baumbrut berichtet, doch nirgendwo darüber, ob ein derartig ausgefallener Nistplatz auch zum Erfolg führt.

Nachtruhe in Baumkronen oder auf Masten

Öfter als zum Brüten fliegen die Kronenkraniche zum Übernachten in die Bäume. Wie in vielem anderen unterscheiden sie sich auch hierin von allen anderen Kranichen. In manchen Gegenden baumen sie regelmäßig bei Einbruch der Dunkelheit auf. In Südafrika beziehen sie dazu sogar die Masten elektrischer Überlandleitungen. So können sie weit enfernt von Gewässern in der Steppe sicher vor Bodenfeinden die Nacht verbringen. Außerhalb der Brutzeit halten sich die Vögel nämlich wochenlang in mitunter großen Verbänden in Trockengebieten auf. Dort kann man sie gelegentlich in der Gesellschaft von Antilopen, Zebras, Nashörnern und von Weidevieh sehen, wie sie auf der Suche nach vegetarischer und tierischer Kost. Mit den Schnäbeln streifen sie Samen von den Gräsern ab und sammeln Körner vom Boden auf. Zur Jagd auf Insekten und kleine Kriechtiere bedienen sie sich einer Methode, mit der auch die Sekretärvögel zum Erfolg kommen: Sie stampfen mit ihren Füßen mehrfach auf den Boden und veranlassen so die Beutetiere dazu, ihre Deckung zu verlassen.

In Südafrika, wo sich mit etwas Glück in einigen Gegenden Natals und Transvaals Kronenkraniche gleichzeitig mit Paradieskranichen und Klunkerkranichen beobachten lassen, werden auch die Kronenkraniche immer wieder Opfer von heimtückischen Giftanschlägen einiger Farmer. Das kann einzelne Vögel treffen, die als Brutvögel zur Nahrungssuche auf die um ihren Nistsumpf herumliegenden Felder fliegen, wenn sie eine Freischicht haben; das kann ebenso mehrere Dutzend Angehörige eines größeren Flugverbandes treffen, der auf einem frisch eingesäten Acker einen gut gedeckten Tisch vermutet.

Aber auch die schleichende Vergiftung durch Insektenvertilgungsmittel bringt Verluste unter den Kranichen. Großflächige Sprühaktionen, wie sie im Sudan und in anderen Staaten mit der Hilfe aus entwicklungsfördernden Staaten, insbesondere aus der Europäischen Gemeinschaft, durchgeführt werden, bleiben nicht ohne Auswirkungen. Mit den Kronenkranichen trifft es die »primitivsten«, weil ursprünglichsten Vertreter der Familie, in den Augen vieler Vogelfreunde auch die »schönsten«.

Klunkerkraniche, Vieh oder Strom?

Was einstmals die große Stärke des Klunkerkranichs war und ihm in mancherlei Beziehung erhebliche Vorteile gegenüber den anderen Familienangehörigen brachte, verkehrt sich zunehmend in sein Gegenteil. Klunkerkraniche, die größten ihrer Sippe in Afrika und neben den asiatischen Saruskranichen die längsten überhaupt, sind nämlich sehr heimattreu: Sie gelten als »territoriale« Vögel. Doch die enge Bindung ans einmal gewählte Revier, in vielen Regionen das ganze Jahr hindurch, macht sie sehr abhängig und anfällig. Zu einer Zeit, in der sich die afrikanische Landschaft mit einer zuvor nie dagewesenen Geschwindigkeit und Radikalität verändert, muß das katastrophale Folgen für die Vögel haben. So ist es denn auch nicht verwunderlich, daß der Klunkerkranich in die Gruppe der sieben am stärksten bedrohten Kranicharten geraten ist. In Afrika war er unter den dort beheimateten (endemischen) Arten bislang der einzige, dem diese zweifelhafte Auszeichnung zukam. In den letzten Jahren hat ihm wahrscheinlich der Paradieskranich innerhalb kürzester Zeit diese beklagenswerte Spitzenposition abgenommen. (Siehe dazu das Kapitel »Sorge um die Abgesandten des Paradieses«.) Das ändert aber nichts an der schwierigen Lage, in der sich der einzige Vertreter der Gattung »Bugeranus« befindet.

Dabei steht den imposanten Vögeln mit den namengebenden Klunkern zu beiden Seiten ihrer Kehle (auf englisch heißen die mit weißen Federchen und roten Warzen verzierten Hautlappen »wattles«, daher der Name »Wattled Crane«) ein großes Verbreitungsgebiet zur Verfügung: Sie kommen in Äthiopien, im südlichen und südwestlichen Tansania, im südlichen Zaire, in Sambia, in Simbabwe, in Malawi, in Mosambik, in Botswana, im südlichen Angola, im nördlichen Namibia und im Osten der Südafrikanischen Republik (Natal und Transvaal) vor – allerdings mit großen geographischen Lücken und zum Teil in sehr kleinen Populationen. Insgesamt gibt es nur zwischen 8000 und 13 000 Klunkerkraniche, wobei zu befürchten ist, daß die niedrigere Zahl der Wirklichkeit am nächsten kommt. Manche südafrikanischen Kranichforscher veranschlagen den Gesamtbestand sogar nur auf 6000 bis 7500 Vögel.

Mehr als die Hälfte aller Klunkerkraniche leben in Sambia; dort stellen die auch für die Kronenkraniche wichtigen »Kafue Flats« mit ihren etwa 7000 Quadratkilometer messenden Feuchtgebieten und die Bangweulu-Sümpfe in einer Ausdehnung von fast 12 000 Quadratkilometern den für das langfristige Überleben der gesamten Art entscheidenden Lebensraum dar. Etwa 3000 der Vögel, so schätzen die landeskundigen Autoren des im vorausgegangenen Kapitel genannten »Crane Action Plan« für Afrika, nutzen die Überschwemmungsflächen des Kafue-Flusses, der südöstlich von Lusaka in den Sambesi mündet. Um die jährlichen Überflutungen zu kontrollieren und um Elektrizität zu gewinnen, sind seit Anfang der siebziger Jahre zwei große Staudämme am Kafue-Fluß gebaut worden. Sie haben dafür gesorgt, daß die früher zwischen März und November überschwemmten Gebiete kleiner geworden sind und daß der Wasserfluß regelmäßiger wurde. Die für die Entwicklung vieler Pflanzen notwendigen Wasserspitzen sind in weiten Bereichen entfallen, und das Ergebnis ist ähnlich wie in den mitteleuropäischen Flußauen, die von den Frühjahrshochwassern abgeschnitten sind.

Überschwemmungen sind lebensnotwendig

Die Folgen am Kafue-Fluß sind nicht nur für die Klunkerkraniche einschneidend gewesen. Wenngleich sich noch immer viele länger als die Hälfte des Jahres in seinem Gebiet aufhalten, verschwanden doch zahlreiche Brutplätze. Ein in manchen Jahren auf unter vier Prozent gefallener Jungenanteil zeigt den Trend der Entwicklung an. Von den starken Veränderungen sind neben den Klunkerkranichen und einer ebenfalls nicht geringen Zahl von Kronenkranichen zahllose Wildtierarten betroffen, nicht zuletzt auch unter Wasser. So haben die einheimischen Fischer erhebliche Einbußen beim Fang erlitten, viele haben ihren Lebensunterhalt verloren. Die für das Wasser-Management zuständigen Behörden versuchen seit einiger Zeit, in den »Kafue-Flats« Belange des Naturschutzes und der Fischerei stärker zu berücksichtigen. Selbst wenn das gelingt, wird es für viele Klunkerkraniche zu spät sein. Denn mangels genügenden Nachwuchses wird die dort angestammte Population bis spätestens zum Ende des Jahrhunderts um weit mehr als die Hälfte verringert sein.

Der Rückgang macht sich bereits in Botswana bemerkbar. Dort übt das gut 22 000 Quadratkilometer große Okavango-Delta, das größte binnenländische Flußmündungsgebiet der Erde, seit jeher eine starke Anziehungskraft auf viele Klunkerkraniche aus Sambia aus. Bis vor kurzem waren die Vogelkundler der Meinung, im Okavango-Delta lebe eine stattliche Zahl der grau-weiß-schwarz Gefiederten das ganze Jahr hindurch, doch dann stellte man fest, daß die meisten lediglich für einige Monate zufliegen. Wenn in Sambia, besonders am Kafue-Fluß, das Wasser zurückgeht,

Klunkerkraniche gelten unter den vier ausschließlich in Afrika vorkommenden (endemischen) Arten als besonders gefährdet, wenn auch die Paradieskraniche ihnen dabei seit kurzem traurige Konkurrenz machen. Dabei sind die stattlichen Vögel selbst in einer agrarisch genutzten Landschaft zu halten, wenn ihnen nur Rückzugsinseln zur Verfügung gestellt werden. In Südafrika, wo die Bilder – 1988 in Natal – entstanden sind, treffen die Klunkerkraniche häufig mit Paradieskranichen zusammen. Aus einer solchen Begegnung ist eine Ehe entstanden: Ein Klunkerkranichmännchen und ein Paradieskranichweibchen haben schon mehrfach erfolgreich Junge aufgezogen. Eins von ihnen ist auf dem unteren Bild als zweiter Vogel von links zu sehen (mehr dazu im nebenstehenden Kapitel).

fließt es im Okavango-Delta besonders reichlich. Dann kommen die Fluten aus dem angolanischen Hochland über die Flüsse Rio Cubango und Rio Cuito, die sich am Nordwestzipfel des Caprivistreifens zum Okavango vereinen (aus dem Cubango ist vorher der Kavango geworden), in Botswana an und bilden mit einem unendlichen Labyrinth von Flüssen, Lagunen, Seen, Papyrus- und Schilfsümpfen, Inseln, Sandbänken, Mangroven- und Mopanewäldern, Busch und Savanne nördlich der Kalahari das Okavango-Becken mit seinem einstmals unbeschreiblichen Tier- und Pflanzenreichtum.

Im Okavango-Delta selbst brüten nur wenige hundert Klunkerkraniche. Sie haben es hier, ebenso wie die (noch) nicht brütenden Artgenossen aus Sambia, immer schwerer, ein ungestörtes Leben zu führen. Neben der in den letzten Jahren stark gestiegenen Beeinträchtigung durch einen zeitweise schon ausufernden Safaritourismus und durch organisierte Jagdunternehmungen wird die Wilderei ein immer größeres Problem. Außer Großwild fallen den illegalen Jägern zunehmend Vögel zum Opfer, deren Fleisch sie verzehren. So wurden in verlassenen Lagern von Wilderern auch die Reste von Marabustörchen und Klunkerkranichen gefunden.

Die Tsetsefliege schützt auch die Kraniche

In ihrer gesamten Tragweite erst zu ahnen sind die Folgen, welche die Bekämpfung der Tsetsefliege nach sich zieht. Einmal sind es die unmittelbaren Auswirkungen von Dieldrin und anderen chemischen Mitteln, die über den Sümpfen versprüht werden. Zum anderen werden große Gebiete auch für den Klunkerkranich entwertet, wenn erst einmal »die Hüterin Afrikas« (so wird die Tsetsefliege oft genannt, weil sie bisher weite Landstriche vor dem Zugriff des Menschen bewahrte) vernichtet ist und die Eingeborenen ihr Vieh, das dort in vielen Familien mehr als Statussymbol denn zur Versorgung in viel zu hoher Zahl gehalten wird, immer tiefer in die bislang ursprünglichen Gebiete treiben. Einen sicheren Hinweis auf eine düstere Zukunft der Klunkerkraniche im Okavango-Delta erhielten Vogelkundler 1986 bei einer Bestandserfassung vom Flugzeug aus. Abgesehen davon, daß sie in 64 Flugstunden verhältnismäßig wenige der gesuchten Vögel und nur 55 Nester entdeckten, stellten sie in den nördlich gelegenen, etwa 1000 Quadratkilometer umfassenden Linyanti-Sümpfen einen Rückgang der Roten Litschi-Moorantilope um die Hälfte innerhalb von nur vier Jahren fest. Die Litschis führen eine enge Lebensgemeinschaft mit den Klunkerkranichen, und in den Linyanti-Sümpfen waren immer viele von ihnen zu sehen.

Sind schon diese Belastungen schlimm genug, so können sich die Verhältnisse im Okavango-Delta auf verheerende Weise entwickeln, wenn in den Schubladen von Planungsbüros und botswanischen Regierungsstellen seit einigen Jahren liegende Pläne zur Wasserableitung in die Tat umgesetzt werden. An den internationalen Geldgebern wird es liegen, inwieweit ökologische Belange bei der Realisierung solcher Projekte Vorrang haben. Eine gewisse Kurskorrektur bei den Vergaberichtlinien in dieser Richtung hat die Weltbank in jüngster Zeit vorgenommen, und auch im bundesdeutschen Ministerium für Wirtschaftliche Zusammenarbeit soll künftig mehr auf die Berücksichtigung des Naturschutzes geachtet werden, wenn den Verlautbarungen aus Bonn zu glauben ist.

Wie stark eine einstmals stabile und weit verbreitete Besiedlung durch den Klunkerkranich infolge der »Konkurrenz« durch den Menschen zusammenschrumpfen kann, zeigt sich in der Südafrikanischen Republik. Hier leben noch etwa dreihundert der Vögel, dreiviertel davon in Natal, der Rest – bis auf ein einzelnes Paar im Oranje-Freistaat – in Transvaal. Die Zahl ist so klein geraten, daß nahezu jedes Brutpaar genau erfaßt ist. Da es im südlichsten afrikanischen Staat keine großen Sümpfe mehr gibt, hat nämlich jedes von ihnen sein eigenes »vlei«, eine meistens von einem Fluß oder Bach überstaute Talsenke, die mit Riedgräsern oder Schilf bewachsen ist. Nur wenige solcher Flächen sind noch so groß, daß sie Platz für mehrere Paare bieten. Ein derartiges seltenes Gebiet, in dem gleich sechs Paare Klunkerkraniche regelmäßig brüten, wurde erst 1987 von dem in Natal für Naturschutz zuständigen Natal Parks, Game and Fish Preservation Board (einprägsamer als Natal Parks Board bekannt) erworben und damit gesichert: Die Umgeni Vlei an der Quelle des Umgeni-Flusses ist ausschließlich dem Naturschutz vorbehalten und auch nicht für Besucher zugänglich.

Die meisten der Sumpfflächen, von denen einige nur wenige tausend Quadratmeter groß sind, liegen auf privatem Farmland. Dadurch werden die »Wattled Cranes« auf Gedeih und Verderb von einzelnen Menschen abhängig. Da sie ihre Nahrung überwiegend aus dem sumpfigen Boden beziehen, indem sie Wurzeln und Knollen von Wasserpflanzen aus dem Schlamm freilegen, machen sie sich bei den Landbesitzern nicht als Miternter auf den Feldern unbeliebt wie die Kronen- und Paradieskraniche. Daher werden sie auch so gut wie nie verfolgt. Ihnen wird vielmehr das Wasser unter den Füßen entzogen. Immer noch legen Viehzüchter und Feldbesteller letzte feuchte Oasen in den Tälern der Drakensberge und ihres Umlandes trocken und werden darin kaum von den Behörden gehindert. Die Proteste der für den Naturschutz verantwortlichen Beamten gehen meistens unter. Oftmals erfahren diese ohnehin in dem weitläufigen Land, in dem jeder Farmbesitz wie ein kleines Reich durch Zäune und Tore abgesichert ist, zu spät von der Zerstörung eines Feuchtgebietes durch dessen Trockenlegung oder Überflutung.

Anstelle von »vleis« dehnen sich Stauseen aus

Genauso schlimm wie die Entwässerung zur Gewinnung von zusätzlichem Weideland oder noch mehr Anbaufläche für Feldfrüchte ist nämlich die Bewässerung: Durch den Anstau eines Flusses oder Baches sind in Natal und besonders in Transvaal in den vergangenen zehn Jahren zahlreiche »vleis« im wahrsten Sinne des Wortes untergegangen. An ihrer Stelle plätschern jetzt Stauseen, die Wasser für die Bewässerung von Feldern oder zum Hausgebrauch bereithalten. Oder es erstrecken sich Forellenteiche in einem Tal, das einst von einem, vielleicht auch von mehreren Kranichpaaren bewohnt wurde. Immer mehr wohlhabende Bewohner von Johannesburg und Pretoria siedeln sich auf diese Weise mit einem Zweitwohnsitz in der Nähe von Kranichland an.

Viele Biotope sind den Klunkerkranichen und damit auch den Kronen- und Paradieskranichen im Osten der Südafrikanischen Republik durch eine großflächige Aufforstung verlorengegangen; sowohl unmittelbar durch die Bepflanzung als auch mittelbar durch den starken Wasserentzug, der sogar manches entferntere Feuchtgebiet seines regelmäßigen Zuflusses beraubt. Selbst wenn zwischen neuen Wäldern mit schnellwüchsigen Nadel- und Eukalyptusbäumen einige feuchte Senken erhalten bleiben, haben sie ihre Bedeutung für ihre langbeinigen Bewohner eingebüßt. Afrikanische Kraniche brauchen viel freien Raum zum Sehen und zum Wandern.

In Natal, so schreiben die beiden dort lebenden Kranichexperten Bill Barnes und David Johnson, ist zwischen 1950 und 1985 die Hälfte aller »vleis« zerstört worden. Es fällt nicht schwer auszurechnen, daß damit auch mindestens die Hälfte der Klunkerkraniche verschwunden ist. Denn Ausweichmöglichkeiten haben die Vögel nicht. Jede annähernd akzeptable Sumpffläche ist, sofern sie nicht unter dauernden Störungen durch Menschen leidet, von einem Klunkerkranichpaar besetzt. Im Gegensatz zu manchen Artgenossen in anderen Ländern bleiben die südafrikanischen in der Regel das ganze Jahr ihrer engeren Heimat treu. So ist es recht einfach, die stattlichen Vögel zu beobachten, sofern man den Standort eines Paares kennt.

Nach mehreren Besuchen im Okavango-Delta, wo wir zwar wiederholt Klunkerkraniche – paarweise, als dreiköpfige Familien oder in Gruppen zwischen fünf und zwölf Mitgliedern – im hohen Gras, im Schilf oder zwischen Bäumen gesehen, aber fast immer auch wieder schnell aus den Augen verloren haben, fühlen wir uns in Natal und in Transvaal wie in einem Freilandzoo: Unsere Freunde führen uns an verschiedenen Stellen regelrecht an die Kraniche heran. Wo wir ihnen begegnen, tauchen sie bis auf wenige Ausnahmen paarweise oder zu dritt, mit einem flüggen oder noch nicht flugfähigen Jungen auf. Allerdings müssen wir meistens einen gehörigen Abstand von mindestens 500 Metern zu den Vögeln wahren, wollen wir sie nicht beunruhigen. Dann aber verhalten sie sich sehr gelassen und geben zu erkennen, daß ihnen jeder Quadratmeter der Landschaft wohlvertraut ist. Jedem zur Nervosität neigenden Menschen ist anzuraten, sich ein Beispiel an Klunkerkranichen zu nehmen: Selbst wenn sie sich bedrängt fühlen müssen, schreiten sie – allenfalls ein wenig schneller – gravitätisch einher und erheben sich, überhaupt nicht hektisch, gemessenen Flügelschlags mit ein paar Anlaufschritten in die Luft. Wo und wie immer sie erscheinen, hinterlassen sie den Eindruck von Ausgeglichenheit und souveränem Selbstverständnis.

Die meisten brüten im Winter

Ihre ganze Lebensführung hat etwas Besonderes an sich. Sie können das ganze Jahr hindurch brüten, tun es aber zum überwiegenden Teil im südafrikanischen Winter. Im Juni und Juli beginnen die meisten Paare mit der Brut. (So kommt es auch, daß die Klunkerkraniche, die im Sommer brüten, dasselbe Revier, mitunter sogar dasselbe Nest benutzen.) Da sie gerne in einer Höhe von 2000 Metern über dem Meeresspiegel leben, müssen sie in manchen Jahren zur Nistzeit tage- und nächtelang Minusgrade ertragen. Gegen Kälte von unten ist das Gelege durch eine dicke Schicht aus Gras und Schilf geschützt: Kein anderer Kranich baut eine so gewaltige Nistburg wie manches Klunkerkranichpaar. An vielen Standorten muß sie schon ein starkes Fundament haben, denn das Paar bezieht gerne eine kleine freie Wasserfläche und verzichtet damit auf jede Deckung. Wo es sich im Schilf einrichtet, ist es in größerem Umkreis um das Nest auch bald kahl, denn es trägt allen Bewuchs aus der Nähe zusammen. Oft benutzt ein Paar jahrelang dasselbe Nest; auch gibt es Wechselnester, die ein um das andere Jahr bezogen werden.

Klunkerkraniche haben die geringste Nachwuchsrate in ihrer Familie. Häufig legen sie nur ein Ei, doch auch wenn das Gelege aus zwei Eiern besteht: Ausnahmslos ziehen sie nur ein Junges auf. Sobald das erste Küken nach einer Brutzeit von 33 bis 35 Tagen, bisweilen sogar bis zu 40 Tagen, geschlüpft und getrocknet ist, verlassen die Eltern mit ihm das Nest. Da kann das zweite Küken im Ei rufen, ja, schon die Eischale angepickt haben – es wird im Stich gelassen

Zum Brüten ziehen sich die Klunkerkraniche in möglichst unzugängliche Sumpfgebiete zurück, von denen es in Botswana im Okavangodelta noch etliche gibt (Fotos auf der linken Seite). Doch auch hier, wie in Sambia, wo die meisten Klunkerkraniche aus dem Ei schlüpfen, werden die lebensnotwendigen Feuchtgebiete immer stärker angezapft oder von ihren Zuflüssen abgeschnitten. In Südafrika, wo sich die Vögel schon mit kleinen schilfbewachsenen nassen Senken begnügen (Fotos auf dieser Seite), werden selbst solche trockengelegt.

und geht ein. Das zweite Ei dient anscheinend nur als Reserve. Es mag sein, daß die Kraniche nicht in der Lage sind, zwei Jungen aufzuziehen. Sie haben es wohl bis vor wenigen Jahrzehnten auch nicht nötig gehabt, um ihre Art zu erhalten. (Jetzt sehen Kranichschützer in der Bergung des zweiten Eies und seiner künstlichen Erbrütung sowie der anschließenden Aufzucht des Kükens in menschlicher Obhut und seiner Auswilderung eine Möglichkeit, in Zukunft vielleicht den Bestand des Klunkerkranichs zu stützen.)

Der Feuertod bedroht die Jungen

Drei bis viereinhalb Monate dauert es, bis ein junger Klunkerkranich fliegen kann. In dieser langen Zeit muß er viele Gefahren überstehen. Dabei hilft ihm die äußerste Aufmerksamkeit und Vorsicht der Eltern in besonderem Maß, doch gegen den Feuertod, der ausgerechnet in Südafrika unter den jungen Klunkerkranichen viele Opfer fordert, können sie nichts ausrichten. Wenn die Farmer im Winter das trockene Gras auf ihren Weiden anzünden, können die Altvögel zwar den Flammen entfliegen, manches Küken indes läuft vergebens um sein Leben. Seine einzige Rettung ist das Wasser, aber das hat die Familie auf ihren Wanderungen tagsüber häufig weit hinter sich gelassen. Bisweilen rollt die Feuerwalze sogar über die »vleis« hinweg. Heftige Hagelschauer, wie sie zur Winterszeit in den Drakensbergen nicht selten sind, haben wiederholt den Tod junger Klunkerkraniche zur Folge gehabt. Gelegentlich fallen sie (oder ein Gelege) auch einer Überflutung anheim.

Natürliche Feinde wie Schakale, wilde Katzen und große Greifvögel holen sich trotz mancher erfolgreichen Abwehr durch die Alten den einen oder anderen Jungvogel, solange er noch sein braunes Dunenkleid trägt. Die Nachwuchsrate unter den südafrikanischen Brutpaaren liegt aufgrund so vieler Verlustmöglichkeiten nur bei 0,6 Prozent; so haben es langjährige Beobachtungen ergeben. Hat ein Paar sein Junges vorzeitig verloren, beginnt es vor dem Ablauf der sonst üblichen Zeitspanne von mindestens 15 Monaten zwischen zwei Bruten erneut mit der Nachwuchsplanung. Schon dadurch kommt es zu den jahreszeitlich nicht festgelegten Brutzeiten. Wegen der langen Aufzucht bleibt den Jungen weniger Zeit zu einem gemeinsamen Leben mit den Eltern, nachdem sie flügge geworden sind. Spätestens nach sieben Monaten drängt das Paar sein Kind aus dem Revier. Dann sucht es Anschluß an andere »ausgestoßene« Jungvögel, und in kleineren Verbänden streifen die Vögel durchs Land. Solche Junggesellengruppen bleiben mitunter jahrelang zusammen und tauchen auch in Gegenden auf, in denen Klunkerkraniche sonst nicht (mehr) vorkommen. Bis zu sieben Jahre kann es dauern, bevor sich die Vögel verpaaren. Aus Mangel an einem geeigneten Brutplatz können sie sich dann häufig auch nicht sogleich an die notwendige Vermehrung ihrer Art machen, sondern müssen warten, bis ein Revier frei wird.

Vielleicht aus der Not um ein Revier, vielleicht aus Mangel an einem geeigneten Partner, vielleicht aber auch aus einer Laune der Natur haben 1983 in der Nähe von Greytown in Natal ein Klunkerkranichmännchen und ein Paradieskranichweibchen den Bund fürs Leben geschlossen und 1984 erstmals ein gemeinsames Junges aufgezogen. Im Januar brachte das »gemischte« Paar doppelten Nachwuchs zustande, was übrigens als einer von mehreren Hinweisen darauf gewertet wurde, daß der Paradieskranich die weibliche Seite repräsentierte. Im April 1985 zogen die Eltern, das vorjährige (flügge) Junge und die beiden zu dreiviertel ausgewachsenen Küken des neuen Jahrgangs gemeinsam über das heimische Farmland.

Wir sind nicht schlecht erstaunt, als wir im Januar 1988 in unmittelbarer Nähe des Kamberg-Naturreservats in Natal unter zehn Klunkerkranichen einen Mischling entdecken. Zunächst einmal sind wir überrascht, eine so große Gruppe und dazu noch auf einem Feld zu sehen. Es sind wohl alles unverpaarte Vögel, die kein festes Revier haben; zwei erscheinen noch nicht ganz ausgefärbt. So fällt uns der »Hybride« erst auf, als wir den Vögeln näher gekommen sind. Er ist etwas größer als seine Halbartgenossen und trägt Kennzeichen beider Eltern. Auffallend sind der längere Stoß und die blasse Färbung. Von seinen Begleitern wird der »Klunkerparadieskranich« anscheinend voll akzeptiert. Das ist auch zu erwarten, denn immer wieder tauchen außerhalb der Brutzeit gemischte Flüge zwischen Paradies- und Klunkerkranichen auf, die sich untereinander gut vertragen.

Mit etwas Glück läßt sich sogar eine Begegnung von drei Arten erleben. Sie ist in der Nähe des schon früher erwähnten Reservats »Verloren Vallei« nahe Dullstroom in Transvaal möglich: Klunkerkraniche, Paradieskraniche und Kronenkraniche, die alle auf dem Hochland von Steenkampsberg in geringer Zahl brüten, gehen sich durchaus nicht aus dem Weg.

Südafrika braucht mehr Vleis

Hier zögen noch mehr Klunkerkraniche und Kronenkraniche Junge auf, wenn die Naturschutzbehörden zumindest im 6000 Hektar großen Schutzgebiet Mut zu etwas mehr Biotop-Management zeigten. Zwar beseitigen sie die früher von Farmern angelegten kleinen Wälder, doch haben sie bisher keine neuen »vleis« geschaffen. Dabei wäre es leicht, durch das Anstauen einiger Wasserläufe zusätzliches Feuchtland zu gewinnen. So könnten statt derzeit fünf bis sechs etwa doppelt so viele Klunkerkranichpaare im »Verloren Vallei«

brüten. Aber die Vertreter zweier verschiedener Naturschutzphilosophien stehen sich noch gegenseitig im Wege: Die einen wollen, abgesehen von der Wiederherstellung der unbewaldeten »Highvelds«, keine Eingriffe vornehmen; die anderen möchten auf den wenigen zur Verfügung stehenden Reservatsflächen soviel wie möglich für die gefährdeten Arten herausholen. Und »Verloren Vallei« ist – mit der Unterstützung der Southern African Nature Foundation, der südafrikanischen Organisation des World Wide Fund for Nature (WWF) – vor allem im Hinblick auf den Schutz der Klunkerkraniche geschaffen worden.

Neue Hoffnung auf einen verbesserten Kranichschutz verspricht die 1988 in Himeville/Natal gegründete Südafrikanische Kranichstiftung (South African Crane Foundation), in der sich private, kommunale und provinzbehördliche Förderinitiativen sammeln. Von ihr sind Impulse und konkrete Maßnahmen über die Grenzen der Provinz Natal hinaus zu erwarten, wenngleich die ersten Aktivitäten neben dem Aufbringen von Geld auf die Errichtung eines »Crane Center« (Kranichzentrums) nahe den Verwaltungsgebäuden des Himeville-Naturreservats abzielen.

Ist es schon nicht leicht, in einem Land wie der Südafrikanischen Republik, in dem der Naturschutz immerhin einen nicht unwesentlichen Stellenwert einnimmt, etwas für die Klunkerkraniche (und die anderen Arten) zu tun, so erscheint das noch ungleich schwieriger in Äthiopien, dem nördlichsten Siedlungsgebiet der Art. Dort gehört der 2200 Quadratkilometer große »Bale Mountains National Park« zu einem ihrer letzten Rückzugsorte. Trotz der unguten Lage, in der sich das Land seit Jahren aufgrund von Bürgerkriegen und Hungersnöten befindet, sind der WWF, die ICF und nationale Behörden darum bemüht, mit einem besonderen Projekt dem Klunkerkranich die letzten äthiopischen Lebensräume zu erhalten.

Begegnung im flachen Wasser des Keoladeo Nationalparks, knapp 200 Kilometer südlich der indischen Hauptstadt Delhi: Ein Asiatischer Großstorch nähert sich einer Nonnenkranichfamilie, die dadurch in Unruhe gerät. Etwa 5000 Kilometer hat das Paar der auch als Schneekraniche bekannten Vögel mit seinem noch bräunlich gefiederten Jungen aus dem sibirischen Brutgebiet ins indische Winterquartier zurückgelegt. Vier Monate halten sich zwischen 30 und 40 Vertreter der Art in dem ehemaligen Jagdgebiet der Maharadschas von Bharatpur auf. In dem 2900 Hektar großen Park werden für sie und unzählige andere gefiederte Gäste ausgedehnte Flächen unter Wasser gesetzt. Bleibt in der Monsunzeit der Regen aus, was in Indien alle paar Jahre vorkommt, suchen sich die Vögel Ausweichquartiere in anderen Landesteilen. Doch das wird, nicht zuletzt als Folge der Überbevölkerung Indiens, immer schwieriger. Auch im südöstlichen China, wo mehr als 1500 der »Weißen Sibirier« überwintern und der Lebensraum immer knapper wird, ist ihnen ein Schutzgebiet eingerichtet worden. Daran fehlt es noch im Iran: Dort verbringt ein knappes Dutzend Nonnenkraniche den Winter.

Die weiße Lilie unter den Gefiederten

Bis zum Jahr 1982 gab es fast nur schlechte Nachrichten über den Dritten im Bunde der weißen Kraniche, den Nonnenkranich. Zwar war die Zahl des nordamerikanischen Schreikranichs noch geringer, und der andere asiatische »Weiße«, der Mandschurenkranich, zählte auch schon zu den bedrohten Arten; doch ging es mit denen immerhin langsam bergauf. Der Nonnen- oder Schneekranich indes, der als »Weiße Lilie« unter den Vögeln gilt, schien von Jahr zu Jahr seltener zu werden: 1982 wurde sein Bestand mit nur noch 200 bis 300 angegeben. Den deutlichsten Hinweis auf das vermeintlich drohende Aussterben der Art erhielten die besorgten Vogelfreunde und Naturschützer in aller Welt jeden Winter aus Keoladeo Ghana bei Bharatpur im nordindischen Bundesstaat Rajasthan. In diesem fünf Autostunden südlich der indischen Hauptstadt Delhi gelegenen nur 29 Quadratkilometer großen Schutzgebiet, das 1982 zum Nationalpark erklärt wurde, verbringt der größere Teil der westsibirischen Population der Schneekraniche seit Jahrzehnten die Wintermonate. Und die Schar der im November nach einem Flug von rund 5000 Kilometern dort eintreffenden Vögel wurde von Mal zu Mal kleiner. Konnte der Amerikaner Lawrence Walkinshaw, der 1973 mit seinem Buch »Cranes of the World« als erster einen umfassenden Überblick über die Kranichfamilie gegeben hat, Mitte der sechziger Jahre noch gut 200 Schneekraniche in dem ehemaligen Jagdgebiet des Maharadschas von Bharatpur beobachten, waren es 1970 nur noch 77 oder 76. Ihre Zahl sank fortlaufend, so daß im Winter 1982/83 mit 36 ein beängstigender Tiefstand erreicht war.

Im Februar 1983 hatten sich Kranichforscher und -schützer aus aller Welt im Keoladeo Nationalpark zum »International Crane Workshop« versammelt. Die Internationale Kranichstiftung als Organisatorin der Tagung hatte den Ort wegen der Schneekraniche ausgewählt, die als einzelne Art im Programm denn auch den größten Anteil hatten. Als die 187 Delegierten aus 24 Nationen anreisten, konnten sie noch nicht ahnen, daß die chinesischen Kollegen sie mit einer besonderen Überraschung erfreuen würden. Und die Chinesen konnten damals noch nicht wissen, was ihre im Winter 1980/81 gemachte und auf der internationalen Kranichtagung in Indien erstmals der Weltöffentlichkeit vorgestellte Entdeckung nach sich ziehen würde.

Drei Winter lang hatten chinesische Wissenschaftler insgesamt 40 000 Kilometer in vier Provinzen im Einzugsbereich des Jangtse-Flusses (Yangtze) auf der Suche nach den »Sibirischen Kranichen« zurückgelegt, bis sie 1980 fündig wurden: Am Westufer des Poyang-Sees in der südostchinesischen Provinz Jiangxi entdeckten sie etwa hundert der weißen Vögel. Damit hatten sie die Vermutung mancher Ornithologen bestätigt, daß »irgendwo am unteren Lauf des Yangtze« die Angehörigen der ostsibirischen Population des Schneekranichs überwintern müßten.

Der Schneekranich erhält chinesische Schutzgebiete

Intensive Erkundungen begannen, vom Flugzeug aus, mit dem Boot, per Auto und zu Fuß. Kein leichtes Unterfangen, denn der Poyang-See erstreckt sich im Frühjahr und im Sommer, wenn es regnet und der Yangtze für Überschwemmungen sorgt, über 3000 Quadratkilometer. Diese schrumpfen zwar im Herbst und Winter auf etwa 500 Quadratkilometer zusammen, doch es bilden sich auf der ehemals riesigen Fläche unzählige kleinere Seen, Flüsse, Priele und Schlammflächen, die schwer zu überblicken sind. Dennoch konnten die chinesischen Forscher, die 1983 in Indien erstmals an einer internationalen Kranichtagung teilnahmen, den überraschten Zuhörern bereits die Anwesenheit von 230 Schneekranichen melden. Und während sie noch, keine drei Kilometer von den 36 im Keoladeo Nationalpark überwinternden »Westsibiriern« entfernt, im großen bunten Tagungszelt künftige Schutzmaßnahmen diskutierten, konnten die daheimgebliebenen Kollegen am Poyang-See weiterzählen: mehr als 400 Schneekraniche. Außerdem noch eine erkleckliche Schar von Weißnackenkranichen, Mönchskranichen, Störchen, Singschwänen, Gänsen und Enten. Im folgenden Jahr stieg die Zahl der Schneekraniche auf mehr als 700.

Nicht zuletzt die internationale Aufmerksamkeit, die der Poyang-See schlagartig auf sich zog, aber auch die seit Beginn der achtziger Jahre in der Volksrepublik China begonnenen Bemühungen um mehr Naturschutz hatten zur Folge, daß die Forstbehörde der Provinz Jiangxi in Zusammenarbeit mit dem Forstministerium in Peking 1984 ein Gebiet von 22 400 Hektar zum Poyang-See-Naturschutzgebiet (Poyang Lake Nature Reserve) auswies. (Zwischen 1981 und 1987 wurden in elf chinesischen Provinzen 15 Schutzgebiete für Kraniche mit einer Gesamtfläche von 939 131 Hektar eingerichtet: Na Po Hai in der Provinz Yunnan ist mit 2067 Hektar das kleinste und Dalai Lake in der Autonomen Region Innere Mongolei mit 400 000 Hektar das größte. Auch einige andere der knapp 350 chinesischen Naturschutzgebiete sind Kranichen nützlich.)

Wie in den meisten chinesischen Reservaten ist

am Poyang-See die dichte menschliche Besiedlung das größte Problem für den Schutz freilebender Tiere. Im Osten Chinas drängen sich 90 Prozent der mehr als eine Milliarde Menschen auf 60 Prozent der Landesfläche, die 38mal so groß wie die Bundesrepublik Deutschland ist. So leben alleine auf den 22 400 Hektar der Poyang Lake Nature Reserve 17 000 Menschen. Landwirtschaft und Fischfang stellen den größten Anteil zum Lebensunterhalt. Im Winter brachte früher die Vogeljagd manchem einen zusätzlichen Erwerb. Neben Enten und Gänsen dienten auch Kraniche den Menschen als Nahrung. Zwar ist die Jagd im großen Einzugbereich des Sees nicht zum Erliegen gekommen, doch sind ihr Verbot und dessen Überwachung im Reservat sowie die Aufklärung der Bevölkerung in den vergangenen Jahren nicht ohne Erfolg geblieben.

Daß die Bejagung eine wesentliche Beeinträchtigung für die Kraniche dargestellt hat, zeigte sich bald nach ihrer Einschränkung: Die – im Vergleich zu anderen Kranichen und im Gegensatz zu ihren in Indien überwinternden Artgenossen – am Poyang-See sehr scheuen Nonnenkraniche wurden von Jahr zu Jahr vertrauter, und ihre Zahl stieg kontinuierlich an. Im Jahr 1985 zählten chinesische und amerikanische Vogelschützer schon 1350; im Winter 1987/88 hielten sich im Poyang-See-Naturschutzgebiet nach der Auskunft des Forstbüros der Provinz 1658 Nonnenkraniche auf. (Eine amerikanische Gruppe der International Crane Foundation zählte 1503 Angehörige der Art »Bugeranus leucogeranus«.)

Die Tundra hütet noch manches Kranichgeheimnis

Damit, so schätzen die Fachleute, versammelt sich hier mittlerweile die gesamte »östliche« Population der Schneekraniche, deren Hauptbrutgebiet im Nordosten Sibiriens, in der Autonomen Sowjetischen Sozialistischen Republik (ASSR) Jakutien liegt. Dort, am Unterlauf der Lena, in der Jama-Indigirka-Niederung und in der Kolyma-Niederung, hielten sich in der zweiten Hälfte der siebziger Jahre nach der Einschätzung sowjetischer Ornithologen aufgrund von Beobachtungen und Zählungen vom Flugzeug zwischen 200 und 250 der Vögel auf, unter ihnen etwa 60 Paare mit einem festen Nistrevier. Die wesentlich höheren Zahlen in China haben neben der Freude auch Spekulationen über weitere Brutgebiete aufkommen lassen. Zum einen werden die ausgedehnten sibirischen Tundragebiete noch manches Geheimnis in dieser Hinsicht hüten; zum anderen besteht die Hoffnung, daß verloren geglaubte Brutareale am Baikal-See vielleicht doch noch besetzt sind; auch in der Mongolei vermuten einige östliche Ornithologen Brutplätze der Schneekraniche. Expeditionen, die nach ihnen am Dalai-See in der zu China als Autonome Region gehörenden Inneren Mongolei suchten, blieben bis zum Sommer 1988 ohne Erfolg. So wichtig es ist, die Brutplätze zu kennen, um sie rechtzeitig schützen zu können, so schön ist es zu wissen, daß uns noch manches vom Leben der Kraniche nicht bekannt ist.

Sicher ist nur, daß die Schneekraniche, die sich jetzt im Poyang-See-Naturschutzgebiet und dort mit Vorliebe am Dahu-See zur Winterzeit versammeln, zuvor weit verstreut am Yangtze-Fluß in den Überschwemmungsgebieten verteilt waren. Ihre zunehmende Konzentration an dem einen Ort beweist sowohl die gute Verständigung der Vögel untereinander als auch die große Bedeutung des relativen Ungestörtseins. Die chinesischen Naturschützer werten das auch als ein Indiz für die immer schlechteren Lebensbedingungen für die Vögel in früher für sie vorteilhaften Gebieten. Durch Entwässerungsmaßnahmen nehmen die Menschen zunehmend die letzten großen Flachwasserzonen in ihren landwirtschaftlichen Griff, oder sie setzen sie für Fischereizwecke unter einen höheren Pegel. Beides ist schlecht für die Kraniche, denn sie brauchen einen Wasserstand von fünf bis etwa dreißig Zentimeter. Dann können sie mit dem Schnabel im Schlick nach den Wurzeln und Trieben verschiedener Pflanzen graben, gelegentlich auch mal eine Schnecke oder einen kleinen Fisch fangen.

Derartige Biotope sind als Raststationen auf dem mehr als 7000 Kilometer langen Flug zwischen dem Brutgebiet und dem Winterquartier genauso wichtig. Die Reservate Xianghai (Xiang Hai) in der Provinz Jilin und Zhalong (Zha Long) in der Provinz Heilongjiang sind in China zwei solcher »Trittsteine«. In Zhalong, 30 Kilometer von der Stadt Qiqihar entfernt, konnten sich im Mai 1987 die Teilnehmer des 4. International Crane Workshop (der dem im Keoladeo Nationalpark in Indien folgte) einen Einblick verschaffen, wie scheu die Schneekraniche auf dem Zug sind. Die verschiedenen Flüge von insgesamt mehr als 500 Vögeln, die in den endlos flachen (größtenteils gemähten) Schilfzonen des Reservatsgebietes bei Lindian stehen, haben eine ungewöhnlich große Fluchtdistanz: Auf rund einen Kilometer nur lassen sie Menschen an sich herankommen, dann fliegen sie auf. Ein sicheres Zeichen dafür, daß sie schlechte Erfahrungen mit der Gattung Homo sapiens gemacht haben.

Bei Trockenheit verlassen die Vögel den indischen Keoladeo Nationalpark

Ganz anders als im Nordosten Chinas, wo uns die großen Scharen der »Sibirischen Kraniche« (auf englisch: Siberian Cranes) beeindrucken, erleben wir die Vögel bei verschiedenen Besuchen im Keoladeo Nationalpark, rund fünfzig Kilometer vom berühmten Tadsch Mahal in Agra entfernt. Hier, im 2900 Hektar großen

Als wolle er auf die Einmaligkeit seiner Anwesenheit besonders aufmerksam machen, steht der Nonnenkranich mit ausgebreiteten Flügeln im Schutzgebiet von Akune auf der südjapanischen Insel Kyushu (oben). Dabei fällt der Irrgast mit seinem schneeweißen Gefieder schon hinlänglich auf zwischen den Mönchs- und Weißnackenkranichen, die hier in großer Zahl regelmäßig überwintern. Im indischen Keoladeo Nationalpark teilen sich die Schneekraniche das von einer Mauer umgebene Gebiet außer mit vielen anderen Vögeln auch mit Nilgau-Antilopen (rechts).

Am Himmel wie am Boden machen die Nonnenkraniche ihrem Ruf als »Weiße Lilie unter den Vögeln« alle Ehre. Während der Tagesstunden steckt ihr Kopf oft für längere Zeit im Wasser: Anderen Kranicharten gleich, graben sie mit ihrem kräftigen spitzen Schnabel die Knollen von Schilfgewächsen, Riedgräsern, Wasserhyazinthen und »Wasserkastanien« aus. Wie im Brutgebiet besetzen die einzelnen Familien im Winterquartier ein festes Territorium, in dem keine Artgenossen geduldet werden. Das winterliche Revier ist aber wesentlich kleiner als das sibirische Sommerrevier.

künstlich geschaffenen Wasservogelparadies, hat jede Familie, die aus drei Vögeln besteht, und jedes Paar ohne ein an seinem zum Teil noch braunen Gefieder gut erkennbares Junges ein eigenes Territorium bezogen, in dem es – wie im Brutgebiet – keine Artgenossen duldet. Allerdings sind die winterlichen Nahrungsreviere wesentlich kleiner als die Tabuzonen um das Nest. Im indischen Winterrefugium stehen die Vögel nicht selten nur 50 bis 100 Meter vom vielbelaufenen Hauptweg entfernt und reagieren ungehaltener auf die Annäherung mancher anderen Vogelart als auf die von Menschen.

Im Schutzgebiet bei Bharatpur, in dem unter mehr als 400 verschiedenen Vogelarten Saruskraniche brüten und rasten, in dem auch immer wieder mal Jungfernkraniche und Lilfordkraniche (die östliche Unterart des Grauen Kranichs) auftauchen, können wir stundenlang verschiedene Familien des Nonnenkranichs beobachten. Im Winter 1987/88 ist mit 34 Vögeln, darunter drei Jungen, ein neuer Tiefstand erreicht. Die große Trockenheit, unter der weite Teile Indiens und auch der Keoladeo Nationalpark bereits im zweiten Jahr leiden, mag – so hoffen die Mitarbeiter der 1883 gegründeten Bombay Natural History Society, die seit Jahren hier von einer Station aus neben vielen anderen Projekten den Schneekranichen ihre besondere Aufmerksamkeit widmen – manches Paar veranlaßt haben, anderswo Quartier zu nehmen. Das zeitweilige Verschwinden mehrerer Vögel aus dem Park legt zumindest die Vermutung nahe, daß es noch weitere geeignete Rastbiotope im nördlichen Indien geben muß, wenngleich die Zahl natürlicher Feuchtgebiete in diesem dichtbevölkerten Land immer geringer wird – zumal in Jahren ohne Regen.

Die Nonnenkraniche, die mit bewundernswerter Zielgenauigkeit und in beeindruckender Treue jeden November nach wochenlangem Flug aus dem Mündungsgebiet des Ob (östlich der Nordausläufer des Europa von Sibirien trennenden Urals gelegen) über eine Entfernung von mehr als 5000 Kilometern den Keoladeo Nationalpark ansteuern, gehören einer nunmehr kleinen westsibirischen Population an. Ebenso wie die noch kleinere Schar von Artgenossen, die im November an der Südküste des Kaspischen Meeres im Iran landet. In den flachen Gewässern und Reisfeldern bei Fereinkundär (Fereidoonkenar), die ihnen zum Aufenthalt dienen, sind sie den örtlichen Jägern, die hier wilde Enten und Gänse erbeuten, sicherlich in keinem Jahr verborgen geblieben. In Ornithologenkreisen hingegen galten die Schneekraniche am Kaspischen Meer gut 50 Jahre lang als verschollen, nachdem 1925 zum letzten Mal von russischer Seite über ihr kaspisches Winterdomizil berichtet worden war. Im Jahr 1978 entdeckten Mitarbeiter des iranischen Umweltschutzbüros elf Vögel, und seitdem wurden sie in jedem Winter in wechselnder Zahl bestätigt. 1986/87 und 1987/88 ließen es sich im Gebiet von Mazandaran bis Ende Februar wieder jeweils elf gutgehen. Ob die iranische Wintergesellschaft auch vom Ob stammt oder anderswo brütet, ist noch ein Rätsel. Sie gilt als »westliche«, die indische als »mittlere« und die chinesische als »östliche« Population. Nach Berichten aus dem Iran im Herbst 1988 muß um den Fortbestand des Winterquartiers durch landwirtschaftliche Veränderungen gefürchtet werden.

»Östliche« und »westliche« Nonnenkraniche reagieren sehr unterschiedlich

Bis 1979 war den Kranichforschern gänzlich unbekannt, wo die im Keoladeo Nationalpark überwinternden »Sibirier« ihre Brutgebiete haben. Erst als ein Bewohner der Stadt Gorki am Unterlauf des Ob nach einer Fernsehsendung über die Kranichschutzarbeit im Oka-Naturschutzgebiet (Oka State Nature Reserve) bei Moskau einen jungen Nonnenkranich dorthin schickte, geriet den Wissenschaftlern dieses Gebiet ins Visier. Eine Expedition im Mai/Juni 1981, bei der Mitarbeiter des sowjetischen Landwirtschaftsministeriums (Nationales Forschungsinstitut für Naturschutz und Reservate) und des Oka-Reservats 6000 Quadratkilometer der fraglichen Gegend systematisch abflogen, führte zur Entdeckung der ersten brütenden Schneekranichpaare am Kunovat, einem der vielen Nebenflüsse des Ob vor seiner Mündung in die Ob-Bucht der Kara-See (Nördliches Eismeer).

Die Kraniche, nach der Schneeschmelze in der sumpfigen Taiga zwischen vielen Seen und verkümmerten Lärchen gut zu sehen, zeigten kaum Scheu vor dem Flugzeug, das sie in einer Höhe von 100 Metern überflog. Die meisten blieben sogar auf den Eiern sitzen, die sie dort – wie sich aus den später festgestellten Schlupfterminen ergab – in der letzten Maiwoche und Anfang Juni legen. Sie reagierten damit ganz anders als ihre Artgenossen im Osten, die beim Auftauchen eines Flugzeugs ihr aus Pflanzenmaterial aufgeschichtetes Nest bereits auf große Entfernung und mit allen Anzeichen der Panik verließen. Entsprechend unterschiedlich ist das schon geschilderte Verhalten gegenüber Menschen im Winterquartier: Die »östlichen« achten sehr auf Abstand, die »westlichen« haben eine recht kurze Fluchtdistanz. Daraus und aus anderen Merkmalen folgern manche Vogelkundler, daß die Populationen schon seit langem getrennt sind und sich unterschiedlich entwickelten.

Vom Menschen unbehelligt bleiben die Schneekraniche auch nicht in ihren scheinbar so fern aller Zivilisation gelegenen Brutrevieren. Vladimir Flint, einer der besten sowjetischen Kranichkenner und Vorsitzender der Kranich-Arbeitsgruppe in der Sowjetunion, hat mehrfach die Brutgebiete in Jakutien besucht; nicht zuletzt, um von dort Eier aus Zweiergelegen für die Zucht in Gefangenschaft mitzubringen. Er beschreibt Störungen der meist in weitem Abstand zueinander brütenden Schneekraniche (ein Paar auf 290 Quadratkilometer; am Ob betrug die kürzeste Entfernung zwischen zwei Nestern 1500 Meter): Rentiere, deren Hirten und die dazugehörigen Hunde; Jäger, ebenfalls mit Hunden. Soweit diese nicht sogar die Nester ausnehmen, fallen die Eier oder Jungen oft genug anderen Vögeln wie Raubmöwen oder Kolkraben, ebenso Füchsen oder Wölfen zum Opfer, die sich die vorübergehende Vertreibung der Altkraniche von ihren Nestern zunutze machen.

Dabei ist das Leben in den hochnordischen Weiten Sibiriens für die Schneekraniche während ihres etwa viermonatigen Aufenthaltes auch ohne eine Begegnung mit Menschen schon schwer genug. Wenn sie in der zweiten Maihälfte eintreffen, ist der Boden in der Regel noch gefroren. Nicht selten liegt Schnee auf und um das Nest, das viele Paare mehrere Jahre lang benutzen, aber in jedem Frühling wieder herrichten. So dienen ihnen in der ersten Zeit nur geeiste Preißelbeeren vom vergangenen Jahr als Nahrung. Ist das Erdreich angetaut, halten sie sich an ihre bevorzugte Speise: Wurzelknollen von Riedgräsern. Aber auch Insektenlarven und kleine Fische stehen auf ihrer Menükarte.

Ein Netz von international gesicherten Feuchtgebieten muß entstehen

Einen Monat (29 bis 31 Tage) dauert die Brutzeit, etwa zweieinhalb Monate brauchen die Jungen, bis sie flügge sind. Da bleibt ihnen nicht soviel Zeit für eine lange Vorbereitung auf die große Reise in den Süden wie anderen Kranicharten. Auf dem Zug gilt es, viele Gefahren zu umfliegen. Von den Kranichfängern, die den nach Indien ziehenden Vögeln in Afghanistan und Pakistan auflauern, wurde schon im Kapitel »Zwischen Europa, Afrika und Asien unterwegs« berichtet. Ein anderes Problem teilen sie mit den meisten ihrer Familie: Geeignete Gebiete zum Rasten und Auftanken erleiden zunehmend durch den Menschen Qualitätseinbußen oder werden gänzlich zerstört. Nur ein Netz von international gesicherten Feuchtgebieten, wie es die weltweit operierende Kranichschutzlobby anstrebt (unter anderem durch eine ganze Reihe von Resolutionen, die auf internationalen Tagungen an viele verschiedene Regierungen gerichtet werden), kann diese weit fortgeschrittene Entwicklung beenden und vielleicht teilweise wieder rückgängig machen.

Als George Archibald und Ronald Sauey 1973 die International Crane Foundation (ICF) in Baraboo im US-Staat Wisconsin gründeten, war es schlecht bestellt um die Zukunft der Schneekraniche. Daher nahm diese Art im vorgesehenen Arbeitsprogramm der beiden jungen Biologen einen vorrangigen Platz ein. Ihre Idee war, verkürzt dargestellt, durch die Zucht von Vögeln in Gefangenschaft eine gesicherte »Ersatzpopulation« und eine Genreserve aufzubauen. Auch die spätere Auswilderung von in Gefangenschaft aufgezogenen Vögeln gehörte zu den Plänen. 1976 traf George Archibald mit Vladimir Flint vom sowjetischen Forschungsinstitut für Naturschutz und Reservate im Moskauer Landwirtschaftsministerium zusammen, um ein sowjetisch-amerikanisches Projekt zu planen, wie es zuvor noch keines gegeben hatte.

Was anfangs als kaum realisierbar erschien, hat bis 1988 reiche Früchte getragen. Im Herbst dieses Jahres leben in der Brutstation des Oka Naturreservats bei Moskau und in den Anlagen der International Crane Foundation 40 Schneekraniche, fast genauso viele, wie die indische und iranische Winterpopulation zusammen ausmachen. Dieser Erfolg ist nur durch eine enge Zusammenarbeit zwischen Russen und Amerikanern möglich gewesen. Anfangs stellten die sowjetischen Naturschutzbehörden der privaten amerikanischen Kranichstiftung Eier aus den Nestern freilebender Schneekraniche zur Verfügung: Im Vertrauen auf deren Erfahrungen in der »künstlichen« Aufzucht von anderen Kranicharten ließen sie 1977 die ersten vier Eier per Flugzeug abholen. (Die wilden Kranichpaare werden nach der Auffassung der um sie bemühten Forscher durch die Entnahme eines Eis aus dem Zweiergelege nicht geschädigt. Bei den Schneekranichen nämlich wird – wie bei den amerikanischen Schreikranichen – immer nur ein Jungvogel flügge. Allerdings gibt es bislang keine genauen Beobachtungen, inwieweit der »Verlust« eines Eis die Chancen eines Paares, überhaupt ein Junges aufzuziehen, mindert.)

Amerikanisch-sowjetische Kranichalliierte

Seit 1977 sind wiederholt Eiertransporte von Ost nach West erfolgt. 1978 schlüpfte während des Fluges von Moskau in die Vereinigten Staaten ein Junges und erhielt den Namen »Aeroflot«. Drei Jahre später sprengte »Dushenka« in Baraboo als erster in Gefangenschaft erbrüteter Schneekranich die Eischalen. 1982 folgten drei weitere Küken aus dem Brutschrank. Ein Jahr darauf revanchierten sich die ICF-Leute mit den ersten vier Eiern aus »eigener Produktion«, die George Archibald nach Oka brachte. Mit ihnen wollten die amerikanisch-sowjetischen Kranichalliierten im 22 300 Hektar großen Oka-Reservat einen besonderen Versuch unternehmen. Die Eier sollten mit denen von einigen der 50 bis 60 im Schutzgebiet brütenden Grauen Kranichpaare ausgetauscht werden. Wie beim Experiment mit den Schreikranichen, die im US-Staat

Beim Start muß der Weißnackenkranich besonders viel Energie aufwenden, was an den durchgebogenen Handschwingen deutlich wird (vorausgegangene Doppelseite). Schon Wochen vor dem Aufbruch in ihre mandschurischen, mongolischen und sibirischen Brutgebiete balzen die Vögel kräftig in ihrem südjapanischen, koreanischen und südostchinesischen Winterrefugien (linke Seite oben). Die am noch nicht ausgefärbten Gefieder kenntlichen Jungen bleiben bis zur Rückkehr an ihren Geburtsort im Gefolge der Eltern (linke Seite unten), werden dort aber von diesen aus dem Nistterritorium verjagt und schließen sich mit Altersgenossen zusammen. Rund um das Nest, das Weißnackenkraniche mit Vorliebe im Schilfgürtel eines Sees, aber auch in sumpfigen Riedgraszonen bauen, will ein Paar nicht gestört werden. Mehrfach am Tag und in der Nacht wendet der brütende Vogel das meistens aus zwei Eiern bestehende Gelege (links); während das zuerst geschlüpfte Küken bereits auf dem Nestrand die Welt erkundet, wärmt die Kranichhenne das zweite Ei einen oder zwei weitere Tage, bis auch dessen Schale gesprengt ist (oben).

ten so wichtigen Gebiet ist das mit erheblichem Aufwand gebaute Besucherzentrum von Zhalong. Schulklassen, Behördenmitarbeiter und Betriebsbelegschaften, die in Buskarawanen anreisen, werden in einer Ausstellung über das Schutzgebiet und Fragen zur Naturerhaltung informiert. Die eigentliche Attraktion aber sind mehrere Dutzend halbzahmer oder hinter Gittern gehaltener Kraniche. Mandschuren- und Weißnackenkraniche stellen den größten Anteil. Sie sind hier aufgezogen worden. Die Chinesen setzen damit eine alte Tradition der Kranichhaltung fort. Der Besucher aus dem Westen kann sich allerdings des Gefühls nicht erwehren, daß zumindest einige der hier Tätigen in der zunehmenden Zahl freifliegender halbzahmer Kraniche bereits zufriedenstellende Ergebnisse praktizierten Naturschutzes erblicken, die weitere Bemühungen um die Erhaltung des natürlichen Lebensraumes für die wildlebenden Vögel überflüssig machten.

Einigen Weißnackenkranichen wird das Erstgelege fortgenommen

Diese Gedanken, die mancher unserer fernöstlichen Gastgeber teilt, sind verflogen, als wir am Nest der Weißnackenkraniche stehen. Das Paar gehört zur halbzahmen Truppe, die jedes Jahr das Kontingent der Zhalong-Kraniche verstärkt. Als sich das Weibchen bei unserer Ankunft vom Nest erhebt und uns mit dem an seine Seite geeilten Männchen eine Serie von Doppelrufen entgegentrompetet, streckt ein braunes Dunenküken neben einem schön gesprenkelten Ei sein Köpfchen etwas wackelig in die Höhe. Die Voraussage von Wang Jin Jun ist also eingetroffen, und in spätestens zwei Tagen wird das zweite Küken schlüpfen. Dann wird der Kranichbetreuer wiederkommen, und einer seiner Begleiter wird einen geflochtenen Korb mitbringen. Wang Jin Jun weiß noch nicht, ob er nur eins der Küken oder beide mit in die Aufzuchtstation nehmen wird. Da im vergangenen Jahr (1986) durch den Ausfall der Brutmaschine etwa 20 Eier verlorengegangen sind, ist man in diesem Frühling trotz verbesserter Technik vorsichtig ans Werk gegangen. Statt allen Kranichen das Erstgelege fortzunehmen, um die Eier künstlich auszubrüten, ließ man einige in Ruhe. Jetzt soll erprobt werden, ob die Weibchen einzelner Paare auch noch einmal legen, wenn ihnen die frisch geschlüpften Jungen fortgenommen werden. Anderen Paaren soll ein Küken zur Aufzucht bleiben.

Alle der mehr als ein halbes Dutzend halbzahmer Weißnackenkranichpaare können die Züchter von Zhalong ohnehin nicht in ihre Planungen einbeziehen. Nur solche, denen die Handschwingen beschnitten sind und die folglich bis nach der nächsten Großgefiedermauser nicht fliegen können, oder ganz vertraute Vögel bauen ihr Nest in der Nähe des Zentrums. Andere zieht es viele Kilometer fort, und sie tauchen später vielleicht mit flüggen Jungen im Gefolge wieder auf.

Wir besuchen noch ein zweites Paar, das sein Nest in einer der kleinen Schilfflächen am Rand eines Sees versteckt hat. Solche Deckungsinseln, die auch von vielen anderen Vögeln sofort angenommen werden, kosten Geld aus dem schmalen Naturschutzfonds. Für 500 Yuan, das ist der fünffache Monatslohn eines Angestellten, lassen sich einzelne Bauern das Recht, auf einem halben Hektar das Schilf zu schneiden, für ein Jahr abkaufen. Dieses Recht erhalten sie von der Stadt Qiqihar über ihre Gemeinde, welche die Zuteilung vornimmt. Die Mittel für den Naturschutz hingegen kommen zum Teil aus Peking über das Forstministerium, das für rund 90 Prozent der knapp 350 chinesischen Reservate auf höchster Ebene verantwortlich ist. So wird der Kranichschutz für manche Bewohner des Zhalong-Reservats, die allesamt ein bescheidenes Leben führen, zu einem kleinen Geschäft. Der bedrohten Natur ist mit derartigem Stückwerk auf Dauer allerdings nicht zu helfen.

Die Vögel ziehen ins Winterquartier nach Japan

Daß das Brutmanagement in Zhalong erste Erfolge für die freilebende Population der Weißnackenkraniche verbuchen kann und darüber hinaus zu neuen Erkenntnissen über ihre Zugwege verhilft, bewiesen chinesische und japanische Ornithologen 1987 und 1988 in gemeinsamer Arbeit. Ein 1984 im Winterquartier bei Izumi auf der südjapanischen Insel Kyushu beringter Weißnackenkranich zog mit seinem Partner im Frühjahr und Sommer 1987 in Zhalong einen Jungvogel auf, der ebenfalls beringt werden konnte. Mit der Nummer 61 auf dem roten Plastikband am linken Ständer tauchte er im Gefolge des gelb markierten Altvogels im Winter 1987/88 bei Izumi auf. Damit ist belegt, was viele Vogelkundler seit langem vermuten: Weißnackenkraniche ziehen auf einem mehrere tausend Kilometer langen Weg aus ihren nördlichen Brutgebieten bis zur südlichsten der vier japanischen Hauptinseln. Wie unter den Mönchskranichen, die sich in ungleich größerer Zahl dort versammeln (siehe das folgende Kapitel), findet das Winterquartier mit regelmäßiger Fütterung bei den Weißnackenkranichen ständig wachsenden Zuspruch. Nach dem Zweiten Weltkrieg war ihre Zahl im Winter 1947/48 auf ganze 25 gefallen und 1959/60 erst wieder auf 45 angestiegen. Doch dann ging es mit kleinen Schwankungen kontinuierlich bergauf, wobei nicht bekannt ist, ob andere Winterquartiere im gleichen Maß an Bedeutung verloren oder gar verschwanden oder ob der Gesamtbestand der Weißnackenkraniche entsprechend wuchs. Der Beginn einer regelmäßigen Fütterung im Jahr 1962/63 kann nicht allein den Ausschlag gegeben haben. Der rasante Anstieg begann erst nach dem Winter 1971/72, in dem es noch 287 waren. Fünf Jahre später schon kamen 1071, und im Winter 1987/88 wurden 1316 gezählt.

Somit überwintert etwa ein Viertel des Gesamtbestandes der Art in Japan. Die ersten treffen Anfang November ein, die meisten im Dezember und einige erst Anfang Januar. Ende Februar sind sie schon wieder verschwunden. Eine lange Pause machen sie in Korea, wo viele Weißnackenkraniche den ganzen Winter – zum Teil in Gesellschaft von Mandschurenkranichen – verbringen. Die Entmilitarisierte Zone des geteilten Landes gehört zu ihren bevorzugten Gebieten.

Das vielleicht wichtigste Winterquartier für die Art ist erst vor wenigen Jahren bekanntgeworden. Nach der Entdeckung der Nonnenkraniche am Poyang-See (siehe »Die weiße Lilie unter den Gefiederten«) wurden die chinesischen Vogelkundler auf die dort rastenden Weißnackenkraniche aufmerksam. Nach anfänglich rund 450, die im Winter 1982/83 gezählt werden konnten, kamen die Beobachter drei Jahre später schon auf 1165. Im Winter 1987/88 kletterte die Zahl auf 2021.

Infolge der Beobachtungen und Zählungen in den Winterquartieren und des anschließenden Zusammentragens der Informationen wächst langsam das Wissen über die Weißnackenkraniche, die lange Zeit von den Vogelkundlern etwas vernachlässigt zu sein schienen. Dabei stehen sie, vielleicht in anfänglicher Unterschätzung ihrer Gesamtzahl, auf der Roten Liste der bedrohten Arten. Wenn auch ihre Zahl von etwa 2700, auf die der Gesamtbestand Ende der siebziger Jahre veranschlagt wurde, in der Statistik mehr als verdoppelt werden konnte, gehören die schönen Vögel, die auf den ersten Blick nicht so viel hermachen wie manche ihrer Verwandten, doch zu denen, deren Population als »verletzlich« gilt.

Manches Brutgebiet ist noch unentdeckt

Um sie besser schützen zu können, bemühen sich insbesondere chinesische und sowjetische Ornithologen, mehr über ihre Brutgebiete zu erfahren. Zwar ist bekannt, daß die »Weißnacken« im Nordosten Chinas, in der Mongolei, in der Sowjetunion am Chanka-See nördlich von Wladiwostok, am Ussuri und Amur, am Fluß Uldza und südöstlich des Baikal-Sees brüten, doch gibt es viele weiße Flecken auf der Brutlandkarte. Die Beobachtungen in den Überwinterungsgebieten während der letzten Jahre haben ergeben, daß die überwiegend vegetarisch lebenden Weißnackenkraniche keine schlechte Nachwuchsrate haben. In manchen Jahren und an manchen Orten beträgt der Anteil der Jungen mehr als 15 Prozent. Etwa ein Viertel der führenden Paare haben zwei Junge im Gefolge. Das spricht dafür, daß in einigen ihrer Brutgebiete noch gute Bedingungen herrschen.

Eine Studie von drei chinesischen Biologen der Universität Harbin, die im Gebiet von Lindian, das zum Zhalong-Reservat gehört, sechs Nester wildlebender Weißnackenkraniche untersuchten, zeigt, daß die Vögel während der Brut sowohl Abstand zum Menschen als auch zu ihresgleichen halten. Die Paare bauten ihre Nester im flachen Wasser und mitteldichten Schilf in einer Entfernung von mindestens eineinhalb Kilometern zur nächsten landwirtschaftlich genutzten Fläche. Durchschnittlich gut zweieinhalb Kilometer trennten die einzelnen Nester voneinander.

Das mögen günstige Voraussetzungen für eine erfolgreiche Familienplanung sein. So können die Altvögel mit ihren Jungen nach einer Brutzeit von 29 bis 33 Tagen ohne Konkurrenzdruck auf Nahrungssuche gehen, bis diese nach etwa 70 Tagen flügge werden. Spätestens auf dem Zug schließen sie sich mit Artgenossen zusammen und können in manchen Winterquartieren erstaunlich vertrauten Umgang mit ihnen friedlich gesonnenen Menschen pflegen. Vom Umgang der Menschen mit den Weißnackenkranichen, insbesondere von der langfristigen Sicherung genügender Winterrastplätze und der Schonung der Brutgebiete, hängt es ab, ob die Art sich weiter so positiv entwickelt wie in den achtziger Jahren. Vielleicht kann sie dann eines Tages von den Roten Listen gestrichen werden. Dazu wollen auch eine Anzahl Zoos beitragen, indem sie – ohne Rückgriff auf freilebende Bestände – ein Zuchtprogramm mit entsprechendem Austausch untereinander weiter verbessern. Für die Weißnackenkraniche konnte beispielsweise der Frankfurter Zoo 1988 einen guten Erfolg verbuchen: Seine beiden Paare zogen jeweils zwei Junge auf. Sie werden eines Tages in anderen Tiergärten mit blutsfremden Partnern wieder für Nachwuchs sorgen und so verhindern, daß in Zukunft Wildfänge hinter Gitter kommen, wie es noch vor kurzem die Regel war.

Dicht gedrängt am Futterplatz

Sueharo Matano hat es schon öfters tun müssen. Dennoch steht ihm das Mitleid für den Vogel, den er in seinen Händen hält, ins Gesicht geschrieben. Aber es gibt keine andere Wahl, als dem Mönchskranich den linken Flügel oberhalb der Handwurzel zu amputieren. Zwar wird der überwiegend dunkelgrau Gefiederte mit der roten Stirnplatte auf seinem weißen Kopf nie wieder seine sibirische Brutheimat sehen, zwar wird der lebenslange Ehebund mit seinem Partner zerstört sein, doch nach menschlichem Ermessen ist es die bessere Lösung als der Tod. Ob auch der Kranich so entschiede, wenn er könnte? Oder zöge er ein vorzeitiges Ende im südjapanischen Winterquartier dem künftigen Leben in einem Zoo, flugunfähig und vielleicht hinter Gittern, vor?

Sueharo Matano, der seit mehr als zwanzig Jahren eine wichtige Rolle im Dasein fast der gesamten Weltpopulation von »Grus monachus« spielt, kann sich solche Fragen nicht immer wieder stellen. Zu oft ist ihm schon ein verunglückter Mönchskranich gebracht worden, oder er selber hat einen unter einer elektrischen Leitung gefunden. In einem »schlechten Jahr« sind es zwischen zehn und zwanzig; wenn es gut geht zwischen dem 20. Oktober und dem 10. März, dann muß sich »Kranichvater« Matano nur um ein halbes Dutzend Invaliden kümmern.

Die Operation ist einfach und kurz. Da der Knochen mit der Handschwinge nach dem Anprall gegen einen der vielen Drähte über den Feldern dieser dicht besiedelten Gegend zwölf Kilometer südöstlich der Stadt Izumi nur mehr herunterbaumelt, genügt ein einmaliges Zudrücken der Schere. Die Desinfektion der Wunde und das Anlegen eines Verbandes sind für Sueharo Matano ebenfalls zur Routine geworden. Schon wenige Minuten später ist er wieder zu seiner Hauptarbeit zurückgekehrt: die Fütterung des nächsten Tages vorzubereiten. Nebenher muß er die Fragen von Besuchern der Station Arasaki beantworten und seiner Frau im kleinen Gasthaus zur Hand gehen. Hier, am Westufer der südjapanischen Insel Kyushu, treffen sich in jedem Winter neben Kranichenthusiasten aus Japan Ornithologen aus aller Welt.

Auch wir sind – wie die Kraniche – der Anziehungskraft dieses Ortes erlegen. Als wir im Februar 1983 zum erstenmal das Gebiet von Akune in der Präfektur Kagoshima besuchen, halten sich zunächst Begeisterung und Betroffenheit die Waage. Nach der Ankunft auf dem mit künstlichen Kranichen geschmückten und mit Informationstafeln ausgestatteten Bahnhof von Izumi geht es mit dem Taxi durch eine Landschaft, der Industrie und Landwirtschaft ihren Stempel aufgedrückt haben. Kein Quadratmeter scheint hier ungenutzt zu sein. Selbst beim Anblick der ersten Mönchs- und Weißnackenkraniche, die in Familienverbänden und kleinen Gruppen zwischen Kohlreihen, auf Bohnen- und Reisfeldern stehen, fragen wir uns, wie in einer solchen Umgebung Tausende von Kranichen mehr als vier Monate zubringen können. In Arasaki sehen wir dann, daß sich die Vögel in dem vom Menschen geprägten und verunstalteten ehemaligen Flußdelta, das nach seiner Abdämmung in fruchtbares Ackerland verwandelt worden ist, anscheinend wohl fühlen. Denn hier finden sie während des Winters, woran ihnen am meisten gelegen ist: ausreichend Nahrung und – eher beengten – Platz zum ungestörten Übernachten.

7000 Mönchskraniche folgen einem japanischen Kleinlaster

Dieser Ort hat für die Mönchskraniche, deren Brutgebiete – bis auf wenige Ausnahmen im nordöstlichen China – im Osten der Sowjetrepublik liegen, eine lange Tradition. Im Jahr 1939/40 überwinterten hier bereits 3435 Vögel. (Die genaue Zahl beweist auch, daß es schon damals Menschen in Japan gab, die Anteil am Schicksal der Kraniche nahmen. Sie zählten übrigens zur gleichen Zeit 467 Weißnackenkraniche.) Nach dem Krieg war die Zahl auf ein kleines Häuflein zusammengeschrumpft. Im Winter 1947/48 wurden 250 Mönchskraniche beobachtet, 1959/60 waren es 375. Drei Jahre später, als Vogelschützer mit der Unterstützung der Präfekturbehörden und der Stadt Izumi damit begannen, regelmäßig Futter auszustreuen, vermehrte sich die Gästeschar schlagartig: 1053 Mönchskraniche machten sich über die Weizenkörner her. Seitdem ging es ständig bergauf. Im Winter 1987/88 versammeln sich 6988 Mönchskraniche auf einer Fläche von rund 50 Hektar; zur morgendlichen Fütterung drängeln sie auf noch engerem Raum hinter dem Kleinlaster von Sueharo Matano um die besten Plätze. Sie sind dabei im Wettbewerb mit den um etwa 25 Zentimeter größeren Weißnackenkranichen, mit einigen Grauen Kranichen, in einigen Jahren auch mit vereinzelten Jungfernkranichen, Mandschuren- und Kanadakranichen. So hatten wir 1983 das Glück, einen Schneekranich (Nonnenkranich) als weißen Kontrapunkt in der grauen Masse zu entdecken. Seit 1961 war er der erste (und bis einschließlich 1987/88 der vorerst letzte), den es im Gefolge der Mönchs- und Weißnackenkraniche aus dem fernen Sibirien hierher verschlagen hatte. Sieben verschiedene Kranicharten in einem überschaubaren Winterquartier – auch in dieser Hinsicht ist Arasaki einmalig.

Auf die Besonderheit des Ortes werden wir lautstark bei jedem Morgengrauen hingewiesen. Nach der ersten Nacht glauben wir noch, Opfer einer akustischen Täuschung oder eines Traumes geworden zu sein, als uns Kranichstimmen unmittelbar vor dem Fenster auf unserem Bodenlager wecken. Doch es ist so, wie es klingt: Beim Blick durch die Vorhänge verschlägt es uns fast den Atem. Keine 30 Schritte entfernt, nur durch einen Weg und ein dünnes Absperrseil vom Gasthaus entfernt, stehen mit hochgereckten Köpfen Dutzende von Mönchskranichen und mahnen anscheinend das Futter an. Doch es ist noch nicht 7.30 Uhr. Auf die Minute genau startet jeden Morgen um diese Zeit der Kranichbetreuer Matano mit zwei Helfern. In einigen Kurven fahren sie mit dem Lastauto über die von 120 Bauern für fünf Monate angepachteten Felder und hinterlassen eine breite Spur goldgelber Weizenkörner. Gut 500 Kilogramm streuen sie einmal täglich aus. 20 Tage vor dem Abflug der Kraniche wird die Ration um täglich 300 Kilogramm frische Sardinen aufgestockt, damit sich die Vögel eine Fettreserve für die lange Reise und die erste entbehrungsreiche Zeit nach der Ankunft in den Brutgebieten zulegen können.

Ein Artenschutzprogramm wird zur Fremdenverkehrsattraktion

Was ein Vierteljahrhundert zuvor mit einigen Zentnern süßer Kartoffeln pro Woche begonnen hat, um die Kraniche von den Feldern abzulenken, ist mittlerweile zu einer kostspieligen Dauereinrichtung geworden, die ein Artenschutzprogramm mit einer Fremdenverkehrsattraktion verbindet. Die Bauern, auf deren Feldern das Winterreservat eingerichtet wird, erhalten von der Regierung für den Verzicht auf eine der in dem milden Klima üblichen zwei bis drei Jahresernten von Gemüse und Reis eine Entschädigung. Leer hingegen gehen alle diejenigen Feldbesitzer aus, die außerhalb der 50 Hektar großen Schutzzone Kraniche zu Gast haben. Nach der Morgenmahlzeit verteilen sich die Kranichheere nämlich in der weiteren Umgebung. Mehr als zehn Kilometer fliegen manche Mönchskraniche, um sich während der Tagesstunden dem landwirtschaftlichen Angebot der Gegend zu widmen. Hier, im japanischen Winterdomizil, sind sie überwiegend Vegetarier, Reiskörner mögen sie besonders gerne. Am Nachmittag schweben sie von allen Seiten ins Reservat auf Zeit ein, wo sie die von den Vogelschützern mit dem richtigen Wasserstand versehenen Flächen für eine ungestörte Nachtruhe vorfinden.

Nicht nur mit den Bauern gibt es Auseinandersetzungen. Gegen jede neue Stromleitung, die in dem Gebiet gezogen werden soll, ringen die Vogelschützer erbittert. Die Kraniche leben hier wie auf einer Insel, die nicht nur von Bergen und vom Meer begrenzt wird, sondern auch von Straßen, riesigen Gewächshäusern, Industriebauten und einem großen Betondeich. In jedem Frühjahr, wenn die Mönchskraniche Anfang März, kurz nach den Weißnackenkranichen, das Gebiet über das nahe Meer mit Kurs auf Korea verlassen, atmen Suehara Matano und viele der Vogelkundler, die regelmäßig nach Arasaki kommen, auf. Ihre größte Befürchtung: Es könnte sich einmal eine Seuche unter den dichtgedrängten Vögeln ausbreiten. Da sich bei Izumi mindestens 80 Prozent, wenn nicht gar mehr als 90 Prozent aller Mönchskraniche einfinden, wäre diese Art durch eine solche Katastrophe in ihrer Existenz gefährdet. Schon deshalb wären nicht nur die Bauern froh, wenn mehr von ihnen bei Yashiro auf der japanischen Hauptinsel Honshu überwinterten. Dort aber sind die Zahlen in der Vergangenheit ständig zurückgegangen: von mehr als 100 vor zehn Jahren auf 58 im Winter 1987/88. Auch in Korea und China, wo sie regelmäßig überwintern, gefällt es den Mönchskranichen allem Anschein nach lange nicht so gut wie auf Kyushu, wenngleich einige immer wieder neue Winterquartiere ausprobieren. Dabei verschlägt es sie mitunter sogar in vom Normalkurs weit abgelegene Landstriche, etwa in die südwestchinesische Provinz Guizhou, wo einer im Schutzgebiet von Cao Hai gesichtet wurde, oder nach Indien.

Solche »Abweichler« ziehen in der Regel im Verband von Grauen (Lilford-)Kranichen. Mit einer Körpergröße von 95 bis 110 Zentimetern sind die Mönchskraniche zwar um ein Viertel kleiner als diese, doch kommt es zwischen beiden Arten hin und wieder zu Verpaarungen, aus denen Nachwuchs hervorgeht. Das läßt – neben anatomischen Übereinstimmungen – auf eine enge Verwandtschaft schließen, die nicht zuletzt in recht ähnlichen Rufen und im Balzzeremoniell erkennbar wird. Dennoch überschneiden sich die Brutgebiete beider Arten kaum, soweit sich das aufgrund der bisher bekannten Nistplätze der Mönchskraniche sagen läßt.

Die Nistplätze der Mönchskraniche sind erst spät entdeckt worden

Jakutische Jäger und Hirten haben diese sicher schon seit jeher gekannt, und auch im Amur-Ussuri-Gebiet werden einheimische Wald- und Moorläufer des öfteren auf sie gestoßen sein. In der vogelkundlichen Literatur indes tauchen genaue Hinweise erst in den siebziger Jahren unseres Jahrhunderts auf. So schreibt der sowjetische Ornithologe Jurij Pukinski in seinem Buch »In der Ussuri-Taiga« zu einem Foto, das zwei

Rund 7000 Mönchskraniche und mehr als 1300 Weißnackenkraniche, links im Bild, versammeln sich zur »Essensausgabe« im südjapanischen Reservat nahe der Stadt Izumi (vorausgegangene Doppelseite). Nach der ersten Stärkung am Morgen mit Weizen und Fisch brechen die Mönchskraniche vom Übernachtungs- und Futterplatz auf (linke Seite oben), um sich tagsüber auf den umliegenden Reis- und Gemüsefeldern umzutun (linke Seite unten, diese Seite oben). In ihrem Brutgebiet am Ussuri suchen sie paarweise die Einsamkeit der mit Birken und Strauchweiden bewachsenen Moore (links).

Mönchskraniche am Nest zeigt: »Im sechsten Jahr meiner Streifzüge durch die Ussuri-Taiga hatte ich das Glück, auf ein Nest des Mönchskranichs zu stoßen. Bis zu jenem Zeitpunkt (18. Mai 1974) war es noch keinem Naturforscher gelungen, ein Nest dieses außergewöhnlich seltenen Vogels ausfindig zu machen. In der Tat – der Pfad der Entdeckungen ist in der Wildnis am Ussuri genauso unendlich wie die Weite der Landschaft am Bikin.«

Pukinskis Kollegen Algirdas Knystautas und Jurij Šibnev geben in ihrem 1987 erschienenen Buch »Die Vogelwelt Ussuriens« folgende Beschreibung: »Die Habitate dieses geheimnisvollen Vogels sind die schwer zugänglichen und schwer passierbaren Hochmoore der Gebirgstaiga – die Mari, die in den Senken zwischen den Bergkuppen gelegen sind. An den Nistplätzen in der Bikin-Aue treffen die Mönchskraniche Mitte April ein, wenn in den Mari der Schnee vollständig getaut ist. Zum Brüten schreiten sie in der dritten Aprildekade. Den Nestunterbau errichten sie aus Moos auf einem Tierpfad im Wasser und trampeln ihn gut fest. Die obere Nestlage besteht aus kleinen Zweigen von Sträuchern, und die Mulde ist mit Seggen ausgelegt. Das Gelege besteht aus zwei Eiern. Einige Mari sind von den Kranichen sehr dicht besiedelt, so dicht, daß man am frühen Morgen von einer Stelle aus vier bis fünf trompetende Paare hören kann. In einem Mar fällt der Mönchskranich kaum auf, wenn er sich auf Wildwechseln zwischen sich emporwölbenden Moospolstern, Zwergbirken und niedrigen Lärchen bewegt...«

Nach der Ankunft in den Moossümpfen verlieren die Vögel keine Zeit

Die beiden Naturwissenschaftler, die ebenfalls mehrfach monatelang das vogelkundlich ungemein interessante Gebiet am Ussuri erforscht haben, beobachteten ferner, daß sich in den fast baumfreien Zentren der Moossümpfe (Mari) noch nicht geschlechtsreife, aber mitunter schon verpaarte Mönchskraniche aufhalten, während die Brutpaare ihre Nestterritorien in den Randlagen errichtet haben und Artgenossen daraus vertreiben. Bis zu 25 Quadratkilometer kann das Revier eines einzelnen Paares messen. Im Gegensatz zu manchen anderen Kranicharten, so vermuten Knystautas und Šibnev, verlieren die Mönchskraniche nach der Ankunft im Brutgebiet keine Zeit. In klimatisch günstigen Jahren schlüpfen die ersten Küken am Ussuri bereits zwischen dem 15. und 20. Mai. Ähnlich wird es im riesigen Verbreitungsgebiet zwischen dem Baikal-See und den Flüssen Amur und Lena sein. Im weiter nördlich gelegenen Jakutien, wo die meisten Brutreviere der Art vermutet werden, legen die Weibchen ihre Eier etwas später.

Nach erfolgreicher Brut scheinen sich die Mönchskraniche besonders gut auf die Aufzucht ihrer Küken zu verstehen. In den Winterquartieren wird bei den Familien immer wieder ein hoher Anteil von Eltern mit zwei Jungen festgestellt: bis zu 48 Prozent. Dennoch ist die Nachwuchsrate mit 13 bis 15 Prozent insgesamt nicht höher als bei anderen Arten. Ob sich der Bestand der Mönchskraniche in den vergangenen Jahren erhöht hat oder ob sich die Vögel nur verstärkt auf wenige Winterquartiere konzentrieren, muß einstweilen dahingestellt bleiben. Die chinesischen Naturschutzbehörden, die einigen hundert in verschiedenen Schutzgebieten (etwa am bereits erwähnten Poyang-See in der Provinz Jiangxi und am Shengjin-See in der Provinz Anhui) als Quartiermacher dienen, hoffen, daß auch bei ihnen in Zukunft die Zahl der überwinternden Mönchskraniche steigt. Intensive Gebietserkundungen im Norden Chinas werden in den kommenden Jahren ergeben, ob die amtlichen Naturschützer auch zum Schutz ihrer Brutgebiete etwas beitragen können.

Tänzer in Schnee und Schilf

Der wissenschaftliche Name, den der deutsche Forscher P. L. S. Müller 1776 dem »populärsten« aller Kraniche gab, war in doppelter Hinsicht unpassend. »Ardea japonensis« nannte er ihn: Japanischer Reiher. Damals glaubte man, daß Kraniche und Reiher eng verwandt seien und damit einer Vogelfamilie angehörten. Und da der Entdeckungsort im nördlichen Japan lag, wurde auch eine geographische Beziehung hergestellt. »Ardea« wurde später aufgrund neuer Erkenntnisse zu »Grus«, doch »japonensis« blieb bis heute erhalten. Verwirrend war auch in anderen Sprachen die Namengebung für die Art, die wie keine andere ihrer Sippe die menschliche Phantasie angeregt und Eingang in die Religion, in die Kunst und ins tägliche Leben vieler östlicher Völker gefunden hat: Mandschurenkranich heißt sie auf deutsch, Japanischer Kranich (Japanese Crane) auf englisch, Chinesischer Kranich (Chinese Kraanvogel) auf niederländisch, und Ussuriland-Kranich (Ussuriskii zhuravl) nennen die Russen den großen weißen Vogel. Damit ist, bis auf Korea, jedem seiner Heimatländer Rechnung getragen. Von Vorteil jedoch ist diese Namenvielfalt nicht gerade, und besonders die Chinesen hören es ungerne, wenn ihr »Hsien-ho« als japanisch bezeichnet wird. Die Japaner nennen ihn ganz neutral »tancho« – Rotschopf. Dementsprechend hat sich in der jüngeren Vergangenheit die neue amerikanische Bezeichnung »Red-crowned crane« immer stärker durchgesetzt. In Artikeln deutscher Zeitungen, die aus dem Englischen übersetzt werden, taucht zunehmend der »Rotkronenkranich« auf und gibt manchem Leser ein Rätsel auf. Wer daraufhin in einem Bestimmungsbuch nachschaut, stellt schnell fest, daß die meisten Kraniche mit einer roten »Krone« geschmückt sind.

Bevor wir die knapp 140 Zentimeter großen Vögel in China, dem Land ihrer derzeit größten Verbreitung, an den Brutplätzen beobachten, statten wir ihnen einen Besuch auf Hokkaido im Norden Japans ab. Hier hat sich ihr Schicksal nach einer langen Zeit schlimmer Verfolgungen in den vergangenen 35 Jahren überraschend zum Guten gewendet.

Das Thermometer zeigt unter 15 Grad minus an, als wir an einem Februarmorgen gegen neun Uhr zum erstenmal neben mehr als 20 japanischen Beobachtern und Fotografen unseren Platz hinter einem Schneewall neben einem Pavillon mit großen Fensterscheiben beziehen. Unsere Geduld, aber auch unsere Hände und Füße werden eine gute Stunde lang auf die – kalte – Probe gestellt, doch dann werden wir genauso überrascht wie die mittlerweile rund 50 vermummten Nachbarn. Lautlos sind sie herangeschwebt und plötzlich auf dem verschneiten Feld vor uns gelandet. Trotz ihrer Flügelspanne von fast zweieinhalb Metern sowie ihres strahlend weißen Gefieders haben wir den Anflug der sechs Mandschurenkraniche nicht bemerkt. Sie haben den Sichtschutz einer langen hohen Hecke auf dem Weg vom nahen Flußbett gut zu nutzen gewußt. Dort, so wurden wir während des Wartens aufgeklärt, verbringen die Kraniche im seichten, ganz selten zufrierenden Wasser die Nacht.

Ein Trompetenkonzert eröffnet den Reigen der Mandschurenkraniche

Nur wenige Sekunden nach ihrer Landung machen die sechs aus ihrer Ankunft kein Geheimnis mehr. Vier strecken ihren langen dunklen Hals senkrecht in die Höhe, werfen den Kopf nach hinten, so daß auf jedem die rote Platte in der Morgensonne aufleuchtet, und stimmen ein lautes Trompetenkonzert an. Während zwei der langbeinigen Vögel voreinander Aufstellung genommen haben und ihre Fanfarenstöße im Duett als Doppelrufe vortragen, schreiten die übrigen im Paradeschritt nebeneinander her. Bei zweien sind die über den Schwanz herabhängenden schwarzen Schmuckfedern mit braunen Tönen versetzt. Auch die graubraune, verwaschen wirkende Färbung des Halses und das Fehlen der roten »Krone« zeigen an, daß es sich um Jungvögel handelt, die jetzt gut ein halbes Jahr alt sind. Sie können bei den schmetternden, kilometerweit schallenden Rufen noch nicht mithalten, und auch der Stechschritt klappt noch mangelhaft.

Nach etwa zwei Minuten beruhigen sich die Kraniche und beginnen bald darauf, im Schnee umherliegende Maiskörner aufzupicken. Doch schon wenig später gehen die Köpfe wieder hoch, und die schneidend kalte Luft ist erneut von heiserem Geschrei erfüllt. Jetzt werden neue Ankömmlinge begrüßt – mehr als ein Dutzend schweben wie große Kreuze in wohlgeordnetem Verband heran. Gegen den blauen Himmel wird eine Besonderheit im Gefieder der Mandschurenkraniche besonders gut sichtbar: Im Gegensatz zu allen anderen Arten der Familie sind ihre Handschwingen weiß.

Dieses Mal verpassen wir den faszinierenden Landeanflug der Vögel nicht. Das Schauspiel wiederholt sich nun in kurzer Zeit mehrfach. Paarweise oder in Gruppen bis zu 20 fliegen immer weitere Kraniche das etwa drei Hektar große Feld vor uns an. Nach jeder Landung wird das Konzert am Boden lauter, obwohl sich nicht alle daran beteiligen. Manche beginnen auch schon in der Luft zu rufen.

Bei großer Kälte verlassen die Mandschurenkraniche auf der nordjapanischen Insel Hokkaido erst am späten Vormittag ihr Nachtquartier am Fluß (rechts) und fliegen zu den Futterplätzen (oben). Nicht nur dort, sondern auch an anderen Stellen führen die »Rotkronenkraniche« ihre herrlichen Tänze vor (rechte Seite). Das Schauspiel lockt alljährlich viele tausend Besucher in die Nähe der Hafenstadt Kushiro. Dank der regelmäßigen Fütterung hat sich die Zahl der in Nordjapan lebenden Mandschurenkraniche in dreißig Jahren auf über 400 mehr als verzehnfacht.

Gegen 10.30 Uhr haben sich 56 der herrlichen Vögel versammelt und stillen ihren Hunger. Wir befinden uns an dem größten Futterplatz für die Mandschurenkraniche auf Hokkaido, der gebirgigen Insel, die im Norden an die Sowjetunion grenzt. Hier, wie an einigen anderen Stellen im weiten Umkreis der Stadt Kushiro, besteht den ganzen Winter hindurch Gelegenheit, das grandiose Ballett der Kraniche weiß in weiß zu erleben.

Die »Mandschuren« stellen schnell unter Beweis, daß sie – neben ihren großen Chancen, einen Schönheitswettbewerb zu gewinnen – in ihrer Verwandtschaft einen Vergleich hinsichtlich der Tanzfreudigkeit und der Tanzfertigkeit nicht zu scheuen brauchen. Je mehr von ihnen beisammen sind, desto seltener gibt es eine Pause: Sie schlagen mit den Flügeln, springen senkrecht in die Luft, knicksen auf und ab, drehen und spreizen sich, strecken den Hals waagerecht nach vorne, nach oben oder senken ihn zu Boden, sie laufen mit eigenwilligen Schritten hin und her, sie verfolgen sich gegenseitig, setzen sich auf den Schnee, werfen Pflanzenreste in die Höhe, fangen sie wieder auf, und sie rufen und rufen immer wieder. Ein Tag am Futterplatz offenbart nahezu das gesamte Verhaltensrepertoire der Tiere: zwischen Ehepartnern, zwischen Eltern und Jungen, zwischen »Fremden«. Im März und April geht es besonders lebhaft zu, denn die Balz beginnt im Schnee.

Auch bei minus 30 Grad bleiben die »Rotgekrönten« auf Hokkaido

Ihre nordöstlichen Artgenossen, die in China (in den Provinzen Heilongjiang und Jilin sowie in der Autonomen Region Innere Mongolei mit dem westlichsten Brutplatz am Dali Nuo Er) und in den angrenzenden Gebieten der südöstlichen Sowjetunion (mit einem Schwerpunkt am Chanka-See sowie entlang der Flüsse Ussuri und Amur) brüten, ziehen im Herbst innerhalb des Reichs der Mitte südwärts und bis nach Korea. Die Mandschurenkraniche auf Hokkaido hingegen bleiben ihrer Heimat auch bei Temperaturen von unter minus 30 Grad Celsius treu. Bis zum Jahr 1952 war diese Tatsache weitgehend unbekannt. Als damals in einem besonders kalten Winter auf Hokkaido alle Flüsse zufroren, waren die Kraniche dadurch doppelt benachteiligt: Eine dicke Eisschicht versperrte ihnen den Zugang zur Winternahrung und zum sicheren Aufenthaltsort zur Nachtzeit. (In erster Linie suchen die Vögel offene Wasserflächen auf, um sich damit gegen Überfälle von Füchsen zu schützen, von denen es auf der Insel nicht wenige gibt.)

Etwa 30 in Not geratene Kraniche wurden auf den Feldern nahe gelegener Ortschaften gesichtet, zur großen Überraschung ihrer Bewohner. Schulkinder begannen, ihnen Mais und Buchweizen hinzustreuen. Als die ausgehungerten Vögel das Futter annahmen, erfaßte eine Welle von Anteilnahme und Hilfsbereitschaft die Bevölkerung des damals noch gering besiedelten nördlichen Teils des Inselreichs.

Den Ornithologen erschien es als eine Sensation, als im nicht so kalten folgenden Winter sich die Vögel erneut an den Plätzen einstellten, nunmehr sogar neun mehr an der Zahl. Wieder wurden sie gefüttert, und ihre anfängliche Scheu nahm merklich ab. In den folgenden Jahren stieg die Zahl der weißen Kraniche langsam, aber stetig. Bauern richteten auf eigene Kosten weitere Futterstellen ein. Unter den Fachleuten begann eine Diskussion, ob es heimische oder vom asiatischen Festland zugezogene Vögel waren.

Aufregende Entdeckung: 53 brütende Paare

Erst im Mai 1972 hatte das Rätselraten ein Ende, als zwei japanische Vogelkundler mit George Archibald von der International Crane Foundation bei einem Erkundungsflug über dem Kushiro-Moor eine aufregende Entdeckung machten: In dem ehemals 30 000 Hektar großen Sumpf- und Schilfgelände nahe der an Hokkaidos Ostküste gelegenen Hafenstadt zählten sie 53 brütende Paare. Die weißen Vögel waren aus der Luft unschwer auszumachen, so gut sie ihre im Wasser stehenden Bodennester auch im Schilf getarnt hatten. Damit war bestätigt, daß zumindest der größte Teil der überwinternden Mandschurenkraniche auch auf Hokkaido brütet. Und die Luftbeobachter konnten die erfreuliche Mitteilung zur Erde mitbringen, daß sich aus der »Restpopulation« von ehemals 20 bis 40 Vögeln, zu der die bis ins 17. Jahrhundert auf Hokkaido und im Norden von Honshu zahlreich vertretene – aber danach trotz aller Heiligkeit erbarmungslos gejagte – Art zu Anfang des 20. Jahrhunderts zusammengeschrumpft war, wieder ein stabiler Brutbestand entwickelt habe.

Doch die Kranichschützer ruhten nicht. Mittlerweile hatten einige Fremdenverkehrsfachleute auch die Anziehungskraft erkannt, die die schönen gefiederten Tänzer auf die Menschen ausüben. 1977 baute die Gemeinde Akan, rund 100 Kilometer nordwestlich von Kushiro, eine regelrechte Fütterungsstation mit einem Beobachtungsgebäude, wo es neben Kranichsouvenirs aller Art auch eine heiße Suppe zu kaufen gibt. Ein kleines Hotel mit dem Namen »Tsuru« (Kranich) ermöglicht von weit angereisten Besuchern einen längeren Aufenthalt. Die Kraniche haben sich an den durch einen Zaun abgeschirmten Menschenauflauf gewöhnt und nähern sich den Zuschauern bisweilen bis auf 20 Meter. Den Bauern, der sie regelmäßig mit Mais und Fisch füttert, lassen sie ganz nah an sich vorbeigehen. Und mit einigen Füchsen, die ihnen immer wieder die

Fischmahlzeit streitig machen, sowie zahllosen Krähen, die vom Maisangebot profitieren, wissen sie ebenfalls umzugehen.

Das regelmäßige Füttern an inzwischen mehr als zwölf Stellen hat bis in die jüngste Zeit eine Zunahme der Mandschurenkraniche auf Hokkaido und damit wohl insgesamt bewirkt. Aus den 30 Vögeln im Jahr 1952 wurden 272 im Jahr 1980, und vier Jahre später war ihre Zahl auf 354 gestiegen. Im Winter 1986/87 zählten die örtlichen Betreuer gar 421; ein Jahr später – 1987/88 – konnten nur 394 festgestellt werden. Abgesehen von einer Dunkelziffer, die mit zehn bis dreißig angegeben wird, kommen verschiedene Beobachtungsteams alljährlich auf etwas unterschiedliche Zahlen, die für Verwirrung in den Statistiken sorgen.

Die positive Entwicklung ist auch auf die bessere Sicherheit im Flugraum der Kraniche zurückzuführen. Nachdem jahrzehntelang immer wieder in jedem Winter mehrere an Hochspannungsleitungen tödlich verunglückt waren, kennzeichneten die Elektrizitätswerke auf Ersuchen der Vogelschützer ihre Leitungen mit farbigen Plastikbändern, die auch im Nebel und bei Schneefall auf die Gefahr hinweisen. Seitdem ist die Zahl der Unfälle zurückgegangen. Dennoch sind die Mitglieder der Wildvogelgesellschaft Japans (Wild Bird Society of Japan), die eigens einen Tancho-Schutz-Fonds gegründet hat, besorgt: Wie fast überall nimmt auch auf Hokkaido der Lebensraum der Kraniche schnell ab. Um mehr als ein Drittel ist der Sumpf von Kushiro schon geschrumpft, und nur etwa 6500 Hektar davon sind als Naturschutzgebiet ausgewiesen. Doch selbst diese sind in Gefahr, ihren Wert als Feuchtbiotop zu verlieren, wenn das Trockenlegen des umgebenden Landes den Wasserhaushalt verändert. Dafür gibt es unübersehbare Zeichen. Durch rücksichtsloses Einschlagen fast aller Wälder in der Vergangenheit sind weite Teile der Insel ohnehin von Erosion bedroht. Die immer dichtere Besiedlung Hokkaidos, besonders in der Gegend von Kushiro, tut ein übriges: Mehr und mehr Menschen nutzen die überfrorenen Schilf- und Wasserflächen zu Ausflügen mit Skiern, Motorschlitten und Geländefahrzeugen. »Sarurunkamui«, der Gott des Moores, wie die Ureinwohner Hokkaidos, die Anui, den Mandschurenkranich nannten, bleibt auch im Sommer nicht von Störungen verschont.

Weltbestand von 1200 bis 1500 Mandschurenkranichen

Im Frühjahr 1984, als auch chinesische und sowjetische Vogelkundler in einer international abgestimmten Aktion die Zahl der Nester in den ihnen bekannten Brutgebieten zu ermitteln suchten, kamen die japanischen Erkunder in Hokkaido auf 89. Die gleiche Anzahl stellten chinesische Forscher in den beiden nordöstlichen »Kranichprovinzen« Jilin und Heilongjiang fest, und die Russen entdeckten im Gebiet von Amur und Ussuri 46 Brutplätze. Insgesamt sahen die Kranichzähler bei ihren Flügen 224 Nester und 895 Mandschurenkraniche, die mit ihrem weißen Gefieder unverwechselbar waren.

Daß eine ganze Reihe von Brutplätzen unentdeckt blieb, beweisen schon die Winterzahlen. Am wichtigsten Rastplatz für »Grus japonensis«, dem gut 300 Kilometer nördlich von Shanghai in Küstennähe gelegenen Reservat Yancheng in der Provinz Jiangsu, versammeln sich seit einigen Jahren zwischen November und März mehr als 600 der »Vögel aus weißem Jade«. Zu Beginn der achtziger Jahre waren es erst etwa 200. Nachdem 1983 in den ausgedehnten verschilften Niederungen auf 40 660 Hektar ein Naturschutzgebiet eingerichtet worden war, stieg die Zahl der Mandschurenkraniche von Winter zu Winter weiter an, bis sie 1987 mit 618 einen vorläufigen Höhepunkt erreicht hatte.

Zählen die Kranichstatistiker die Wintergesellschaften von 200 bis 300 Vögel in Korea zu den chinesischen und japanischen Gruppen hinzu, so kommen sie auf einen derzeitigen Weltbestand von 1200 bis 1500 Mandschurenkranichen. Wenn auch sicher manches kleinere Brutgebiet und das eine oder andere nicht so bedeutende Winterquartier noch unentdeckt ist, wird sich an dieser Einschätzung kaum Wesentliches ändern. Eine so schöne Entdeckung wie bei den Nonnenkranichen, die sämtliche Angaben für die Art über den Haufen warf, schließen die Vogelkundler für die Mandschurenkraniche aus. Damit stehen sie in der Rangfolge der seltenen und entsprechend gefährdeten Arten nach dem nordamerikanischen Schreikranich und dem weitgehend auf die Volksrepublik China beschränkten Schwarzhalskranich auf Platz drei. So ist es nicht verwunderlich, daß neben den asiatischen Naturschützern auch die Kranichfreunde in aller Welt ihr besonderes Augenmerk auf sie richten. Neben der für alle 15 Arten geltenden Strategie, vorrangig für die Erhaltung ihrer Brut- und Überwinterungsgebiete zu arbeiten, setzen die »Grusiasten« beim Mandschurenkranich auch auf die Nachzucht in menschlicher Obhut. Die Chinesen, die dabei auf der schon beschriebenen Tradition vieler Jahrhunderte aufbauen können, haben alleine im Reservat Zhalong in knapp zehn Jahren mehr als 50 Mandschurenkraniche großgezogen. Wie mit den Weißnackenkranichen haben es die Betreuer bei einigem Fingerspitzengefühl mit den Mandschurenkranichen nicht allzu schwer. Auch in Zoos »züchten« die großen Rotgekrönten häufig.

»Kindesentführung« im Reservat Zhalong

Dennoch ist mir nicht wohl in meiner Haut, als ich mit drei Mitarbeitern der Reservatsverwaltung am 15. Mai

Zweimal ein Mandschurenkranichpaar an seinem Nistplatz: Auf dem oberen Bild verteidigen zwei halbzahme Vögel im nordostchinesischen Naturschutzgebiet Zhalong ihr Gelege gegen einen ihrer Betreuer, der ihnen die Eier wegnehmen will. Sie sollen künstlich ausgebrütet werden, und das Paar legt noch einmal nach, um dann seine Jungen selbst auszubrüten (rechte Seite). Auf dem rechten Bild lösen sich zwei wildlebende Vögel im Naturschutzgebiet Xianghai bei der Brut ab. Die beiden in der Mandschurei gelegenen Reservate sind die wichtigsten Brutgebiete des Mandschurenkranichs in China.

die Gebäude des »Kranichzentrums« hinter mir lasse. Unser Ziel ist ein knapp zwei Kilometer entfernt gelegenes Nest von Mandschurenkranichen. Heute sollen die beiden Küken, das zweite ist erst gestern geschlüpft, abgeholt werden. An den letzten drei Tagen hat einer der Betreuer den Brutplatz jeweils kurz aufgesucht, um zu überprüfen, ob die Aufzeichnungen stimmen und die Brutzeit dieses Paares zu Ende geht. Nach 29 bis 31 Tagen schlüpft in aller Regel das erste Junge. Das andere folgt – im zeitlichen Abstand, in dem das zweite Ei gelegt wurde – meistens innerhalb von 48 Stunden. Gestern, so erfahre ich mit Hilfe des englischsprechenden Dolmetschers, war das zweite Ei bereits stark angepickt. Diese Eltern hätten somit 30 Tage für die Brut gebraucht.

Nichts von dem, was dieses und ein halbes Dutzend anderer Paare in den vergangenen sechs Wochen getan haben, ist unbeobachtet geblieben. Von einem mächtigen Turm, der wie der Tower eines Flugplatzes aussieht, hat ein Wächter den ganzen Tag lang ihr Treiben kontrolliert. Ein schweres Fernrohr sorgt dafür, daß auch im Umkreis von zehn Kilometern noch jeder Kranich gut zu erkennen ist. Das wäre nicht möglich, hätten die Bauern nicht im Winter das Schilf geschnitten – das große Problem in vielen chinesischen Natur- und insbesondere Kranichschutzgebieten, von dem einige Kapitel zuvor ausführlicher die Rede ist.

So sehen wir denn die beiden Kraniche schon von weitem, während wir durch die Schilfstoppeln und mit zunehmender Entfernung von den Gebäuden auch durch seichtes Wasser auf sie zugehen. Wie auf dem Präsentierteller sitzt der eine auf dem als Nest dienenden Schilfhaufen, und der andere steht ganz in seiner Nähe. Menschen sind den beiden vertraut, denn schließlich wurden sie vor sechs und sieben Jahren von Menschen aufgezogen und tragen seither mehrere Kennzeichnungen an den Ständern. Im vergangenen Jahr wurden ihnen zweimal die Eier weggenommen, bevor sie schließlich zwei Junge noch selber betreuen konnten. Dieses Mal durften sie das Erstgelege ausbrüten, doch nun werden sie um den Lohn aller Mühen gebracht. Daher will in mir auch nicht so recht Freude aufkommen über die günstige Gelegenheit, Mandschurenkraniche mit Jungen am Nest aus nächster Nähe fotografieren zu können. Wenngleich ich meinen chinesischen Gastgebern dankbar bin, daß sie mich überhaupt in das für Besucher gesperrte Reservatsgelände mitnehmen. Auf einige meiner mitleidheischenden Bemerkungen erwidern sie, daß die beiden Jungen in der Obhut ihres Pflegers bessere Chancen zum Überleben hätten und daß die Eltern ja noch einmal legen und brüten könnten. Dieses Jahr würde ein derartiger Weg erprobt, denn in der Brutmaschine gebe es immer wieder mal Ausfälle.

Die Kindesentführung, dank des frühzeitigen Brutbeginns dieses Paares die erste in diesem Jahr (1987), geht – mit Hilfe von zwei erprobten Reisigbesen wie beim Weißnackenkranich – ohne dramatische Akzente vonstatten. Im Gegenteil: Ich bin erstaunt, wie schnell sich die großen Vögel in ihr Schicksal finden. Nach einem heftigen Trompetengeschmetter beider Ehepartner, das die goldbraunen Küken unter dem Bauch der aufstehenden Mutter mit zu Boden gedrücktem Körper verfolgen, stellt sich das Männchen den Menschen tapfer in den Weg. In kurzer Verzweiflung springt es flügelschlagend und mit vorgestreckten Füßen einem der nur wenige Zentimeter größeren chinesischen Begleiter an die Brust, doch währenddessen hat ein anderer bereits ein Küken fortgenommen. Ehe das nun ebenfalls abgelenkte Weibchen begreifen kann, daß es völlig seines Nachwuchses beraubt wird, ist auch Nummer zwei unter einem Tuch verschwunden, und die Eindringlinge ins Brutrevier ziehen ab. Noch ein paar Rufe klingen uns nach, doch als wir uns fünf Minuten später umdrehen, sehen wir beide Kraniche schon etwa 200 Meter vom Nest entfernt. Sie scheinen sich intensiv für Nahrung auf dem Boden zu interessieren.

Im Winter gibt es Fisch und Getreide

Nicht immer gehe es so glatt ab, erzählen die im Umgang mit jungen Kranichen erfahrenen Chinesen. Mancher Altvogel verfolge sie bis zu den Gebäuden und setze ihnen selbst noch dort nicht gerade zimperlich zu. Was weniger erstaunlich ist, wenn man bedenkt, daß diese halbzahmen Mandschurenkraniche im Herbst und Winter regelmäßig mit Fisch und Getreide gefüttert werden und ihren Betreuern die Bissen mitunter sogar aus der Hand nehmen. Dann nämlich sinkt das Thermometer für längere Zeit bis unter 20 Minusgrade, und die erstarrte Natur gibt nichts her. Die freilebenden Artgenossen halten sich zu dieser Zeit im Yancheng-Reservat oder in Korea auf. Unter ihnen befinden sich zunehmend mehr, die mit menschlicher Hilfe in Zhalong großgeworden sind.

Ihre ersten Wochen verleben sie auf einem großen Lehmofen. Dort landen jetzt auch die beiden piepsenden Neuankömmlinge in einem geräumigen geflochtenen Korb. Einige Tage bleiben sie beisammen, um sich gemeinsam leichter an die veränderten Umstände zu gewöhnen; dann trennt das seit Jahren mit der Aufzucht der jungen Kraniche betraute Ehepaar die Geschwister. Wie in der freien Wildbahn, wo meistens einer von beiden auf der Strecke bleibt, geraten die Küken nämlich während einiger Wochen des Heranwachsens dauernd in Streit, der sich später wieder legt. Die hohen Korbwände verhindern solche von der Natur anscheinend programmierten Händeleien. Damit auch sonst alles seine Ordnung hat im Kinderheim der

Kraniche, teilen die Betreuer Tag und Nacht das gutgeheizte Heim mit ihnen. Alle zwei Stunden füttern sie ihre Zöglinge mit kleingeschnittenem Fisch, der aus der Nachbarschaft stammt. Fisch, Krebse und Krabben, Frösche, Eidechsen und kleine Schlangen gehören zur bevorzugten Nahrung der Mandschurenkraniche, wodurch sie sich von einigen ihrer Verwandten, die das Vegetarische mehr schätzen, unterscheiden. Pflanzliches steht ebenfalls auf ihrem Spieseplan, zumal im Winter, wenn es mit der tierischen Kost hapert.

Wie ausführlich sich die Mandschurenkraniche als Wildvögel ihren Mahlzeiten widmen, erlebe ich eine Woche später. Nach einer vierstündigen Bahnreise von Qiqihar und siebenstündiger Fahrt im geländegängigen Auto von Tongyu habe ich das ebenfalls schon beschriebene Xianghai-Reservat in der Provinz Jilin erreicht. Mehrere Tage lang kann ich hier einem mitten im Sumpf nistenden Paar aus knapp 100 Metern Entfernung bei der Brut zuschauen, lasse mich vom Ritual zwischen den Partnern bei der Ablösung beeindrucken und leide selber unter den vielen Störungen, denen die stolzen Vögel in einem Naturschutzgebiet ausgesetzt sind. (Näheres dazu siehe im Kapitel »Zwischen Europa, Afrika und Asien unterwegs«!) Von meinem kleinen mit Schilfhalmen getarnten Beobachtungszelt aus kann ich verfolgen, wie gelassen die Mandschurenkraniche für ihr leibliches Wohl sorgen. Jeder Schritt ein König des weiten Sumpfes, wandert der große Vogel nach dem Verlassen und der Übergabe des Nestes erst einmal eine Strecke ins Gelände, ohne dem Boden Beachtung zu schenken. Etwa 300 Meter später fliegt er entweder ein Stück davon, oder er schreitet nach kurzer Gefiederpflege mit gesenktem Kopf weiter. Mal links, mal rechts, mal vorne schnappt sein Schnabel zu. Bisweilen bleibt er stehen und scheint eine Beute für einige Zeit zu fixieren, ähnlich, wie es Reiher und Störche tun. Bei anderer Gelegenheit arbeitet er kräftig mit seinem Schnabel unter der Wasseroberfläche, als wolle er etwas ausgraben. Die Nahrung und die Suche danach scheinen ihn auf keinen Fall zu langweilen. Es kann durchaus geschehen, daß er auf seinem Rundmarsch das Gelege oder die Jungen anderer im Schilf brütender Vögel als Beute betrachtet. So, wie es umgekehrt möglich ist, daß beispielsweise eine Rohrdommel ein unbeaufsichtigtes Kranichgelege plündert.

Welcher junge Mandschurenkranich hat es besser?

Während ich in meinem Zelt sitze, bin ich mir nicht sicher, welche jungen Mandschurenkraniche es besser haben: jene in Zhalong, die auf dem warmen Lehmofen im Kreis von bis zu etwa 30 Gleichaltrigen aufwachsen, oder jene, die hier und anderswo in Freiheit, aber mit all deren Risiken und Gefahren groß werden. Wahrscheinlich stellt sich diese Frage nicht, solange es genügend freilebende Kraniche gibt. Denn so lange können und müssen auch Mandschurenkraniche »gezüchtet« werden, sei es im Kushiro-Park auf Hokkaido, in Zhalong und an anderen Orten Chinas, im Oka-Staatsreservat bei Moskau, in Crane City der International Crane Foundation in Baraboo, in Zoos und Vogelparks. Alle Zuchtbemühungen können auch für den Mandschurenkranich in erster Linie nur das Ziel haben, ihm eine dauerhafte Zukunft als freiem Vogel zu ermöglichen.

Eine Schwarzhalskranichfamilie mit zwei Jungen gehört eher zu den Ausnahmen im Überwinterungsgebiet am Cao Hai in der chinesischen Provinz Guizhou (oben). Viele Paare führen nur ein zwar ausgewachsenes, aber noch nicht ausgefärbtes Junges (rechts). Nicht wenige Paare kommen ohne Nachwuchs aus ihren Brutgebieten zurück (rechte Seite). Die unwirtlichen Verhältnisse zwischen 3500 und 5000 Metern lassen manchen Brutversuch scheitern.

Geburt am Dach der Welt

Auf diesen Augenblick haben wir lange gewartet. Und es ist eine ganze Reihe von Anläufen notwendig gewesen, bis sich jetzt der Wunsch endlich erfüllt: Zum erstenmal im Leben sehen wir einen Vogel, der bis vor kurzem noch weitgehend unerforscht war und von dem bis heute vieles unbekannt ist. Grus nigricollis, der Schwarzhalskranich, war lange in unerreichbarer Ferne für alle Vogelkundler, denn bis auf ganz wenige leben die knapp 900 Vertreter ihrer Art in der Volksrepublik China. Und dort nicht etwa gleich vor Pekings Toren – sieht man von den vier im Zoo gehaltenen Paaren ab –, sondern in unzugänglichen Gebieten nur weniger Provinzen.

Unzugänglich in doppelter Hinsicht: Nicht nur die Vögel selbst machen den Zugang zu sich beschwerlich, indem sie sich überwiegend in Gebirgshöhen von 2500 bis 5000 Metern aufhalten. Auch die chinesischen Behörden sorgen dafür, daß auswärtige Besucher kaum eine Chance haben, sie zu Gesicht zu bekommen: Sowohl die Brut- als auch die Überwinterungsgebiete sind, weniger wohl wegen der Kraniche als aus anderen Gründen, »not open«. Ein längerer Schriftverkehr, die Hilfe landeskundiger Vermittler aus den Vereinigten Staaten, der Austausch von Telegrammen und vielen Briefen schließlich gaben den Weg für das Visum frei und, entscheidend, brachten die Einladung in ein für Ausländer gesperrtes Gebiet in der Provinz Guizhou.

Mit der viermotorigen Propellermaschine sind wir 2000 Kilometer südwestlich von Peking in der Provinzhauptstadt Guiyang gelandet. Der Empfang durch eine kleine Delegation mit dem Direktor des Umweltschutzbüros der Provinz an der Spitze ist sehr herzlich. Wie die anderen Provinzen und autonomen Gebiete hat Guizhou seit 1979 eine Umweltschutzbehörde, ein Erfolg des Reformkurses in der Volksrepublik China. Unsere vier Begleiter auf dem Weg zu den Schwarzhalskranichen kommen alle aus deren Naturschutzabteilung. Zwei von ihnen sehen jetzt, genau wie wir, zum erstenmal den 350 Kilometer westlich von Guiyang 2200 Meter über dem Meeresspiegel gelegenen See, an dessen Ufer wir von einem Bergrücken bergab einige Kranichtrupps erblicken. Gut einen Kilometer sind sie entfernt. Ist es eine optische Täuschung durch das Fernglas, oder arbeiten tatsächlich einige Menschen auf den Feldern ganz in der Nähe der Vögel? Und sind das nicht verschiedene Kraniche? Da müssen wir näher heran.

So rasch, wie wir uns den Abstieg zum Cao Hai, dem »Meer des Grases«, vorstellen, geht es nicht. Weniger wegen Geländeschwierigkeiten als vielmehr wegen der vielen Menschen, die uns hier auf einem Pfad in der weiten offenen Landschaft begegnen. Sie bestaunen uns, wir bestaunen sie. Denn die meisten sehen völlig anders aus als die Bewohner von Beijing (Peking) und von Guiyang. Die Gesichter haben eher etwas Tibetisches, die Kleidung hat nur selten Ähnlichkeit mit den grünen oder blauen Jacken und Kitteln, die das Großstadtbild beherrschen. Trachten und verschiedenartige Kopfbedeckungen weisen die Menschen als Angehörige besonderer Volksgruppen aus. Von den 56 in China beheimateten Volksstämmen leben hier zahlreiche als Angehörige von Minderheiten. Die Hui, die Yi und die Miao stellen den größten Anteil. Zu den besonderen Rechten, die sie genießen, gehört die Ausnahme von der Regelung, daß jede Familie nur ein Kind haben darf.

Am Fuß des Dorfes wird der Boden weich und schwer. Hier, im weiten Talkessel des Wumeng Shan, sorgt das zur Regenzeit zwischen Mai und Oktober von den Bergen abfließende Wasser für eine große Überschwemmung. Dann dehnt sich der Cao Hai auf eine Fläche von über 30 Quadratkilometer aus, und von seinem Boden wachsen Wasserpflanzen bis zur Oberfläche, was ihm den Namen »Meer des Grases« eintrug.

Jetzt, im März, sind etwa 18 Quadratkilometer von Wasser bedeckt. Drum herum liegt fruchtbares Marschland. Hunderte von Menschen sind mit Hacken, Schaufeln und anderen Handgeräten überall bei der Frühjahrsbestellung. Gräben und Kanäle durchziehen die Landschaft und zwingen uns immer wieder zu Umwegen. Auf der anderen Seite des ausgetrockneten Seeteils liegt in einer Entfernung von rund drei Kilometern die 40 000 Einwohner zählende Kreishauptstadt Weining. Während wir langsam den Kranichen entgegenpirschen, die in Familienverbänden und größeren Gruppen in der weiten Ebene nach Nahrung suchen, treffen wir auf einem Pfad immer wieder mit Menschen zusammen. Mit Körben, zusammengeknoteten Bündeln und Gerätschaften auf dem Rücken kommen sie von der Stadt. Kinder holen frei in den Feldern umherlaufende Büffel und Sauen mit Ferkeln heim. Auf jedem Wasserlauf wimmelt es von Hausenten.

Die Kraniche haben wenig Scheu

Je näher wir den Kranichen kommen, desto mehr wird unser erster Eindruck bestätigt: Sie scheinen wenig Scheu zu haben. Zumindest vor den Einheimischen gehen sie nicht auf großen Abstand. Längst unterscheiden wir die Schwarzhalskraniche von den Lilfordkranichen. Die östlichen Vertreter des Grauen Kranichs überwintern hier ebenfalls. Mit 2200 Vögeln stellen sie im Winter 1986, bei unserem ersten von bislang drei Besuchen am Cao Hai, ein zehnmal größeres Kontingent als die Schwarzhalskraniche, erfahren wir von Wu Zhikang. Als Dozent am Institut für Biologie der Wissenschaftlichen Akademie von Guizhou beschäftigt er sich mit seinen Studenten seit einigen Jahren mit den Schwarzhalskranichen. Er ist in unserer Begleitung.

Die Lilfordkraniche scheinen wenig gute Erfahrungen mit Weißen gemacht zu haben. Sie lassen uns höchstens 150 Meter herankommen, dann fliegen sie auf. Verständlich, denn sie werden in manchen Ländern noch gejagt. Ihre schwarzhälsigen Artgenossen hingegen finden nichts dabei, wenn wir uns bis auf 40 Meter nähern. Ihre roten Kopfplatten leuchten auf dem dunklen Untergrund kräftig in der Höhensonne, ihr Gefieder ist braungrau-weiß. Mit etwa 120 Zentimetern sind sie gleich groß wie ihre Verwandten, die wohl überwiegend aus russischen Brutgebieten hierher kommen.

Die Schwarzhalskraniche, von den 15 Kranicharten als letzte entdeckt, und zwar vom russischen Naturforscher Nikolaj Michajlowitsch Przewalski 1876 im Nordosten Tibets, schlüpfen um einige tausend Meter höher aus dem Ei als die meisten ihrer Verwandten. In den Sumpfzonen hochgelegener Gebirgstäler, vornehmlich auf dem Qinghai-Tibet-Plateau, zumeist fern abgelegen von menschlichen Siedlungen und bis zu einer Höhe von 5000 Metern, verbringen die Vogelfamilien den kurzen Sommer. Von Cao Hai liegen die nächsten Brutgebiete etwa 1000 Kilometer nördlich in der Provinz Sichuan. Als ich 1986 gemeinsam mit dem Tiermaler Wolfgang Weber (»als erste westliche Besucher seit vielen Jahrzehnten«, wie unsere Gastgeber betonen) am Cao Hai bin, ahne ich nicht, daß ich zwei Jahre später, im Mai 1988, in der Provinz Qinghai auf 4200 Meter Höhe neun Tage an den Brutplätzen von sechs Schwarzhalskranichen zubringen werde...

Es liegt wohl in erster Linie an ihren besonderen Lebensumständen, die sich bis in die jüngste Vergangenheit kaum geändert haben, daß die meisten Schwarzhalskraniche wenig scheu sind. Die Menschen am Cao Hai sehen in ihnen auch heute noch das, was die meisten Chinesen jahrtausendelang in den Kranichen erblickt haben: Glücksbringer und Garanten für ein langes Leben.

Wohin mit den vielen Menschen?

Dennoch haben die Chinesen ihren Kranichen zeitweise übel mitgespielt. Zwischen 1966 und 1976, zur Zeit der Kulturrevolution, wurden Millionen von – überwiegend kleinen – Vögeln getötet. Sie galten als Nahrungskonkurrenten, zu zählen hatte laut Mao nur der Mensch. Den Kranichen am Cao Hai wurde zu dieser Zeit buchstäblich das Wasser abgegraben. Die Bauern dränierten und kanalisierten das Schwemmland und ließen den See so schnell wie möglich leerlaufen. Anfang der achtziger Jahre waren nur noch wenige Schwarzhalskraniche bei Weining zu sehen.

Heute hingegen bemühen sich die Behörden zunehmend um den Schutz der Natur. Hong Shou Li, der Leiter der Naturschutzbehörde, macht keinen Hehl daraus, daß sein Land auf diesem Gebiet viel aufzuholen habe. Er erklärt uns die Pläne der Provinzregierung für Cao Hai. Im Gegensatz zu den meisten großen Naturschutzgebieten Chinas, die dem Forstministerium in Peking unterstehen, ist für Cao Hai die Provinz zuständig und auf oberster Ebene die nationale Umweltschutz-Agentur EPA (Environmental Protection Agency) in Peking. Den Verantwortlichen ist klar, daß sie mit einem der wichtigsten Winterquartiere für eine so seltene Vogelart ein Juwel besitzen. Neben Schwarzhals- und Lilford-Kranichen fallen hier auch gelegentlich einzelne Mönchskraniche ein. Einige tausend Streifengänse gehören neben vielen anderen Wasservögeln, Wanderfalken und Steinadler unter zahlreichen Greifvogelarten zu den Wintergästen.

Manche der Kanäle sind schon wieder geschlossen worden, der See hat 1981 am Ausfluß eine kleine Staumauer erhalten. Am 12. August 1985 wurden 39 Quadratkilometer zur Guizhou Province Wei Ning Cao Hai Natural Protected Area erklärt. Auf einem Teil der Fläche dürfen die Bauern noch Kartoffeln und Mais anbauen, denn diese Früchte kommen auch den Kranichen zugute. Ein Plan, das Naturschutzgebiet auf 120 Quadratkilometer auszudehnen, wird noch einige Jahre in den Schubladen ruhen.

»Wohin sollen die vielen Menschen?« fragt Huang Pin, der Bezirks-»Governor«, beim Mittagessen. Auch er ist für den Schutz der Natur. Schließlich baut die Naturschutzbehörde gerade das größte Gebäude am Rande der Stadt. Von hier aus soll geforscht, geschützt und geplant werden. Und vor allem soll von hier aus die Bevölkerung aufgeklärt und um mehr Verständnis geworben werden. Fünf Teams, von der Naturschutzbehörde und von der Bezirksregierung besetzt, gehen in die Dörfer, geben Unterricht in den Schulen, veröffentlichen Wandzeitungen und klären die Bauern auf. Schilder wurden aufgestellt, die vor allem wilde Jäger aus benachbarten Gegenden warnen sollen. Zwölf Bauern haben in ihrem Gebiet einen – bezahlten – Überwachungsauftrag. Wer einen Kranich tötet, wird mit Gefängnis bestraft. Wer einen Kranich rettet, bekommt ein Drittel eines monatlichen Arbeitslohnes.

Bevor sich die großen Scharen der Schwarzhalskraniche im Winterquartier (links) auflösen und die Vögel Anfang April zu einem ein- bis zweitausend Kilometer langen Flug nach Norden starten (oben), bringen sich einige Paare durch lebhaftes Tanzen in Balzstimmung (linke Seite). Die meisten Vögel verpaaren sich im Winterquartier zur lebenslangen Ehe und suchen sich im drauffolgenden Frühjahr einen geeigneten Brutplatz. Nicht selten dauert es mehrere Jahre, bis sie fündig werden.

Maiskörner als Kranichfutter

Zu ihrer täglichen Rettungsaktion schwärmen drei Mitarbeiter des örtlichen Naturschutzamtes am nächsten Vormittag aus: An 20 bis 50 kalten Tagen (die tiefste Temperatur kann am Cao Hai minus zehn Grad betragen) streuen sie zwischen 500 und 800 Kilogramm Maiskörner und Kartoffelschnitzel als Kranichfutter aus. Die großen Schreitvögel kennen ihre Verpfleger recht gut, denn die ersten Schwarzhalskraniche landen ganz in ihrer Nähe. Sie müssen sich beeilen, denn ein gut Teil des Futters verputzen die herumschwadronierenden Hausenten. Sie sind die wohl häufigste der 1166 in China vorkommenden Vogelarten. Allerdings zeigen sie vor den langbeinigen Kranichen gehörigen Respekt.

Seit 1983 füttern die amtlichen Naturschützer die Kraniche am Cao Hai. Seitdem steigt die Zahl der Überwinterer kontinuierlich. Mag sein, daß unter den Schwarzhalskranichen manch einer ist, der früher bis nach Vietnam zum Überwintern flog. Dort sind in letzter Zeit keine mehr beobachtet worden. Ganz wenige gibt es noch als Brutvögel im nordindischen Ladakh, wo 1984 zwei Vögel von Soldaten geschossen wurden. Zwischen 30 und 50 überwintern in Bhutan, 60 bis 70 im eigens für sie eingerichteten 2067 Hektar großen Schutzgebiet Napo Hai bei Zhongdian in der südwestlichsten chinesischen Provinz Yunnan.

So liegt es fast ausschließlich an China, zu entscheiden, welche Überlebenschancen die nach dem nordamerikanischen Schreikranich zweitseltensten Kraniche haben. Ihre Vorliebe für entlegene Brutorte kommt der Art zustatten, doch sind die Aufzuchtbedingungen für die Jungen an den Dächern der Welt hart. Die wenigsten Paare kommen mit zwei Jungen ins Winterquartier. Häufiger sehen wir einen einzelnen noch nicht ausgefärbten Sprößling mit graubraunem Hals und ohne rote Kopfplatte im Gefolge seiner Eltern am Cao Hai. Viele Paare, die eine lebenslange Ehe führen, kommen ohne Nachwuchs.

Mithin hängt das Schicksal der Schwarzhalskraniche in besonderem Maß von der Qualität ihrer Winterquartiere ab. Und in diesen drängen sich im drittgrößten Land der Erde, das 38mal so groß wie die Bundesrepublik Deutschland ist, die Menschen zuhauf. Nahezu 80 Prozent der chinesischen Bevölkerung leben auf dem Lande und nutzen jeden Quadratmeter Boden.

An kaum einem anderen Ort auf der Erde wird die Konfliktsituation zwischen den Erfordernissen des Naturschutzes und den Ansprüchen der Menschen so offenkundig wie am »Meer des Grases«. Das nahe Beieinander von Vögeln und Menschen auf engstem Raum ist, so harmonisch es auf den ersten Blick erscheint, nicht frei von Spannungen. Die Bewohner der Stadt Weining und der umliegenden Dörfer, die das hochgelegene Tal für den Anbau von Gemüse, Raps, Kartoffeln und Mais intensiv nutzen, im größten natürlichen See der Provinz fischen und das dort wachsende »Gras« als Viehfutter ernten, sehen besorgt, daß sich im Winter von Jahr zu Jahr mehr Kraniche und andere Vögel, insbesondere Streifengänse, Rostgänse und verschiedene Entenarten, auf ihren Feldern einfinden.

»Wenn die Menschen zu hungern befürchten, können wir ihnen viel über die Schutzwürdigkeit der Schwarzhalskraniche erzählen – sie werden es nicht verstehen«, sagt ein Vertreter der Kreisverwaltung bei einem Gespräch. »Die Fischer wollen mehr Fisch aus dem See holen, die Bauern wollen mehr Wasser aus dem See für ihre Felder, sie wollen Flächen im Schutzgebiet wieder bewirtschaften.« Einige haben schon – ohne Erlaubnis – Fischteiche gegraben. Gehindert hat sie allerdings auch niemand daran. Die Distriktbehörde ist zwar schließlich eingeschritten, doch auch bei unserem dritten Besuch im März 1988 sind die tiefen rechteckigen Löcher noch dort, wo eigentlich die Kraniche im weichen Boden nach Nahrung suchen sollten. »Ohne mehr Geld von der Provinzregierung und aus Peking können wir das Gebiet nicht zufriedenstellend für die Vögel erhalten, geschweige denn verbessern«, resümiert Du Yangzhen, der Leiter der Umweltschutzbehörde von Guizhou. Sie ist mit dem Umweltministerium eines deutschen Bundeslandes vergleichbar, mit gut 60 Mitarbeitern bei 30 Millionen Provinzbewohnern aber wesentlich schwächer besetzt. Der 58jährige Du Yangzhen hofft auf die Zusammenarbeit mit der internationalen Naturschutzorganisation WWF (World Wide Fund for Nature/World Wildlife Fund), die in China gemeinsam mit staatlichen Einrichtungen Projekte verfolgt und Cao Hai ab 1989 auf die Prioritätenliste gesetzt hat.

Neben einer verbesserten Aufklärungsarbeit in der Bevölkerung und einer intensiveren Überwachung schwebt den engagierten Naturschützern in Guiyang die finanzielle Ablösung von Bewirtschaftungsrechten auf einigen Dutzend Hektar Staatsland vor. Infolge der Regulierung des Wasserstandes soll künftig der See mit 21 Quadratkilometern im Winter, wenn die Vögel da sind, vier Quadratkilometer kleiner sein als im Sommer. Die ausgedehnten Flachwasserzonen kommen besonders den Kranichen zugute, die hier zu einem gut Teil vegetarisch leben, aber auch Schnecken, Fische und Krebse fangen. Im Winter 1987/88 haben sich am Cao Hai 316 Schwarzhalskraniche und damit mehr als ein Drittel der Weltpopulation versammelt. Gleichzeitig halten sich hier 1135 Graue Kraniche auf.

Da die Bauern in dieser Gegend bislang keinen Kunstdünger verwenden, ist die Gefahr der Eutrophierung und des Verderbens von Wasser und Boden noch nicht gegeben. Dafür leidet die Umgebung erheblich unter den Folgen der Abholzung sämtlicher Wälder, eines der größten ökologischen Probleme in fast allen Teilen Chinas. Die geplante Wiederbepflanzung der Berghänge rund um den See würde, da sie die Erosion der Böden hemmt und den Wasserhaushalt in der Landschaft positiv beeinflußt, auch den Kranichen und mit ihnen den 155 anderen bisher am Cao Hai festgestellten Vogelarten in einer Gesamtzahl von über 100 000 Individuen zugute kommen.

Koordinierung der Schutzarbeit

Für die Schwarzhalskraniche, die in China zu den Vögeln mit dem höchsten Schutzstatus zählen, haben sich die staatlichen Naturschützer in Guiyang selbst in Zugzwang gebracht. Während wir am 24. März 1988 bei strahlendem Sonnenschein vormittags den lautstarken Aufbruch fast aller Grauen Kraniche zu ihrer ersten Etappe in die Brutgebiete erleben, während zwei Knaben oft nicht weiter als 30 Meter entfernt an einigen im flachen Wasser stehenden Schwarzhalskranichen vorbeistaken (sie verlassen Cao Hai einige Tage später), erzählen meine Begleiter von einer Konferenz, die im November 1987 im großen »Management Office« am Rand des Schutzgebietes stattgefunden hat. 52 Teilnehmer, Leiter und Mitarbeiter von Naturschutzbehörden aus acht Provinzen, haben im Angesicht der kurz zuvor eingetroffenen Vögel über einen besseren Schutz der Schwarzhalskraniche gesprochen. Als Ergebnis ist eine Vereinbarung zwischen den Provinzen Guizhou, Yunnan, Sichuan, Qinghai und dem Autonomen Gebiet Tibet (Xizang) über eine engere Zusammenarbeit zustande gekommen, wie sie schon im Osten des Landes zwischen anderen Provinzen in zwei Kranich-Kommissionen für einige der anderen Arten besteht. Die Gastgeber aus Guizhou haben die Koordinierung der Arbeit zugunsten der Schwarzhalskraniche übernommen.

Ihren freundschaftlichen Verbindungen zu den Kollegen in Xining, der Hauptstadt der Provinz Qinghai, verdanke ich die Teilnahme an einer Expedition zu einem nahe der Grenze zu Tibet gelegenen Brutgebiet der seltenen Vögel. In der Provinz Qinghai, die mit 720 000 Quadratkilometern annähernd dreimal so groß wie die Bundesrepublik Deutschland ist, aber nur von etwa vier Millionen Menschen bewohnt wird, vermuten chinesische Forscher vom Frühjahr bis zum Herbst einen beachtlichen Anteil der Schwarzhalskraniche. Doch die Schätzungen gehen weit auseinander: Während Mitarbeiter der Naturschutzbehörde in Xining von rund 150 Brutpaaren sprechen, kommt Li Dehao vom ebenfalls in Xining angesiedelten Nordwest-Plateau-Institut für Biologie der Academia Sinica, der sich seit vielen Jahren intensiv mit der Erforschung der Schwarzhalskraniche befaßt, auf 30 bis 40 Brutpaare.

Daran allerdings gibt es keinen Zweifel unter den Kranichkennern: Die meisten der schwarzhälsigen Hochgebirgsbewohner brüten in Tibet.

Bevor wir uns mit südwestlichem Kurs in dessen Richtung auf einen langen Weg machen, besuchen wir im städtischen Volkspark einige Schwarzhalskraniche, von denen ein Paar 1986 erstmals in der Gefangenschaft Junge ausgebrütet und aufgezogen hat. Es spricht für die Zuneigung der beiden Vögel zueinander, daß sie in einer so tristen Umgebung aus Beton und Draht für Nachwuchs gesorgt haben. Sie selbst stammen aus dem 4200 Meter hoch gelegenen Flußtal Longbaotan, von wo 1978 eine kleine Expedition sie als Küken in ihrem Gepäck mitbrachte.

Ins knapp 900 Kilometer entfernte Longbaotan im Distrikt Yushu geht auch unsere Autoreise, ein mehrtägiges, wahrhaft abenteuerliches Unternehmen. Das erste Paar Schwarzhalskraniche sehen wir – in großer Entfernung durch ein Spektiv – allerdings schon in der Nähe des 3194 Meter hoch gelegenen Qinghai-Sees, 280 Kilometer von Xining entfernt. Die drei bis vier Paare, die auf dem nassen Grasland in der Nähe des Sees alljährlich zu nisten versuchen, haben es nicht leicht. Soweit unser Auge reicht, sind auf der endlos erscheinenden Fläche Hausyaks, Schafe und Pferde zu sehen. In viel zu großer Zahl fressen sie nicht nur ständig das Gras bis auf die Narbe ab, sondern bedrängen auch die Kraniche über Gebühr – bis hin zu deren Nestaufgabe, wie uns die örtlichen Naturschützer erzählen. Zäune, so versichert der zuständige Gebietsdirektor Liu Zhengfen den mitreisenden Naturschutzbeamten aus Xining und Guiyang, klare Absprachen mit den tibetischen Hirten und eine genauere Überwachung sollen den Kranichen künftig ein besseres Leben ermöglichen. Hoffentlich trifft die oft gehörte Zusage »Die Probleme sind bald gelöst« zu . . .

Mit seinen 4340 Quadratkilometern erscheint der nur bis zu 30 Meter tiefe Salzsee eher wie ein Binnenmeer. Wir machen den Umweg zu ihm hauptsächlich wegen einer Brutkolonie von 2000 Paaren Streifengänsen, in der jetzt, Anfang Juni, die ersten goldgelben Jungen schlüpfen.

Auf den weiteren 600 Kilometern, für die wir wegen der besonderen Straßenverhältnisse und des Höhenunterschiedes (es geht zeitweise bis auf 4700 Meter) drei Tage benötigen, trüben allen acht Insassen des Kleinbusses anfangs heftige Kopfschmerzen den Ausblick auf eine großartige Landschaft ohne Baum und Strauch mit schneebedeckten Bergen in der Ferne. Immer wieder tauchen Herden von Hausyaks und Schafen mit gedrehten Hörnern, ihre Hirten in Trachten mit großen Hüten und Sonnenbrillen auf buntgeschmückten Pferden oder Yaks auf. Tschirus (den Saiga-Antilopen verwandte Gazellen), Tibetgazellen, ein starker Wolf, Schakale, Murmeltiere, Aber-

Einen kalten, schnee- und regenreichen, aber landschaftlich herrlichen Brutplatz suchen sich die Schwarzhalskraniche aus. Die extreme Lage der Nistorte im chinesisch-tibetischen Hochland und im indischen Ladakh setzen der Art natürlich Vermehrungsgrenzen. Zur Brutablösung läßt das Paar häufig eine Serie von Doppelrufen erklingen, deren Echo von den Bergen zurückhallt (oben). Ihre Nester legen die seltenen Vögel entweder im flachen Wasser (rechte Seite) oder auf Grasinseln (rechts) an. Die Küken verlassen zwei bis drei Tage nach dem Schlüpfen das Nest und folgen ihren Eltern zunächst schwimmend.

tausende von flinken Pfeifhasen (Schwarzlippen-Pikas) und Hunderte ihnen auf Telegrafenpfählen auflauernde Mongolenbussarde, mehrere nach der gleichen Beute ausspähende Wanderfalken, Streifen- und Rostgänse, verschiedene Arten von Schnepfenvögeln, Küstenseeschwalben, Lachmöwen, Tausende von Lerchen zuvor nie gesehener Arten, Drossel-, Finken- und Ammernangehörige unbekannten Aussehens in großen Scharen, ein am Straßenrand sitzender Steinkauz – immer wieder wird unsere Aufmerksamkeit von neuen Entdeckungen beansprucht.

Als wir nach 817 erlebnisreichen Kilometern von Xining schließlich Yushu – in der Luftlinie nur 50 Kilometer vom Grenzdreieck Qinghai, Sichuan und Tibet entfernt – erreichen, sind noch Formalitäten zu erledigen. Der Besucher aus Europa braucht eine weitere Sondergenehmigung, um zu den tibetischen Hirten ins gut 50 Kilometer entfernte Longbaotan reisen zu dürfen. Einen Tag später fühle ich mich ähnlich wie zwei Jahre zuvor bei der Ankunft am Cao Hai: Ein langgehegter Traum wird wahr, als wir in das 25 Kilometer lange und bis zu drei Kilometer breite, 4200 Meter über dem Meeresspiegel gelegene Tal einfahren. Hier brüten fünf bis acht Paare des Schwarzhalskranichs. Die Augen schweifen über Grasland und Wasserflächen, über Yakherden, viele Schafe und kleine Gruppen von Pferden, über Ansiedlungen von Zelten mit ihren durch niedrige Mauern aus Yakdung abgegrenzten Kralen und jeweils mehreren Hunden davor. Es dauert noch eine gute Stunde, bis wir die beiden einzigen Lehmhütten von Longbaotan über Stock und Stein und nach mehreren Flußdurchquerungen erreicht haben. Im ehemaligen Dorf Cuomei nehmen wir für acht Tage Quartier bei Luo Song Yuan Pei, dem Bürgermeister, Parteisekretär und Wächter über die Kraniche. Er, seine Frau und sieben Kinder sowie eine alte Frau sind die einzigen Bewohner des »Dorfes«, in dem bis zum Beginn des Reformkurses die Hirten seßhaft gemacht werden sollten. Zur Familie des 42jährigen Tibeters, der uns in seinem einfachen Haus bei der Begrüßung mehrere Bilder vom Dalai Lama zeigt, gehören 130 Yaks, 270 Schafe und einige Pferde.

Wäre nicht Li Fengshan mit uns von Xining hierhergereist, hätten wir zweifellos einige Schwierigkeiten, die Brutplätze der Schwarzhalskraniche zu finden. Noch mühsamer wäre es, sich ohne einen geländegängigen Führer in der überwiegend sumpfigen Landschaft voranzubewegen. Der 25jährige Student Li Fengshan aber, der an der Nordöstlichen Forst-Universität in Harbin (Provinz Heilongjiang) Wildbiologie studiert, kennt sich in Longbaotan aus. Um Material für seine Abschlußarbeit über die Biologie des Schwarzhalskranichs zu sammeln, hat er bereits im April und Mai einige Zeit hier verbracht. Zwar hat er nicht die Ankunft der ersten Kraniche am 25. März miterlebt, doch als einzelne Paare damit begannen, im zweiten Aprildrittel ihr Revier gegen Artgenossen zu verteidigen, hat er an den Berghängen im Schnee gesessen und seine Aufzeichnungen gemacht. Durch ein Spektiv hat er den Nestbau der Vögel verfolgt, hat beobachtet, wie sie nach kalten Nächten mit bis zu minus acht Grad Celsius mit der Eisschicht auf dem Wasser zurechtkamen, und hat schließlich erlebt, wie ein Weibchen am 8. Mai das erste seiner beiden Eier gelegt hat. In einem anderen der fünf von ihm registrierten etwa zwei bis drei Kilometer voneinander entfernten Nester liegt das erste Ei am 12. Mai.

Dieses Nest steht nicht wie die meisten anderen – gut getarnt – auf einer von Wasser umgebenen kleinen Grasinsel, einem großen »Bülten«, sondern – weithin sichtbar – als hoher Haufen aus zusammengetragenem Gras und binsenähnlichen Gewächsen in einer teichähnlichen flachen Lagune, zu der sich der Seitenarm eines kleinen Flüßchens verbreitet, bevor er wieder zum Hauptbett zurückfindet. Wir wählen diesen Nistplatz für unsere Beobachtungen aus und bauen in gehörigem Abstand das unauffällige Ansitzzelt auf. Da es in dieser großartigen Landschaft keinerlei Möglichkeit zur Tarnung gibt, gehen wir besonders vorsichtig zu Werke. Die Vögel sind zwar Yaks und Pferde gewöhnt, doch beim Auftauchen von Menschen verlassen sie schon auf eine Entfernung von etwa 800 Metern ihr Nest. Ihr Verhalten ist hier ganz anders als am Cao Hai.

Sieben Tage Beobachter des Familienlebens

Aber wir haben Glück. Das Kranichpaar reagiert so gelassen auf den Fremdkörper aus graugrünem Leinen, daß unsere Begleiter von der Naturschutzbehörde uns bald ermuntern, etwas näher zu rücken. So kann ich nach wenigen Tagen das Geschehen am Nest schließlich aus einer Entfernung von weniger als hundert Metern verfolgen. Vor der eindrucksvollen Kulisse bis über 5000 Meter aufsteigender Berge nehme ich sieben Tage lang am Familienleben der Schwarzhalskraniche teil. 55 Stunden, das sind nicht einmal zehn Prozent der rund 750 Stunden dauernden Brutzeit, habe ich die Vögel bewundern können: Mit welcher Hingabe und Ausdauer sie ihre beiden Eier wärmen und wenden, wie zuverlässig sie sich ablösen, wie geschickt sie beim Auftauchen eines Hundes in der Nähe ihres Nestes reagieren, mit welcher Unbekümmertheit sie Gewitter, Regen, Schnee und Hagel über sich ergehen lassen. Zeit scheint für die schönen Geschöpfe kein lebensbestimmender Faktor zu sein.

Das Konzert der Vogelstimmen, in dem Rufe von Rotschenkeln, Küstenseeschwalben, Streifengänsen, Rostgänsen, Krickenten, Lerchen und Stelzen vorherrschen, wird mehrfach am Tag von den Kranichen ergänzt. Mal geht die Brutablösung lautlos vor sich, mal schmettert das Paar am Nest eine Serie von weittragenden Doppelrufen ins Tal. Dann antwortet mitunter aus einiger Entfernung ein anderes Paar, und ein drittes meldet sich aus der gegenüberliegenden Richtung. Da auf der Nordseite von Longbaotan (der Name kommt von »Longbao«, einem tibetischen Volksstamm, und »tan« = flacher Fluß) eine schlecht und recht befahrbare Straße nach Zhidoi führt, wo sie dann endet, haben sich die Kraniche alle im südlichen Teil des Tales angesiedelt. Hier gibt es wohl nicht genügend Platz, denn ein Paar ohne festes Revier taucht mehrfach im Nestbezirk »meines« Paares auf und wird jedesmal sofort vom nichtbrütenden Partner vertrieben. Die erfolgreich beendete Verteidigung von Grund und Boden wird ebenfalls lauthals verkündet.

Nur aus nächster Nähe ist das leise Knurren vernehmbar, mit dem sich die beiden Vögel oftmals untereinander verständigen. Mit schräg nach oben gestrecktem Hals bereiten sie so immer wieder die Nestübergabe vor. Zum Ritual des Wechsels, der in höchst unterschiedlichen Zeitabständen erfolgt (mal alle 30 bis 60 Minuten, mal sitzt einer der Vögel drei Stunden ununterbrochen auf dem Gelege und wendet nur hin und wieder die Eier), gehört auch das Zupfen am Nestmaterial und das Werfen mit Wasserpflanzen: Vor dem Verlassen des Nestes ordnet der Vogel noch einmal — symbolisch — einen Teil der Unterlage, danach holt er bis zu fünf Minuten lang abgestorbene Pflanzenteile mit seinem Schnabel vom flachen Gewässergrund und schleudert sie hinter sich. Danach breitet er einmal kurz die Flügel aus, schüttelt sein Gefieder und fliegt mindestens zwei Kilometer weit davon, um sich der Nahrungssuche zu widmen.

Obwohl Longbaotan am Ende der Welt zu liegen scheint, obwohl das Tal als Schutzgebiet ausgewiesen ist und unter der besonderen Aufsicht des Büros für Landwirtschaft und Tierzucht der Präfektur Yushu steht, ist Sorge um die Zukunft der Schwarzhalskraniche auch in diesem Teil des Tibetischen Hochlandes angezeigt. In seiner Jugend, so erzählt uns unser Gastgeber Luo Song, habe es hier mehr Kraniche gegeben, auch mehr Streifengänse, mehr Murmeltiere und mehr Pfeifhasen. Damals hätten hier aber auch weniger Menschen viel weniger Yaks und Schafe gehalten. Luo Songs Jugendzeit liegt gerade 30 Jahre zurück. Heute leben rund 900 Menschen und etwa 50 000 Weidetiere in Longbaotan. Weil zwischen dem 1. September und dem 20. Juni kaum ein Grashalm oder eine Blume wachsen und die Vegetation sich nur in den knapp zweieinhalb Sommermonaten dazwischen erholen kann, wenn die Familien mit ihren Tieren zur Sommerweide höher in die Berge ziehen, zeigen sich allenthalben Spuren der Erosion als Folge der Überbeanspruchung des Bodens. Die Behörden sind besorgt darüber, wie stark der Wasserstand im einst überaus nassen Tal in den letzten Jahren gefallen ist. Von früher bis zu 15 Kranichpaaren brüten im Sommer 1988 nur noch fünf oder sechs. Zusammen mit den »Nichtbrütern« halten sich 20 bis 30 Vögel hier auf.

Auch im Tibetischen Hochland verändert sich die Landschaft

Eine Einschränkung der Viehhaltung, wie sie von den Behörden geplant ist, käme den Viehhaltern selbst langfristig zugute, vielleicht aber auch den Kranichen und anderen Vögeln, sofern sie konsequent durchgesetzt wird. Noch allerdings hält sich auch unser Gastgeber an seinen tibetischen Wahlspruch: »Je mehr Yaks eine Familie besitzt, desto glücklicher ist sie.« Seit 1980 hat sich sein Bestand verdoppelt. Gemessen am Lebensstandard in seinem Land ist er ein steinreicher Mann. Ein Yak bringt beim Verkauf mehr als einen sechsfachen Monatslohn. Daher verkauft Luo Song nur fünf Yaks im Jahr an den Staat. Fünf bis sechs essen er und seine Familie auf. Das Fleisch wird roh getrocknet. Mit den Schafen ist es ähnlich. So verwundert es nicht, daß die Landschaft sich immer stärker verändert: Im Brutbereich der Kraniche ist der Boden nur dort nicht zertreten und ratzekahl abgefressen, wo es für die Rinder und Schafe zu gefährlich ist, den weichen Untergrund zu betreten. Mit den Weidetieren und den Menschen hat die Zahl der Hunde zugenommen. Mehrfach erlebe ich, wie sie durch das Grasland streifen, geschickt von Bülten zu Bülten springen und für große Unruhe unter den Vögeln sorgen. Die noch flugunfähigen jungen Kraniche können bei einem Ausflug mit ihren Eltern dann leicht einem solchen vierbeinigen Wilderer zum Opfer fallen. Von den Menschen haben die Schwarzhalskraniche hier nichts zu befürchten, versichert uns Bürgermeister Luo Song. Zwar gelten sie nicht mehr als göttliche Vögel wie im alten Tibet, doch täte ihnen niemand etwas zuleide.

Bevor wir nach dem verfrühten Beginn der sommerlichen Regenzeit Longbaotan am 13. Juni verlassen, sehen wir, daß das erste Ei am 32. Tag nach dem Legen angepickt ist. In einem anderen Nest sind bereits zwei Junge geschlüpft; sie haben 34 und 33 Tage gebraucht. Manche sollen es in 30 und 31 Tagen schaffen. Die Brutdauer hängt nicht zuletzt vom Wetter und davon ab, wie oft die Vögel gestört werden. Einige Tage nach unserer Ankunft in Xining reist Li Dehao mit seinen Helfern aus dem Nordwest-Plateau-Institut für Biologie ab, um in Longbaotan einige Schwarzhalskraniche des Jahrgangs 1988 zu beringen. Er hofft, sie im Winter am Cao Hai oder in der Provinz Yunnan wiederzusehen. Es kann aber auch sein, daß sie, sofern sie in Longbaotan flügge werden, im Süden Tibets unentdeckt in einem Flußtal überwintern.

Die imposante Größe der Saruskraniche kommt erst richtig zur Geltung, wenn sie in der Nähe anderer Vögel, wie etwa dem Graureiher und Enten (oben) oder Löfflern und Streifengänsen (rechte Seite unten), stehen. Das gerade geschlüpfte Küken des Östlichen Saruskranichs in Australien wird schon nach vier Monaten etwa 140 Zentimeter lang sein (rechts). Ob vor der untergehenden Sonne (rechte Seite oben) oder mit ausgebreiteten Schwingen (folgende Doppelseite) – Saruskraniche sind immer gut für einen eindrucksvollen Anblick.

Gefährten bei der Feldarbeit

Ab einer gewissen Körpergröße spielen einige Zentimeter keine besondere Rolle mehr, selbst bei den Kranichen. Um wie viele mancher besonders lang geratene Saruskranich eineinhalb Meter übertrifft, ist daher auch eher für die zoologische Datenbank von Bedeutung als für irgendeinen Größenvergleich. Den ersten Platz macht den Saruskranichen ohnehin weder ein Verwandter noch eine andere Vogelart streitig: Sie sind – mit einigem Abstand vor dem afrikanischen Klunkerkranich – die größten flugfähigen Vögel auf der Erde, wenn auch nicht die schwersten. Wer sie in einem Zoo aus der Nähe sieht, kann sich vielleicht gar nicht vorstellen, daß sich derart hochgewachsene Gefiederte mit einem kurzen Anlauf in die Lüfte schwingen. Und wem sie in freier Wildbahn inmitten anderer Vögel begegnen, wird sich darüber wundern, wie klein ein Graureiher oder selbst ein Asiatischer Großstorch mit seinen gut 120 Zentimetern an ihrer Seite wirkt. Sogar neben Menschen erscheint ein Vertreter der Art »Grus antigone« noch gigantisch, zumal neben den meist klein gewachsenen in seiner asiatischen Heimat.

Saruskraniche und Menschen in geringer Entfernung zueinander – das ist in Indien kein seltenes Bild. Es bietet sich dem Bahn- oder Autoreisenden auf dem Weg von Delhi nach Jaipur manchmal bereits eine halbe Stunde, nachdem er die indische Hauptstadt verlassen hat. Unbehelligt von etlichen auf den Feldern arbeitenden Frauen und Männern steht da, nur einen Steinwurf von ihnen entfernt, ein Saruskranichpaar. Einige Kilometer weiter stolziert ein anderes Paar mit einem noch nicht ganz ausgefärbten Jungvogel frisch eingesäte Ackerfurchen entlang und kümmert sich herzlich wenig um zwei aufgestellte Vogelscheuchen. Das vertraute Miteinander von Kranichen und Menschen auf dem Land hat im nordindischen Verbreitungsgebiet der Vögel eine lange Tradition, die auf dem Hinduismus fußt. Der Saruskranich war der heilige Vogel des Gottes Vishnu; er ist auf vielen alten Bildern zu sehen.

Langfristige Wiedergutmachungspläne in Asien

Aber aus diesen ersten flüchtigen Eindrücken zu schließen, den Saruskranichen gehe es ingesamt gut, wäre falsch. Wenngleich Vogelkundler ihren Bestand in Indien optimistisch auf 20 000 bis 25 000 veranschlagen, machen sie sich dennoch Sorge um ihre Zukunft. In den vergangenen Jahrzehnten sind die Vögel nämlich aus vielen Gebieten ihres einstmals großen Verbreitungsraumes auf dem indischen Subkontinent und den sich anschließenden Inseln verschwunden. Gelitten hat vor allem die östliche Unterart »Grus antigone sharpei«, der etwas kleinere Burmesische oder Östliche Saruskranich. Wären nicht im Jahr 1964 Vertreter dieser Unterart im Norden Australiens entdeckt worden und hätte sich nicht in der Folgezeit herausgestellt, daß dort eine stabile Population lebt, sähe es schlecht aus. So aber hoffen die Kranichschützer in Südostasien und ihre Verbündeten im nordamerikanischen Baraboo, daß sie mit australischer Unterstützung die Saruskraniche in einige der früher von ihnen bewohnten Länder zurückbringen können. Für die bereits angelaufenen Bemühungen, die Vögel in Thailand und Vietnam, auf den Philippinen und in Südwestchina wieder heimisch zu machen, spielen – nur ungenau bekannte – Restpopulationen in Birma und Kambodscha eine wesentliche Rolle. Eine Voraussetzung für das Gelingen solcher langfristiger Wiedergutmachungspläne ist unter anderen eine genaue Kenntnis der Tiere: ihre Ansprüche an den Lebensraum, ihre Fortpflanzung, Zuggewohnheiten, ihr Verhalten den Menschen gegenüber. Beobachtungen an indischen und australischen Saruskranichen liefern solche Kenntnisse.

Der Saruskranich hat verschiedene Namen

Der Nationalpark Keoladeo bei Bharatpur, wegen seiner Bedeutung für den Kranichschutz bereits wiederholt in diesem Buch erwähnt, bietet hervorragende Möglichkeiten, Saruskraniche zu sehen, zu fotografieren und zu studieren. Hier brüten einige Paare, und hier versammeln sich zu bestimmten Jahreszeiten, besonders im Winter, bisweilen mehr als 300 Vögel. Der Besucher des Parks, der sich auf den Dämmen zwischen den großen Wasserflächen Zeit läßt, kann ihnen so nahe kommen, daß er jede einzelne silbergraue Feder erkennt. Dabei fällt der helle Ring unterhalb der ausgedehnten Rotfärbung des Kopfes auf. Er trug der Art einen weiteren deutschen Namen ein: Halsband-Kranich. Doch ist diese Bezeichnung genausowenig gebräuchlich geblieben wie »Antigone-Kranich«. Sie eignet sich auch deshalb nicht für die Art, weil die östlichen Verwandten mit einer derartigen Kennzeichnung nicht aufwarten können. Deren Gefieder ist insgesamt etwas dunkler.

Wo Saruskraniche erscheinen, machen andere Vögel ihnen zunächst Platz. Ihre Größe flößt selbst den Verwandten Respekt ein: Nonnenkraniche (Schneekraniche) und Graue Kraniche weichen vor ihnen ebenso zurück wie Jungfernkraniche. In Australien ist es nicht anders: Der Australische (Brolga-)Kranich räumt das Feld, wenn der größere Verwandte Anspruch auf einen Brutplatz anmeldet. Wo es nicht um den Besitz von Nistrevier oder Nahrungsfläche geht, kommen die Arten freilich recht gut miteinander aus. Außerhalb der Brutzeit ziehen sie mitunter sogar gemeinsam umher.

Große Reiselust entwickeln die Saruskraniche allerdings nicht. In Indien sind sie an vielen Orten Standvögel, die das ganze Jahr hindurch ihrer Heimat treu bleiben. In manchen Gebieten verlegen sie ihren Aufenthaltsort um wenige 100 Kilometer, den jahreszeitlich bedingten Wasserverhältnissen entsprechend. In einer Dürrezeit jedoch, wie sie in weiten Teilen Indiens 1986 bis 1988 vorherrschte, müssen sich auch die Saruskraniche vorübergehend nach einer neuen Bleibe umsehen. Zwar können sie sich als Allesfresser auf längere Dauer außerhalb von Feuchtgebieten durchschlagen, doch zum Übernachten haben sie es gerne naß um die Füße. Und zum Brüten sind sie erst recht auf Wasser angewiesen. Zwar kann es geschehen, daß die Umgebung ihres umfangreichen Bodennestes während der mit durchschnittlich 34 Tagen langen Brutzeit austrocknet, doch beginnen sie ohne einen genügend hohen Wasserstand nicht mit dem Nestbau, und das Weibchen denkt erst recht nicht daran, die zwei auf heller Schale bräunlich gefleckten großen Eier zu legen.

Indira Gandhi hatte viel Verständnis

Die Jahre 1986 bis 1988 haben den Saruskranichen denn auch in Indien nicht gutgetan. Die Entwicklung im Keoladeo Nationalpark ist dafür ein Beispiel: 1969 brüteten in dem Gebiet 27 Paare; von 1980 bis 1985 sank ihre Zahl von 16 auf 11; 1986 sollen noch drei oder vier Paare einen Brutversuch gemacht haben, und in den beiden darauffolgenden Jahren gab es keinen Nachwuchs. Wo hätten die Vögel auch brüten sollen, da bis auf einige künstlich bewässerte Flächen der ganze Park aus hartem trockenen Boden bestand? Auch früher hat es Dürrezeiten gegeben, doch boten sich vor 50 oder 100 Jahren den Vögeln noch genügend Ausweichmöglichkeiten. Und sie hatten es in der Vergangenheit leichter, entstandene Lücken wieder aufzufüllen, weil die Bestandsreserve größer war und mehr ungestörter Lebensraum zur Verfügung stand. Heute hingegen leben dort, wo Wasser ist, Menschen in ungeheurer Zahl. Bei der dichten Bevölkerung Indiens ist es ohnehin ein Wunder, daß es bis vor kurzem noch relativ viele Kraniche gab. Doch ihr Schicksal wird wie das der Tiger und der meisten anderen Wildtierarten davon abhängen, wie langfristige Naturschutzmaßnahmen politisch durchgesetzt werden können. Indira Gandhi hatte viel Verständnis dafür. Sie hat manche Entscheidung zugunsten der freilebenden Tierwelt getroffen, und nicht zuletzt ihr ist es zu verdanken, daß mit Hunderttausenden anderer Vögel auch den Kranichen bislang einige wichtige Feuchtgebiete erhalten geblieben sind.

In den südöstlich der nordindischen Kranichheimat gelegenen Ländern sind nicht rechtzeitig Schutzmaßnahmen ergriffen worden. Die Östlichen Saruskraniche waren einst von Assam über Birma, Laos, Thailand, Vietnam, Kambodscha und Malaysia bis zur Hauptinsel Luzon der Philippinen verbreitet und kamen auch im Südwesten Chinas vor. Aufgrund der schwierigen politischen Verhältnisse in einigen der Staaten gibt es zwar keinen genauen Überblick, doch sind sich alle naturkundlichen Kenner der Region darin einig, daß allenfalls wenige tausend Östliche Saruskraniche außerhalb Australiens leben, wo ihre Zahl auf mehr als 10 000 geschätzt wird.

Eine der letzten Rückzugsinseln und Brutgebiete von »Grus antigone sharpei« liegt im Grenzgebiet von Kambodscha und Vietnam. Das Mekong-Delta war einst ein Paradies für Vögel und ein idealer Lebensraum für Kraniche, doch im Vietnamkrieg sind bis 1975 auch diesem Gebiet schwere Schäden zugefügt worden; danach ist es noch dichter als früher besiedelt worden. Dennoch haben die Vietnamesen 6000 Hektar eines großen Feuchtgebietes in der Provinz Dong Thap zu einem besonderen Schutzgebiet erklärt: Tram Chim soll den Saruskranichen, die im Winter aus Kambodscha herüberkommen, als sicherer Rastplatz dienen. Bis 1985 war nicht bekannt, daß es in diesem Teil Asiens überhaupt noch den Östlichen Saruskranich gibt – ein Jäger hatte im Februar des Jahres zwei Vögel geschossen. Seitdem wurden zwischen November und Februar immer wieder welche beobachtet; im Januar 1988 konnten die Professoren Vo Quy und Le Dien Duc von der Universität Hanoi, die eine »Arbeitsgruppe für Feuchtgebiete und Wasservögel« ins Leben gerufen haben, einer kleinen Abordnung der International Crane Foundation und der New York Zoological Society mehr als 300 der großen Vögel in Tram Chim zeigen. Drei Monate später, im April, zählten die Vietnamesen sogar 1052 Östliche Saruskraniche im Mekong-Delta. Gemeinsam mit dem Brehm-Fonds für Internationalen Vogelschutz vom bundesdeutschen Vogelpark Walsrode, der seit Jahren Naturschutzprojekte in Südostasien unterstützt, wollen diese Organisationen zur Hilfe für die Kraniche in Vietnam beitragen.

In Thailand hält die königliche Familie ihre schützende Hand über sechs Saruskraniche, die den Grundstock für eine Wiederbesiedlung des Landes abgeben sollen. George Archibald von der International Crane Foundation hat sie im Februar 1984 als hochbebrütete Eier aus dem australischen Queensland über

Sydney nach Baraboo in Wisconsin gebracht. Dort sind sie – alles mit dem Segen der australischen Naturschutzbehörden – geschlüpft und aufgezogen worden und reisen im November desselben Jahres mit dem Flugzeug nach Bangkok. Von dort ging es mit dem Auto nach Bangpra, einem thailändischen Schutzgebiet, wohin auch eigens die Prinzessin Somsavali fuhr, um die Kraniche in Empfang zu nehmen. Sie leben dort – 1988 nunmehr zu fünft – in großen Gehegen, und die Mitglieder der thailändischen Sarus Crane and Large Wading Birds Working Group warten darauf, daß sich die Vögel zu Paaren finden und für Nachwuchs sorgen. Der soll dann frei ausfliegen können und langsam verwildern. Schon ist ein zweites Gebiet als neue Kranichheimat vorgesehen.

Auch auf den Philippinen hat sich eine Kranich-Arbeitsgruppe formiert. Wie in Thailand, wo die Saruskraniche früher zahlreich vorkamen, wurden sie auch auf der philippinischen Hauptinsel Luzon ausgerottet. Nun bereiten Vogelschützer die Rückkehr vor. Das geht hier wie anderswo – abgesehen von den geeigneten Lebensräumen, die zum Teil verbessert oder umgestaltet werden müssen – nicht ohne eine gründliche Öffentlichkeitsarbeit. Nur wenn die Bevölkerung lange und überzeugend genug eingestimmt worden ist, haben die Kraniche eine Chance, zu überleben und sich zu vermehren.

Nicht alle Menschen sind den Vögeln wohlgesinnt

Um die vielen Kranich-Initiativen in den einzelnen Ländern etwas zu koordinieren, um vor allem aber einen Erfahrungsaustausch zu ermöglichen, wurde 1988 an der Mahidol Universität in Bangkok das Southeast Asia Regional Information Center for Eastern Sarus Cranes and Other Large Wading Birds gegründet. Dorthin können sich künftig auch die Kranichforscher aus der chinesischen Provinz Yunnan wenden, die in den letzten Jahren außer einigen Fußabdrücken im feuchten Boden nichts mehr von den einstmals hier lebenden Saruskranichen gesehen haben. Aber das Grenzgebiet zu Birma, Laos und Vietnam ist, so hoffen es nicht nur die Zoologen an der Universität von Kunming, für manche Überraschung gut.

Über eins sind sich die Kranichschützer allerdings im klaren: Nicht alle Menschen in Asien sind den großen Vögeln so wohlgesinnt, wie sie es sich wünschen. Manchem Jäger ist jeder langbeinige Gefiederte eine willkommene Beute, manches Gelege ist einem hungrigen Bauern eine willkommene Speise, und mancher junge Kranich ist einer Familie zunächst ein willkommener Hofvogel. Wie einfach selbst ein erwachsener Saruskranich zu fangen ist, führen einige Wildhüter im Keoladeo Nationalpark vor: Nach bewährter Methode der Entenfänger gehen sie nachts mit brennenden Grasfackeln und leisem monotonen Trommelschlag durch das Gewässer, in dem die Kraniche ruhen. Haben sie einen oder zwei entdeckt, werfen sie aus einer Entfernung von etwa zehn Metern ein großes käscherartiges Netz zielsicher über die Vögel. Im Nationalpark dient diese Fangmethode nur einem wissenschaftlichen Beringungsprogramm. Anderswo jedoch bedeutet der nächtliche Fang meistens ihren Tod.

Hilfe für Australiens langbeinige Ureinwohner

Der Anblick ist bedrückend. Die beiden Australischen Kraniche wirken wie die letzten Lebewesen in einer vom Menschen verdrahteten Welt. Obwohl sich grünes Gras bis zum Horizont erstreckt, ist die Landschaft aller Natürlichkeit beraubt. Im Abstand von 440 Metern recken sich ausladende Stahlmasten 65 Meter in die Höhe. Zwischen ihnen hängen gebündelt schwere elektrische Leitungen. Mit einer Breite von 60 Metern durchzieht die gigantische Straße der Energie auf 260 Kilometer den Südwesten des südaustralischen Bundesstaates Viktoria zwischen Moorabool und Portland.

Am Boden verlaufen mehrere Zäune aus dichtem Drahtgeflecht. Sie unterteilen das Land in Weideflächen für Schafe und Rinder und sollen gleichzeitig den Wildkaninchen Einhalt gebieten. Weil sie deshalb im und über dem Boden besonders dicht geknüpft sind, sind sie für junge Kraniche unüberwindbare Barrieren. Auf ihren Wanderungen im Gefolge der Eltern scheitern die Küken an ihnen, solange sie – in den ersten zwölf bis vierzehn Lebenswochen – nicht fliegen können.

Die Zahl der Kraniche von Viktoria nimmt ab

Die zu Beginn der achtziger Jahre errichtete Überlandleitung indes gerät auch manchem ausgewachsenem Kranich zum tödlichen Hindernis. Sie durchschneidet oder berührt die Brutreviere von 15 Kranichpaaren; doch diese Zahl nimmt ab. Zum einen durch die unmittelbar verursachten Verluste, zum anderen durch die Veränderung des Biotops. Wären die Zäune und die Stromleitung die einzigen Beeinträchtigungen im Leben der Kraniche von Viktoria, so wäre das zwar schlimm genug, doch würde es der südlichen Population des Australischen Kranichs, des Brolga-Kranichs, nicht an die Substanz gehen. Doch in dem mit 230 000 Quadratkilometern kleinsten australischen Bundesstaat, der fast so groß wie die Bundesrepublik Deutschland ist, wird den Kranichen seit langem auf andere nachhaltige Weise zugesetzt: Quadratmeter für Quadratmeter haben die Farmer und Landerschließer ihnen den Lebensraum durch Entwässerungen genommen.

Wenn ich mir einen umfassenden Überblick über das Schicksal des Australischen Kranichs verschaffen wolle, solle ich erst nach Viktoria kommen und danach in den Norden des Kontinents fahren, hatte mir Don White vom Fisheries and Wildlife Service Victoria geraten. »Bei uns sieht es nämlich ganz anders aus als in Queensland und im Northern Territory. Es ist gut, wenn sich viele Leute über die Kraniche in Viktoria informieren; vielleicht hilft das, den Vögeln ein ähnliches Schicksal im Norden zu ersparen.«

Im Norden und Nordosten des fünften Kontinents sind die bis zu 125 Zentimeter großen Brolgas in manchen Gebieten noch recht zahlreich vertreten. Auf mehr als 50 000 schätzten manche Kenner den Gesamtbestand zu Beginn der achtziger Jahre. Ansammlungen von gut 12 000 außerhalb der Brutzeit verleiten allerdings nach der Meinung anderer Vogelkundler leicht zu einer Überschätzung. Bei solchen Konzentrationen handele es sich um sämtliche Kraniche eines riesigen Einzugsbereiches, die sich während der Trockenzeit an bestimmten Orten zusammenziehen. Über eine Tatsache besteht Einigkeit: Die Brolgas, wie die tanzfreudigen Vögel in ihrer Heimat heißen, waren um die Jahrhundertwende noch mehr als doppelt so zahlreich im Vergleich zu heute und wesentlich weiter über Australien verbreitet, nämlich über mehr als zwei Drittel. Bis nach Viktoria waren sie die gesamte Ostküste entlang anzutreffen. Doch die Siedler nahmen wenig Rücksicht auf die Tiere. Es nützte ihnen auch nichts, daß sich um sie eine schöne Sage der Ureinwohner rankt, der sie ihren Namen verdanken: Buralga sei eine schöne und berühmte Tänzerin gewesen, die ein böser Zauberer in einen Vogel verwandelt habe.

Tausende von Nachkommen dieser Tänzerin landeten um die Jahrhundertwende auf den Wochenmärkten, so auch in Melbourne. Auf den Farmen galten sie als willkommene Abwechslung auf dem Speiseplan. In der jüngeren Vergangenheit begnügten sich manche Farmer nicht mit einzelnen Abschüssen, sondern vergifteten sie, wenn sie in größeren Scharen auf Feldern einfielen und sich über das Getreide hermachten. Naturschützer in Australien befürchten, daß sich auch heute noch mancher Farmer im Norden auf diese Weise der in seinen Augen unwillkommenen Gäste entledigt, obwohl die Kraniche geschützt sind. Doch in dem weiten Land ist kaum eine Kontrolle möglich.

Ein Managementplan für die Brolgas

Vergiftet wird in dem traditionellen Schaf- und Rinderzuchtland Viktoria sicherlich kein Kranich, doch gingen die Zeiten, als auch hier noch Flüge von mehr als 1000 Kranichen außerhalb der Brutzeit an der Tagesordnung waren, Mitte dieses Jahrhunderts zu Ende. Heute leben in Viktoria zwischen 500 und 650 Australische Kraniche als isolierte Population, die keine Verbindung mehr zu ihren nördlichen Artgenossen hat. Im kühleren und feuchteren Süden finden sie sich mit anderen

Wie die meisten seiner Verwandten trägt auch der Australische Kranich eine leuchtendrote Kopfverzierung, allerdings nicht in Form einer Haube. Bei dem »Schmuck« von Hahn und Henne handelt es sich nicht – wie häufig vermutet wird – um entsprechend gefärbte kleine Federn, sondern um warzenartige Haut, die anschwellen kann. Auf der Kopfplatte des Brolga-Kranichs, so ein anderer Name für »Grus rubicundus«, ist die Haut grau. Ebenfalls gut auf dem Bild ist der Schnabel zu sehen. Er dient dem Vogel als Werkzeug beim Freilegen seiner Lieblingsnahrung, den Wurzelstöcken der Pflanze »Eleocharis dulcis«, einer im Wasser wachsenden Riedgrasart, deren Knollen als Wasserkastanien bezeichnet werden.

Bedingungen ab als ihre Verwandten im tropischen Norden. Manche Ornithologen schließen daher nicht aus, daß sich langfristig im Süden und im Norden Australiens zwei verschiedene »Rassen«, eines Tages vielleicht zwei Unterarten des Australischen Kranichs entwickeln können.

Zu denen, die sich nicht damit abfinden wollen, daß es mit dem Australischen Kranich in Viktoria weiter bergab geht, gehört Don White. Gemeinsam mit J. D. Arnol und I. Hastings hat er 1984 einen ausführlichen Bericht für das Department of Conservation, Forests and Lands in Melbourne erstellt. Darin weisen die Autoren die Wege für das »Management of the Brolga (Grus rubicundus) in Victoria«. Don White spricht aus Erfahrung. Jahrelang hat er in zwei Richtungen für die Kraniche gearbeitet: In der Serendip Wildlife Research Station, 50 Kilometer westlich von Melbourne, wuchs ein knappes Dutzend Brolgapaare unter seiner Leitung bis zur Brutreife heran. Sie sollen die Nachzucht für ein Wiederansiedlungsprogramm liefern. Daneben hat der Naturschutzbeamte in einem Teil von Viktoria die natürlichen Brutplätze der Vögel kontrolliert, hat versucht, Verbündete unter den Farmern für sein Programm zu finden.

Bei einem solchen Verbündeten sind wir auf unserer Rundfahrt durch die zum Teil weit auseinanderliegenden Kranichbiotope eingekehrt. Richard Weatherly, in seiner Heimat ein bekannter Vogelmaler, besitzt mit seinem Bruder eine Schaffarm, deren Größe die Vorstellungskraft eines mitteleuropäischen Landwirts übersteigt. Für mehr als 5000 Dollar setzt Richard Weatherly gerade ein 70 Hektar großes Gelände, das vor längerer Zeit einmal ein Sumpf war, wieder unter Wasser, damit Brolgas in ihm einen Brutplatz finden.

Die meisten Farmer tun das Gegenteil

Bis 1984 konnten die Farmer völlig frei schalten und walten, seitdem allerdings schränkt ein Gesetz die Entwässerung natürlicher Feuchtgebiete ein. Doch dieses Gesetz ist 30 Jahre zu spät erlassen worden, denn in dieser Zeit haben einige hundert Kranichpaare in Viktoria ihren Brutplatz verloren. Ohne eine nasse Umgebung ihres Nestes machen sich auch die Brolgas nicht an die Erhaltung ihrer Art. Die Wiederherstellung möglichst vieler Feuchtgebiete ist denn auch eins der Ziele der viktorianischen Kranichschützer. Dazu muß bei vielen Farmern erst einmal einiges an Erziehungsarbeit geleistet werden. Ganz abgesehen von finanziellen Anreizen durch den Staat. Menschen, die noch den letzten Quadratmeter trockenlegen, obwohl sie Tausende von Hektar gutes Weideland besitzen, muß das Entwässern im Blut liegen. Wie viele Generationen wird es dann dauern, bis vielleicht eines Tages das Bewässern vererbt wird?

Ohne dabei an die Kraniche zu denken, haben im von Trockenzeiten und Regenzeiten gekennzeichneten Norden Australiens die meisten Landbesitzer Wasserflächen geschaffen. Durch »dams«, angestaute Seen, die der Wasserversorgung von Vieh, Feldern und Haushalt in den heißen trockenen Monaten dienen sollen, sind manche Landstriche überhaupt erst für die Australischen Kraniche bewohnbar geworden. Sie ziehen bisweilen so viele zum Übernachten und Trinken an, daß die Qualität des Wassers darunter stark leidet. So ist es wenig verwunderlich, wenn man im Norden nicht nur Gutes über die Brolgas hört. Daß die Menschen ihnen ihr angestammtes Land streitig machen, daß sie – gerade im Norden von Queensland, Northern Territory und Western Australia – immer mehr ursprüngliche Kranichbiotope unter ihre landwirtschaftliche Fuchtel nehmen, sei nun mal der Lauf der Dinge hier auf Erden, hören wir von einem Farmer nordwestlich von Cairns in Queensland. Er habe Freude an den Vögeln und leiste sich den Luxus, zwei mehr als hundert Hektar große Gebiete für fünf bis sechs Brutpaare unter Wasser zu halten, obwohl sie gutes Ackerland abgäben. Aber ob sein Sohn das später ebenso tun werde, könne er nicht sagen.

Die Brolgas, die auch auf Neu Guinea vertreten sind und dort früher von den Eingeborenen gerne als »große Hühner« gehalten wurden, haben sich in Nordaustralien auf die veränderten Verhältnisse zumindest in bezug auf ihre Nahrung eingestellt. Wo ihnen die Siedler die von ihnen bevorzugte Bulkuru-Pflanze (Eleocharis dulcis), ein auf nassem Standort wachsendes Riedgras, nehmen, halten sie sich auf deren Feldern schadlos. Anstatt mit ihrem starken Schnabel die Wurzelknollen der Wildpflanzen auszugraben, machen sie sich über Mais, Reis und Getreide her, was ihnen nicht zu mehr Freunden auf dem Land verhilft. So verstehen denn auch viele Landwirte die Forderung nach einem verstärkten Kranichschutz überhaupt nicht. Manch einer wäre froh, wenn es noch weniger oder gar keine der langbeinigen Feldbesucher gäbe.

»Sarolgas« werden erfolgreich aufgezogen

Im Norden des Kontinents sind die Australischen Kraniche nicht nur unter ihresgleichen. Erst seit 1953 (nach anderen Quellen seit 1964 oder seit 1966) ist bekannt, daß hier auch der Östliche Saruskranich lebt. Ob schon lange oder ob erst in den Jahrzehnten zuvor ausgewandert, ist nicht geklärt. Da die um etwa 20 Zentimeter größeren Saruskraniche viel Ähnlichkeit mit den Brolgas haben, da sie sich mitunter auch paaren und erfolgreich »Sarolgas« aufziehen, spricht einiges dafür, daß sie »unentdeckt« schon eine geraume Zeitspanne in Australien leben, aber immer als Australische Kraniche angesprochen werden und in der grö-

174

ßeren Menge der Brolga-Kraniche einfach »untergegangen« sind.

Die intensive Beschäftigung mit den Kranichen durch immer mehr Ornithologen und die bessere vogelkundliche Erschließung des australischen Nordens hat in jüngster Zeit auch mehr Kenntnisse über das Zusammenleben beider Arten erbracht. Danach hat es den Anschein, daß sich der Saruskranich in manchen Gebieten langsam auf Kosten des Australischen Kranichs vermehrt. Zwar bevorzugen beide Arten zur Brut etwas unterschiedliche Biotope (der Saruskranich baut sein Nest gern zwischen Büschen und Bäumen in wasserreichen Zonen, während der Brolga-Kranich die von Schilf und Riedgräsern bewachsenen offenen Geländeabschnitte aufsucht), doch wo der Nistraum knapp wird, verdrängt der Saruskranich den kleineren Verwandten. Sie sind sich zu ähnlich, als daß sie sich – wie etwa in dem beschriebenen Fall vom Mandschurenkranich und Jungfernkranich – auf engem Raum gegenseitig dulden würden. Das angeborene Revierverhalten, das zur Jungenaufzucht einen genügend großen Nahrungsraum sicherstellt, läßt sie zu Beginn der Regenzeit, wenn sich im November und Dezember die großen Gemeinschaften auflösen, untereinander intolerant werden. Die Paare suchen mit Vorliebe ihren vorjährigen Brutplatz auf, und da bleiben Auseinandersetzungen mit anderen Interessenten nicht aus.

In regenreichen Jahren wird manches Nest zweimal besetzt

Der an die monsunartigen Regenfälle gebundene Brutzyklus hat seinen Höhepunkt im Januar und Februar. In Gebieten, die nicht genügend Nistmöglichkeiten bieten, wird in einem regenreichen Jahr manches Revier, gelegentlich sogar das eine oder andere Nest zweimal besetzt. Hat ein Paar die Brut beendet und ist mit seinem Nachwuchs davongezogen, läßt sich ein anderes Paar darin nieder. Solche Doppelnutzung gehört aber zu den Ausnahmen. Häufiger kommt es vor, daß ein Paar mit einer zweiten Brut beginnt, wenn die erste verlorengeht. Das geschieht bei den starken Regenfällen in den Tropen gar nicht so selten durch eine Überschwemmung. Schwimmen die beiden Eier erst gegen Ende der dreißigtägigen Brutzeit davon, wird der zweite Anlauf zur Familienplanung besonders mühsam.

Wie bei allen anderen Kranicharten bleiben die Jungen fast ein ganzes Jahr im Gefolge der Eltern. Im Dezember, kurz vor Beginn der Brutzeit, wenn die Alten das Familienband recht unfreundlich lösen, sehen wir bei Townsville (Queensland) am Great Barrier Reef noch viel Harmonie zwischen jung und alt. Die bräunlich gefiederten Sprößlinge betteln ihre silbergrauen Eltern sogar mit Erfolg um Futter an, obwohl sie sich sehr gut selbst ernähren können. Im städtischen Naturschutzgebiet, das bis an den Pazifischen Ozean reicht, werden die Vögel auf den zunehmenden Wandel in ihrer einstmals vom Menschen nur dürftig besiedelten Heimat eingestimmt: Kurz vor der Landung auf dem nahen Flughafen dröhnen die Verkehrs- und Militärmaschinen in einer Höhe von nur fünfzig Metern über ihre Köpfe hinweg. Sie scheint das weniger zu stören als ihre Beobachter, die sie recht dicht an sich herankommen lassen. Einen Monat später jedoch sind dieselben Kraniche im Brutgebiet scheu und heimlich. Die jetzt noch gut betreuten Jungen der Brolgas sind in den ersten Tagen nach der Vertreibung durch die Eltern so orientierungslos, daß sie sich mit anderen Schicksalsgenossen, darunter auch jungen Saruskranichen, zusammenschließen.

Im Süden Australiens gibt es im Bundesstaat Viktoria eine kleine Restpopulation des Australischen Kranichs, die keine Verbindung mehr zum Hauptvorkommen im Norden hat. Durch ein wichtiges Brutgebiet Viktorias zieht sich seit Anfang der achtziger Jahre eine Überlandleitung (linke Seite oben), und mancher Nistplatz wird durch Entwässerungsmaßnahmen zerstört (links). Im Norden des fünften Kontinents gibt es für die Brolgas noch mehr Lebensraum, wie etwa in Queensland (oben und linke Seite unten), doch auch hier wandelt der Mensch immer mehr Kranichbiotope nach seinen Vorstellungen um.

Sie fliegen von Sibirien bis Mexiko

Mehr als 2000 Schneegänse sind bereits über uns hinweggeflogen, als sich in ihr hochklingendes Stimmengewirr andere, rauhere Rufe mischen. Am blaugrauen Abendhimmel über dem Tal des Rio Grande erscheinen die ersten Flugkeile der Kanadakraniche. Sie streben in die gleiche Richtung. Gänse und Kraniche haben hier im Bosque del Apache National Wildlife Refuge, gut 100 Kilometer südlich von Albuquerque im US-Staat Neu-Mexiko, jeden Abend dasselbe Ziel: zwei ausgedehnte Flachgewässer, die im Herbst durch künstliche Flutung im 24 000 Hektar großen Reservat geschaffen werden. Länger als eine Stunde dauert das grandiose Schauspiel zwischen Tag und Nacht. Wenn es schließlich mit dem Beginn der Dunkelheit beendet ist, stehen neben oder zwischen den fast 40 000 Schneegänsen gut 12 000 Kanadakraniche. Morgens, kurz vor oder bald nach Sonnenaufgang, setzt der Flugbetrieb in umgekehrter Richtung ein: Gänse und Kraniche starten in kleinen Familiengruppen oder in größeren Scharen auf die Felder im Schutzgebiet oder außerhalb dessen Grenzen. Auch tagsüber wird es nicht still am Himmel. Immer wieder erscheinen weiße oder silbergraue Vögel in ihren eindrucksvollen Flugformationen, nicht selten auch zu zweit oder einzeln, um einen neuen Aufenthaltsort anzusteuern. Zwischen den Schneegänsen und Kanadakranichen können bis zu 2000 Kanadagänse, mehr als 20 000 Enten (unter denen neben 14 weiteren Arten die Stockenten das Hauptkontingent stellen) und gut 270 andere Vogelarten – über das Jahr verteilt – auftauchen. Eine von ihnen: der Schreikranich, über den im nächsten Kapitel berichtet wird.

Für die Kraniche und die Gänse wird in unmittelbarer Nähe zum »Großen Fluß« gut gesorgt. Auf einer Fläche von 600 Hektar werden ausschließlich für sie Mais, Sorghum, Weizen und Luzerne angebaut. Bauern von den in der Nähe des Schutzgebietes liegenden Farmen haben ihren Anteil an derartiger Naturschutzarbeit: Für die Feldbestellung werden sie mit zwei Dritteln des Ertrages belohnt; ein Drittel ist für die Tiere bestimmt. Dennoch können sie nicht vermeiden, daß viele Vögel auch die Felder in der weiteren Umgebung anfliegen. Gäbe es aber das Reservat Bosque del Apache nicht, flöge ein Großteil der hier überwinternden Kraniche – es sind hauptsächlich Angehörige der großen Unterart aus den Rocky Mountains – weiter nach Mexiko, und dort gerieten sie unter Beschuß.

Sind schon solche Vogelansammlungen für den aus Europa angereisten Besucher höchst beeindruckend, so übersteigt es seine Vorstellungskraft, wenn er erfährt, welch geringen Anteil die in Bosque del Apache, dem »Wald der Apachen«, versammelten Schneegänse und Kanadakraniche an der Gesamtzahl der beiden Arten ausmachen: In den Vereinigten Staaten und in Mexiko überwintern mehr als zwei Millionen der weißen und blaugrauen Gänse und mehr als eine halbe Million Kanadakraniche. Viele der über die USA verteilten 430 Nationalen Wildschutzgebiete (National Wildlife Refuges) und einige der 48 Nationalparks bieten ihnen zwischen Oktober und März Quartier und Nahrung. Etliche der »Refugien«, die sich über gut 36 Millionen Hektar Land und Wasser erstrecken – ihre Größe reicht von weniger als 4000 Quadratmetern bis zu acht Millionen Hektar – und die in der Mehrzahl vom U.S. Fish and Wildlife Service verwaltet werden, dienen den Kanadakranichen auch zur Brut.

Ohne diese Schutzgebiete wäre der Kanadakranich nicht eine der beiden häufigsten Arten in seiner Sippe, wenn nicht sogar die häufigste vor dem Jungfernkranich, über dessen Bestand es keine verläßlichen Zahlen gibt. Doch was heißt »der« Kanadakranich? Von der Art »Grus canadensis« gibt es sechs Unterarten. Drei sind Zugvögel, von denen einige um die halbe Erde reisen, drei sind Standvögel. Und längst nicht alle leben in Kanada, wie es ihr Name vermuten ließe. Viele überfliegen diesen Staat nicht einmal. So verwenden denn auch die Amerikaner folgerichtig nicht den von Carl von Linné im Jahr 1758 gewählten wissenschaftlichen Namen: »Sandhill Crane« heißt die Art auf englisch, und es wäre besser gewesen, die gelegentlich verwendete Übersetzung »Sandhügelkranich« ins Deutsche zu übernehmen, wenn sie auch nicht besonders schön oder bezeichnend ist. Zumindest wäre dann weniger Verwirrung mit den einzelnen Unterarten aufgetreten.

Es gibt sechs Unterarten

Um die weite Verbreitung und das unterschiedliche Schicksal der im Aussehen, in der Größe und in der Kopfform voneinander abweichenden Unterarten beschreiben zu können, müssen sie zunächst einmal aufgezählt werden. Zum besseren Verständnis erscheinen die englischen Namen ebenfalls: Kleiner Kanadakranich (Grus canadensis canadensis), Lesser sandhill crane; Kanadakranich (Grus canadensis rowani), Canadian sandhill crane – bei dieser zuletzt festgestellten Unterart wird die deutsche Namengebung, folgt man der englischen, besonders schwierig; Großer Kanadakranich (Grus canadensis tabida), Greater sandhill crane; Florida-Kranich (Grus canadensis pratensis), Florida sandhill crane; Mississippi-Kranich (Grus canadensis pulla), Mississippi sandhill crane; Kuba-Kranich (Grus canadensis nesiotes), Cuban sandhill crane.

Die Namen der letzten drei Arten weisen schon darauf hin, daß sie sich das ganze Jahr über in demselben Gebiet aufhalten. Der Mississippi-Kranich ist mit 40 bis 50 Vögeln, die – seit 1981 immer wieder durch ausgewilderte »Gefangenschaftszöglinge« verstärkt – im Mississippi Sandhill Crane National Wildlife Refuge leben, die am stärksten bedrohte Unterart. Vom Kuba-Kranich gibt es nicht viel mehr als 100, die in der Mehrzahl auf der kleinen Isla de Pinos zu beobachten sind. Er steht ebenfalls auf der Roten Liste. Besser geht es dem Florida-Kranich mit 5000 bis 6000 Angehörigen. Ein Teil der Population hat im südlichen Georgia seine Heimat.

Mit ganz anderen Zahlen warten die übrigen drei Unterarten auf. Die mehr als 40 000 Großen Kanadakraniche werden von den nordamerikanischen Vogelkundlern in fünf Populationen eingeteilt, von denen drei im Westen der Vereinigten Staaten mit einem Schwerpunkt in den Rocky Mountains beheimatet sind. Im Central Valley und am Unteren Colorado haben die anderen beiden ihre Brutgebiete. Im Küstenbereich von Texas sind etwa 5000 zu Hause, und die östliche Population, mit etwa 15 000 fast so stark wie die in den Rocky Mountains (17 000), lebt vornehmlich in Minnesota, Michigan und Wisconsin, erstreckt sich aber nach neueren Erkenntnissen bis ins östliche Manitoba und westliche Ontario Kanadas.

Um etwa 500 000 – seit Beginn der achtziger Jahre mit zunehmender Tendenz – schwankt die Zahl der beiden übrigen Unterarten. Da sie schwer zu unterscheiden sind, werden die »Lesser« und die »Canadians« meistens statistisch zusammengeworfen. Manche Ornithologen erkennen die Rassentrennung zwischen dem Kleinen Kanadakranich und dem Kanadakranich nicht an, da sie sich zu ähnlich sind. Zwar ist der erstgenannte in der Regel etwas kleiner, doch schwanken Größe und Gewicht bei beiden erheblich, so daß sich manche darin durchaus gleichen. (Innerhalb der gesamten Art reicht die Spanne von 2720 Gramm bis zu 5440 Gramm, der schwerste Große Kanadakranich ist also doppelt so gewichtig wie der leichteste Kleine Kanadakranich. Die Durchschnittsgröße der Art wird mit 100 Zentimeter angegeben und reicht von knapp 90 Zentimetern bis mehr als 110 Zentimeter.)

Tausende Besucher kommen zum Platte River

Zu einem Kranichtreffen ohnegleichen kommt es in jedem März im US-Staat Nebraska. Auf einem etwa 60 Kilometer langen Abschnitt des Platte River versammeln sich der überwiegende Teil der drei ziehenden Unterarten des Kanadakranichs und die kleine Schar der Schreikraniche. In den Jahren nach 1985 wurde ihre Gesamtzahl auf mehr als eine halbe Million geschätzt. Das Spektakel zwischen den Städten Grand Island und Kearny lockt jedes Jahr Tausende von Besuchern an, die außer den Kranichen Gänse, Enten, Schnepfenvögel, Seeschwalben und in deren Gefolge viele Greifvögel, außerdem Kleinvögel in großer Zahl beobachten können.

Ende März brechen die gefiederten Scharen von diesem zentralen Sammelpunkt fächerförmig nach Norden auf: Die Kanadakraniche verteilen sich über weite Gebiete der nördlichen Vereinigten Staaten, Kanadas und Alaskas. Mindestens 20 000 Kleine Kanadakraniche ziehen über die Beringstraße ins nordöstliche Sibirien bis in den Norden der Halbinsel Kamtschatka. Von diesen tauchen im Winter immer wieder einige in China und Japan zwischen anderen Kranicharten als Irrgäste auf. Die meisten der in Sibirien brütenden Kanadakraniche aber ziehen über Alaska und Kanada in den Süden der Vereinigten Staaten oder bis Mexiko. Damit legen sie zweimal jährlich zwischen 6000 und 8000 Kilometer zurück und halten den Rekord in ihrer Familie, was das Reisen betrifft.

Der Platte River in Nebraska, auf halber Strecke zwischen dem Golf von Mexiko und den großen Seengebieten und Tundren Nordwestkanadas gelegen, hat in der Vergangenheit in den USA immer wieder für Schlagzeilen gesorgt. Dieses wichtigste Rastgebiet auf dem »Central Flyway«, der mittleren Zugstraße, hat wiederholt das Oberste Gericht der Vereinigten Staaten beschäftigt. Mit dessen Hilfe haben staatliche und private Naturschützer Teilerfolge errungen, als es darum ging, die Qualität dieses unersetzlichen Trittsteins für die Zugvögel und insbesondere für die Kraniche zu erhalten. Die jahrzehntelangen Auseinandersetzungen mit Politikern, Interessengruppen und Gesellschaften, die das Wasser des Flusses für ihre Zwecke nutzen und ableiten wollten, haben – als Folge eines gerichtlichen Vergleichs – 1979 zur Gründung und finanziellen Ausstattung des Platte River Whooping Crane Habitat Maintenance Trust, Inc. geführt. Der Name verrät, daß der höchst gefährdete Schreikranich, »Grus americana«, letztlich auch für die noch häufigen Kanadakraniche und die vielen anderen betroffenen Vogelarten herhalten mußte, als es um die Anerkennung der Schutzbedürftigkeit dieses Gebietes ging.

Aber trotz Landkaufs durch die private Organisation, an dem sich auch die National Audobon Society, die führende Vogelschutzvereinigung in Nordamerika, beteiligt, trotz Öffentlichkeitsarbeit, Widersprüchen und Klagen sind die für die Vögel notwendigen Überschwemmungsflächen des Flusses kleiner geworden. Und immer noch gibt es weitere Projekte, die mehr

In verschiedenen Schutzgebieten der Vereinigten Staaten, wie hier im Bosque del Apache National Wildlife Refuge in Neu-Mexiko, wird eigens für die Kraniche Getreide, Mais und Luzerne angebaut. Der größte Teil der mehr als eine halbe Million Kanadakraniche Nordamerikas und Sibiriens zieht daraus während des Winters Nutzen (linke Seite). Das Balzzeremoniell, zu dem das Überreichen eines Erdklumpens gehört (oben), festigt die ehelichen Bande, die sich wenige Wochen später im weitentfernten Brutgebiet rund um das Nest (links) bewähren.

Wasser für landwirtschaftliche Flächen und für die Stromgewinnung verbrauchen würden. In den Staaten Nebraska, Colorado und Wyoming wird über das Schicksal des größten Kranichsammelplatzes auf der Erde entschieden. Wenn der bereits auf ein Viertel seiner ursprünglichen Menge zurückgeführte Wasserdurchfluß nicht erhalten bleibt, sieht es um die Zukunft »des Platte« als Rastgebiet schlecht aus. Da dann auch viele jagdbare Wasservögel betroffen wären und da in einigen Staaten (sowie in zwei kanadischen Provinzen und in Mexiko) die beiden häufigsten Unterarten des Kanadakranichs bejagt werden dürfen, was jährlich rund 20 000 von ihnen das Leben kostet, bekommen die Vogelschützer von den Jägern Unterstützung. Und die reicht häufig bis in oberste politische Gremien.

Koyoten, Waschbären oder Füchse

Vom Erhalt und vom Ausbau der Rast- und Überwinterungsgebiete hängt weitgehend das Schicksal der drei ziehenden Unterarten des Kanadakranichs ab. Zumindest die im hohen Norden des Kontinents brütenden Vögel, die ihre Nester in den menschenleeren und wasserreichen, von Sträuchern, Moosen und Flechten bedeckten Tälern, an Berghängen und in den sumpfigen Randzonen von Seen und Flüssen anlegen, sind vorerst noch ungefährdet. In den vielen nordamerikanischen Bundesstaaten, in denen vor allem auch die Großen Kanadakraniche brüten, sind freilich Schutzmaßnahmen für die Nistreviere notwendig. Manches National Wildlife Refuge ist – neben dem für die Mississippi-Kraniche – in erster Linie für die Kanadakraniche geschaffen worden, und einige Nationalparks beherbergen eine beachtliche Zahl von Brutpaaren. Doch wie in anderen Ländern ersetzen die Schutzgebiete nicht die Moore, Schilfzonen, Sumpfwiesen und Waldbrüche, in denen viele Paare außerhalb von Reservatsgrenzen 28 bis 32 Tage ihre zwei Eier bebrüten und ihre Jungen zwei bis drei Monate bis zum Flüggewerden vor vielen Gefahren zu beschützen versuchen. Vom Brutort hängt es ab, ob Koyoten, Waschbären oder Füchse die schlimmsten Feinde sind. Im Norden sorgen Raubmöwen und Schnee-Eulen neben anderen Gefiederten für manchen Verlust unter den jungen Kranichen.

Kanadakraniche gehören zu den am besten erforschten Angehörigen der Familie Gruidae. Das riesige Verbreitungsgebiet aber macht es unmöglich, alle ihre Wege, ihre Stationen und ihre Brutorte zu kennen. So haben in der Zukunft noch viele Vogelkundler ein großes Betätigungsfeld vor sich. Und es wäre doch lachhaft, wenn nicht zumindest einer eine weitere Unterart »entdeckte«. Sollte das dem Schutz der gesamten Art zugute kommen, wäre nichts dagegen einzuwenden. Sollten aber für entsprechende Untersuchungen wieder Vögel ihr Leben lassen müssen, wäre es besser, es bliebe bei den sechs verschiedenen »Rassen«, von denen mancher Wissenschaftler jetzt schon meint, es wäre mindestens eine zuviel.

In letzter Minute gerettet

Seit zwanzig Minuten fliegt unser Hubschrauber in nordwestlicher Richtung über eine Landschaft, in die bisher kaum ein Mensch seinen Fuß gesetzt hat. Allenfalls im Winter mag hier ein Trapper mit seinem Hundeschlitten eine Spur ziehen. Jetzt, im Sommer, wäre es unmöglich, da unten voranzukommen: Wie in der Pfanne ein Spiegelei an das andere stößt, liegen die runden Seen und Lagunen im Norden des kanadischen Wood Buffalo National Parks beieinander. Zwischen ihren grünen Strauch- und Schilfsäumen wachsen lichte Fichtenwälder. Manche von ihnen sind dunkel verbrannt. Wo Feuer und Sturm gewütet haben, liegen die Stämme wie Mikadostäbchen durcheinander. Hin und wieder blinkt ein mäandrierender Fluß auf, der sich in der endlosen Weite verliert.

Noch etwa fünf Minuten, dann ist unser BEL 205 dort angekommen, wo am 30. Juni 1954 der Forstbeamte G. M. Wilson und der Hubschrauberpilot Don Landells durch Zufall eine der aufregendsten ornithologischen Entdeckungen unseres Jahrhunderts gemacht haben. Als sie von einem Routineflug zur Kontrolle von Waldbränden nach Fort Smith am Slave River zurückkehrten, fielen ihnen zwei weiße Punkte im Gelände auf. Im Tiefflug erkannten sie kurz darauf neben zwei erwachsenen Schreikranichen einen braunen, noch flugunfähigen Jungvogel. Damit war das Brutgebiet der damals auf der Erde wohl seltensten Vogelart bekanntgeworden. Jahrzehntelang hatten amerikanische und kanadische Vogelkundler gesucht und gerätselt: Woher kamen die letzten »Whooping Cranes«, die im Spätherbst im Schutzgebiet von Aransas (Aransas National Wildlife Refuge) am Golf von Texas (Golf von Mexiko) landeten, um dort den Winter zu verbringen? 1952 waren es nur mehr 21 gewesen. Nachdem 1948 der letzte überlebende Angehörige einer zweiten, nichtziehenden Population in Louisiana (die 1939 noch aus 13 Tieren bestanden hatte) verschwunden war, schien der Tag absehbar, an dem dieser herrliche Vogel für immer von der Erde verschwinden würde.

Die Entdeckung der fernab jeglicher Zivilisation gelegenen Brutreviere markiert einen Wendepunkt im Schicksal der Schreikraniche, der immer noch seltensten Kranichart der Welt, die in Nordamerika zum Symbol für den Naturschutz schlechthin geworden ist. Doch es dauerte noch viele Jahre, bis eine Aktion anlief, die alles, was bisher für die Rettung einer einzelnen Tierart geleistet worden war, in den Schatten stellte. Der Aufwand hat sich gelohnt: 1983 gab es erstmals seit fünfzig Jahren wieder mehr als hundert Schreikraniche in freier Wildbahn, im März 1988 waren es insgesamt 153 in zwei getrennt voneinander lebenden Populationen.

Das ist zu einem entscheidenden Teil das Verdienst von zwei Männern, mit denen ich von Fort Smith nahe der Grenze zwischen der Provinz Alberta und den Northwest Territories zu den Brutgebieten im knapp 45 000 Quadratkilometer (4 480 700 Hektar) großen Wood Buffalo National Park gestartet bin: Ernie Kuyt von der kanadischen Naturschutzbehörde (Canadian Wildlife Service) und Roderick Drewien von der Universität Idaho, der im Auftrag der Naturschutzbehörde der Vereinigten Staaten (U.S. Fish & Wildlife Service) tätig ist. Seit 1967 führen Kanada und die USA ein gemeinsames Schreikranichprojekt durch, bei dem der in Holland geborene Ernie und der von deutschen Vorfahren abstammende Rod seit 1975 eng zusammenarbeiten.

Zehn Minuten vor uns ist Paul Goossen, Ernies Assistent, mit dem indianischen Piloten Bill in einer einmotorigen Cessna 210 gestartet. Paul ist der »Spotter«, der Luftbeobachter. Er soll die Kranichpaare aus größerer Höhe ausfindig machen und uns mit dem Hubschrauber per Funk dorthin dirigieren. Am Ende des Tages sollen möglichst alle Jungkraniche mit farbigen Plastikringen an den Beinen ausgestattet sein. Zeit ist nicht zu verlieren, hat Ernie vor dem Start verkündet, denn der Hubschrauber stehe nur für einen Tag zur Verfügung. Wenn es Feueralarm gebe – und damit sei nach Wochen der Trockenheit jederzeit zu rechnen –, müsse der Pilot sofort zur Brandbekämpfung umkehren.

Jedes Schreikranichpaar hat eine Nummer

Ernie Kuyt kennt das etwa 400 Quadratkilometer große Brutgebiet wie seine Westentasche. Seit 1967 ist er in jedem Frühjahr und Sommer hier tätig. Jedes Nest ist auf einer Karte eingezeichnet, jedes Paar hat eine Nummer. Erst vorgestern sind wir mit einem Wasserflugzeug über den Kranichrevieren gekreist, hoch genug, um die Vögel nicht zu beunruhigen, aber niedrig genug, um die tarnfarbenen Jungen zu erkennen. Zwölf Paare mit Anhang haben wir gesehen. Sie können in den zwei Tagen weit gewandert sein, denn die Jungkraniche sind Anfang August, im Alter von etwa zwei Monaten, gut zu Fuß.

Als der Hubschrauber aus 300 Metern über dem ersten Paar zu sinken beginnt, versuchen die beiden Altvögel zunächst, sich im Weidengestrüpp zu verbergen. Doch als wüßten sie, daß ihr schneeweißes Gefieder und die rote Kopfplatte verräterisch weit leuch-

Aufbruch einiger Großer Kanadakraniche (Grus canadensis tabida) im Grays Lake National Wildlife Refuge im US-Staat Idaho (oben). Von dort nehmen die »Sandhügelkraniche« im Herbst die von ihnen ausgebrüteten Schreikraniche mit in den Süden. Über Colorado geht es ins 1500 Kilometer entfernte Schutzgebiet Bosque del Apache, wo die graubraunen und die weißen Verwandten einige Monate gemeinsam verbringen (unten). Mit großen Anstrengungen und hohen Kosten ist es gelungen, eine zweite kleine freilebende Population von »Grus americana«, der seltensten Kranichart auf der Erde, aufzubauen. Das angestrebte Ziel, die Brut der Vögel in den Rocky Mountains, ist bis 1988 nicht erreicht worden.

ten, geben sie diese Tarnung schnell auf. Das größere Männchen spreizt die Flügel, so daß die schwarzen Handschwingen zu sehen sind, und nimmt eine Haltung ein, als wolle es einen Adler abwehren. Währenddessen läuft das Weibchen fort, das fast gleichgroße Küken hinterher.

Der Pilot kennt sich aus. Er drückt seinen »Chopper« langsam nach unten. Als erster fliegt der Hahn mit einem kurzen Anlauf auf und streicht flach über eine Lagune ab. Die Henne schließt sich ihm mit einem Bogen an. Irritiert bleibt das Junge am Rand seiner Weidenstrauchzone stehen. Zehn Tage später, und es wäre soweit, daß es ebenfalls wegfliegen könnte.

Als der Pilot fünfzig Meter weiter aufsetzen will, merkt er, daß der Boden zu weich ist. Nach dem dritten Versuch springt Rod heraus. Im Nu sind wir wieder in der Luft. Der junge Kranich ist inzwischen 300 Meter weiter gelaufen. Ein, zwei Runden, dann springt Ernies Sohn Jonathan, ebenfalls ein geübter Kranichgreifer.

Die Beringung beginnt mit einer Verfolgungsjagd

Wir beobachten die Jagd aus der Vogelperspektive und geben den Männern zugleich Orientierungshilfe: Dort, wo der Hubschrauber in der Luft stehenbleibt und seitlich abkippt, befindet sich am Boden der Kranich. Rod und Jonathan hasten durch Sträucher und Schilf, springen über umgestürzte Bäume, waten und schwimmen durchs Wasser, bis nach zehn Minuten schließlich Rod den großen, flugunfähigen Vogel erspäht, einholt und an Hals und Beinen ergreift. Als wir 200 Meter entfernt einen Landeplatz gefunden haben und zum Fangplatz laufen, sehe ich, wie anders von hier unten die Perspektive ist. Von oben wirkt die Vegetation flach und übersichtlich, am Boden versperren Schilf und mehr als mannshohes Weidengestrüpp alle paar Meter die Sicht, so daß eine Orientierung am Hubschrauber in der Luft sehr hilfreich ist.

Ernie, Rod und Jonathan sind ein eingespieltes Team. Das langbeinige gelbbraune Küken fügt sich, als ein bedrohliches Aufrichten des Körpers keine Wirkung zeigt, in sein Schicksal und läßt alles über sich ergehen: Schnabel, Flügel und Ständer werden vermessen, dann entrollt Ernie ein Netz, legt es um den Kranich und hängt ihn an eine Federzugwaage. 4,9 Kilogramm – das könnte ein Weibchen sein. Etwa sechseinhalb Kilogramm wiegt eine ausgewachsene Henne, ein Kilogramm mehr bringt der Hahn auf die Waage. Für einen Vogel, der gut 140 Zentimeter lang werden kann und eine Flügelspannweite von mehr als zwei Metern erreicht, ist das nicht viel.

Nach knapp fünf Minuten wird der Kranich wieder auf seine Beine gestellt. Am linken trägt er nun oberhalb des Fersengelenks einen gelben und einen blauen Plastikring. Am rechten ist über dem Fuß ein kleiner Aluminiumring mit einer eingestanzten Nummer und der Adresse des U.S. Fish & Wildlife Service befestigt, über dem Fersengelenk leuchtet ein weißes Plastikband. Der Vogel reckt den Hals gegen die Menschen, die ihn freigelassen haben, und will nicht gehen. Es dauert ein wenig, bis er begriffen hat, daß niemand mehr etwas von ihm will. Schließlich zieht er mit unsicheren Schritten davon. Kurz darauf sehen wir aus der Luft, wie das Elternpaar zu seinem Jungen fliegt.

Aufwendige Eskorte für einen 3500 Kilometer langen Flug

Noch nie ist es vorgekommen, daß eine Familie durch das Beringen nachhaltig gestört wurde. Auch in den Jahren 1981 bis 1983 nicht, als Ernie und Rod mehreren Jungkranichen zusätzlich zu den farbigen Kennzeichnungen einen kleinen, von winzigen Solarzellen gespeisten Sender mit einer Antenne ans Bein gebunden hatten. Die ganze Ausrüstung machte den Vögeln nichts aus – sie wog knapp hundert Gramm –, hatte aber Gewicht unter den vielen Maßnahmen, die das langfristige Überleben der Schreikraniche sichern sollten. Dazu gehörte vor allem, mehr Informationen über ihre Zugwege und Rastplätze zu erhalten. Als sich die weißen Gefiederten (die aufgrund einer Verwechslung in einem deutschen Namenregister irrtümlich gelegentlich als Schneekranich bezeichnet werden, obwohl diese Bezeichnung dem sibirischen Nonnenkranich zukommt) jeweils Mitte September familienweise oder in kleinen Gruppen auf den 3500 Kilometer langen Flug nach Aransas in Texas begaben, folgten Ernie Kuyt und Paul Goossen in einer kleinen Maschine ihrer Frequenzspur. Noch aus 125 Kilometern konnten sie die Signale der Sender an den Kranichbeinen empfangen. In diesen Jahren der Kranichverfolgung gewannen die Ornithologen viele neue Erkenntnisse: daß die Vögel in Saskatchewan mehrere Wochen pausieren, um auf abgeernteten Getreidefeldern Nachlese zu halten; daß sie häufig in Gesellschaft von Kanadakranichen ziehen und rasten; daß sie Tagesstrecken von mehr als 800 Kilometern zurücklegen können, bei schlechtem Wetter aber nur Etappen von knapp fünfzig Kilometern fliegen; daß ihre durchschnittliche Flughöhe auf dem Zug zwischen 250 und 450 Meter liegt, aber auch 1500 Meter betragen kann; daß sie bei schlechtem Wetter mitunter in gefährliche Nähe von elektrischen Überlandleitungen geraten. Die Liste der Beobachtungen von Ernie und Paul füllen ein Buch.

Ihre Flugbegleitung hat die Schreikraniche überall bekannt gemacht. Nicht nur entlang der Zugstrecke berichteten die Zeitungen, Fernseh- und Radiostationen darüber, zeitweise waren die Vögel fast in ganz

Nordamerika Gesprächsthema. Damit war ein Ziel der Unternehmung erreicht: mit einer Aufklärungskampagne für den Schutz von »Grus americana« zu werben. Sie richtete sich vor allem an die vielen Jäger, die im Herbst auf durchziehende Gänse und – in einigen Staaten – auf Kanadakraniche anlegen. Dadurch können auch die bereits seit 1916 vollkommen geschützten Schreikraniche in Gefahr geraten, denn die rostbraunen Jungen ähneln besonders im Flug den graubraunen Kanadakranichen und sind früher wiederholt versehentlich als Kanadakraniche abgeschossen worden. Wo Schreikraniche zur Jagdzeit auftauchen, wird daher die Jagd auf Kanadakraniche sofort geschlossen. Das hat vor Jahren die groteske Folge gehabt, daß manche Jäger zum illegalen Abschuß aller Schreikraniche aufgerufen haben, um nicht mehr in der Jagd auf Kanadakraniche eingeschränkt zu werden. Zum Glück blieben die Aufrufe ohne Erfolg.

Die mehrjährige aufwendige Flugeskorte sollte einen weiteren Zweck erfüllen: Ernie Kuyt und seine Begleiter registrierten auf der Zugstrecke zwischen dem 60. und dem 28. Breitengrad, die einer Entfernung von Oslo bis zu den Kanarischen Inseln entspricht, die regelmäßig angeflogenen Rastplätze, damit diese als Schutzgebiete ausgewiesen werden konnten.

Aransas – Schutzgebiet für die seltenste Kranichart der Welt

Das wichtigste aller Schutzgebiete ist neben dem Wood Buffalo National Park das 1937 eingerichtete »Nationale Refugium« Aransas, sechzig Kilometer nordöstlich der Stadt Corpus Christi an der texanischen Küste zum Golf von Mexiko. Die ersten Schreikraniche landen hier bereits Mitte Oktober. Diese Vorhut besteht aus den noch nicht verpaarten ein- bis fünfjährigen Vögeln. Als nächstes kommen die Paare ohne Junge an. Die letzten dreiköpfigen Familien landen Anfang November in dem 22 000 Hektar großen Reservat – zielgenau, so wie alle anderen Kraniche über Tausende von Kilometern ihre Winterquartiere und Brutplätze immer wiederfinden.

In Aransas werden die »Whoopers« sehnsüchtig erwartet, von den Mitarbeitern des »Texas Park and Wildlife Department«, der »National Audobon Society«, zeitweise auch von anderen Mitgliedern des »Whooping Crane Recovery Team«. In den ersten Wochen ist es ihre wichtigste Aufgabe festzustellen, ob alle von Ernie Kuyt im Sommer gezählten Vögel die weite Reise geschafft haben, insbesondere die wenige Monate alten Jungen, die sich bald nach den ersten Flugversuchen schon auf den anstrengenden Zug machen müssen.

Wie hilfreich die breiten farbigen Plastikringe an den Beinen der Vögel sind, erlebe ich, als ich mit David Blankenship von der National Audobon Society mit einem Motorboot auf dem »Gulf Intracoastal Waterway« unterwegs bin. Diese Wasserstraße zwischen dem Festland und vorgelagerten Inseln, auf der große Transportschiffe mit Öl und chemischen Produkten verkehren, führt auf 19 Kilometern mitten durch das Reservat. Zwei Touristenschiffe unternehmen im Winter täglich von Rockport aus Ausflugsfahrten zu den Kranichen und den Vögeln vieler anderer Arten, die hier überwintern. An den Schiffsverkehr haben sich viele Kraniche schon gewöhnt. Das Motorboot von David, der die Vögel hier seit 1970 beobachtet, scheinen sie besonders gut zu kennen: Wenn wir uns in eine Bucht treiben lassen und dort vor uns hindümpeln, nähert sich die eine oder andere Familie auf weniger als hundert Meter. Selbst auf eine Entfernung von 300 Metern kann David die Farbkombinationen an den Beinen der Vögel noch mit dem Fernglas erkennen, wenn nicht die Strauchvegetation im Wege ist. Er hat eine Liste, auf der die Personalien jedes einzelnen markierten Vogels festgehalten sind. 1988 tragen sechzig Prozent aller Schreikraniche in Aransas ihren Ausweis an den langen Ständern, mit denen sie im flachen Brackwasser des Lagunen- und Sumpfgeländes umherstolzieren.

Auch im Winterquartier besetzen die Schreitvögel alljährlich wieder ihr festes Revier. Doch müssen sie in Aransas mit weit weniger Platz auskommen als im Wood Buffalo National Park. Dort sind ihre Brutplätze über gut 400 Quadratkilometer verteilt, und jedes Paar verteidigt ein Revier von etwa fünf Quadratkilometern. In Texas stehen insgesamt achtzig Quadratkilometer einschließlich der Gebiete außerhalb des Reservats zur Verfügung, doch nicht die ganze Fläche eignet sich zur Nahrungssuche. Das Territorium der Paare und Familien schrumpft auf durchschnittlich 176 Hektar zusammen. Dort suchen sie Krebse, Muscheln, Krabben, Frösche, kleine Schlangen und Aale. Die Jungen, obwohl schon selbständig, werden den ganzen Winter hindurch immer mal gefüttert.

Die Fürsorge der Eltern endet erst, wenn die Familie im nächsten Frühjahr wieder in den Brutgebieten angekommen ist. In der ersten Aprilhälfte verlassen die Schreikraniche Aransas und ziehen innerhalb von zweieinhalb Wochen zu ihren Nistplätzen, die bei ihrer Ankunft nicht selten noch unter Schnee und Eis liegen. Dann ist es besonders wichtig, daß die Vögel eine Zeitlang von ihrem im Winterquartier angelegten Depotfett zehren können. Manches Elternpaar zeigt seinem Jungen, bevor es sich von ihm trennt, das rund fünfzig Kilometer vom Brutgebiet entfernte Sommerrevier für die Nichtbrüter. Auch dessen Lage hat Ernie Kuyt mit der Hilfe der Sender herausgefunden. Das letzte Signal hörte er übrigens am 18. September 1985 von einem vier Jahre zuvor montierten Sender.

Der Name Aransas hat einen guten Klang in den Ohren der Amerikaner. Ohne dieses Schutzgebiet in Texas gäbe es heute wahrscheinlich keine Schreikraniche mehr. Hier überwintern die Vögel aus dem Wood Buffalo Nationalpark in Kanada. 1941 waren es nur noch 16; im Frühjahr 1988 wurden in Aransas und Umgebung 134 »Whoopers« gezählt. 60 Prozent von ihnen tragen farbige Ringe an den Beinen – Dokumente eines aufwendigen Schutzprogramms, das gute Erfolge, aber auch Rückschläge erlebt hat. (Das Foto auf der linken Seite zeigt eine Familie – der Jungvogel geht wohlbehütet in der Mitte.)

Trotz ihrer Unzugänglichkeit und ihres sommerlichen Schutzes durch Mücken und Bremsen, die berüchtigten »black flies«, wurden die Nistplätze am Klewi und Sass River gleich nach der Entdeckung mit einem zusätzlichen Schutzstatus innerhalb des Nationalparks versehen: Jegliches Betreten und niedrige Überfliegen ist vom Frühjahr bis zum Herbst verboten.

Eine Ausnahmeregelung für Ernie Kuyt gilt nicht nur im August, wenn er die Vögel beringt, sondern auch Ende Mai. Zu diesem Zeitpunkt brüten die Paare bereits eine Weile. Dann fliegt er mit einem leichten Hubschrauber von Nest zu Nest. Liegen zwei oder – was ganz selten vorkommt – drei braungesprenkelte Eier auf der von Wasser umgebenen Brutunterlage aus zusammengetragenen Gras- und Schilfhalmen, so macht er die »Wasserprobe«. Er legt die Eier kurz ins Wasser. Ernie erkennt auf Anhieb, in welchen ein junger Kranich heranwächst: Sie gehen nicht unter und bewegen sich. Das erste lebende Ei kommt ins Nest zurück. Sind aber das zweite oder gar ein drittes ebenfalls angebrütet, so packt Ernie sie in einen mit Watte ausgepolsterten Wärmebehälter. Damit beginnt für sie eine abenteuerliche Reise.

Diese seit 1967 praktizierte Maßnahme, die auf den ersten Blick widersinnig erscheint und anfangs von vielen Vogelschützern heftig kritisiert wurde, hilft den Schreikranichen auf eine besondere Weise. Langjährige Beobachtungen hatten gezeigt, daß fast immer nur ein Jungkranich im Gefolge seiner Eltern im Winterquartier auftauchte, auch wenn im Brutgebiet häufig Kranichpaare zunächst mit zwei kleinen Küken gesehen wurden. Entweder hatte die Nahrung nur für das eine Küken gereicht, oder das andere war ein Opfer von Wolf oder Schwarzbär geworden. Mancher Jungkranich kommt auch in den ersten Lebenstagen im Konkurrenzkampf zwischen den Geschwistern um.

So entschlossen sich die Kranichschützer, die Überlebenschance eines zweiten Jungen von vornherein zu erhöhen. Von 1967 bis 1974 entnahm Ernie Kuyt den Nestern im Wood Buffalo Park insgesamt fünfzig Eier, die jeweils mit einem Sonderflugzeug ins »Patuxent Wildlife Research Center« des U.S. Fish & Wildlife Service in Laurel, Maryland, gebracht wurden. Daraus schlüpften Jungkraniche, sowohl im Brutschrank als auch unter in Gehegen gehaltenen Kanadakranichen. Ziel dieser Operation war es, eine Population in Gefangenschaft aufzubauen, um eine Genreserve für den Fall zu haben, daß die wildlebenden Schreikraniche aussterben sollten. So wie es 1948 den letzten Vögeln der kleinen nichtziehenden Population in Louisiana ergangen war.

1975 begann eine weitere, noch aufregendere Etappe. In einem besonders guten Brutareal von Kanadakranichen im Naturschutzgebiet Grays Lake im Staat Idaho wird seitdem in jedem Frühjahr ein von langer Hand vorbereitetes Täuschungsmanöver inszeniert: Rod Drewien, der für diesen Teil der »Operation Schreikranich« zuständig ist, nimmt einigen der hier brütenden Kranichpaare zunächst eines ihrer beiden Eier weg, um sie an ein reduziertes Gelege zu gewöhnen. Wenn kurz darauf Ernie Kuyt von Fort Smith mit einer Chartermaschine nach Idaho Falls und von dort mit einem bereitstehenden Hubschrauber nach Grays Lake fliegt, hat er seinen Wärmebehälter mit Schreikranicheiern auf dem Schoß. (1988 waren es zwölf, 1985 doppelt so viele, die bislang höchste Zahl.) Sie werden gegen die einzelnen in den Nestern der ausgewählten Kanadakraniche verbliebenen Eier ausgetauscht. Damit soll sichergestellt werden, daß der untergeschobene Schreikranich der einzige Nachkomme ist. Wenn möglich, geschieht dies von einem leichten Hubschrauber aus. Wo es zu naß ist, fahren Rod und Ernie mit einem Luftpropellerboot in die Nähe der Nester.

Die beiden Männer haben nicht nur die Eier vom Wood Buffalo Park an Bord. Auch vom Patuxent Wildlife Research Center, in dem die höchste Zahl von Schreikranichen lebt (1987: 41 Vögel), kommt jedes Jahr ein Transport mit Eiern an. Sie stammen von fortpflanzungsfähigen Weibchen in den Volieren und sind im Brutschrank künstlich vorgebrütet. Allerhand Manipulationen sind in dem dreißig Kilometer von Washington D.C. entfernten Wissenschaftszentrum notwendig, um dieses Ergebnis zu erreichen: Da sich in den Gehegen nur schwer Brutpaare bilden, müssen die Weibchen künstlich befruchtet werden, sobald sie Balz- und Legebereitschaft zeigen. Den Samen liefern einige Hähne, die sich jedoch selten mit den Weibchen paaren wollen. Um die Hennen immer wieder zum Legen zu animieren, nehmen ihnen die Betreuer mehrfach die Eier fort. Auf diese Weise legten fünf Weibchen in einem Jahr 34 Eier, von denen dreißig befruchtet waren.

Daß die Anstrengungen, die sich allein die US-Regierung jährlich mehr als eine Million Mark kosten läßt, nicht vergeblich sind, sehe ich bei einem Besuch in Grays Lake in den Rocky Mountains. Das 8900 Hektar große Schutzgebiet besteht aus einem flachen See, der im wesentlichen aus Schmelzwasser gespeist wird, und ausgedehnten Schilfzonen. Ein ideales Kranichbrutgebiet, zumal rundherum Wiesen und Weiden einzeln gelegener Farmen genügend Nahrung bieten. Der entscheidende Vorteil dieser Landschaft, der sie für die Adoption der jungen Schreikraniche durch Kanadakraniche geeignet macht: Sie liegt 1950 m hoch. So schmilzt der Schnee spät, und die Kanadakraniche können hier erst dann mit der Brut beginnen, wenn auch die Schreikraniche 2000 Kilometer weiter nördlich ihre Eier legen.

Bevor wir zu einem neuen Beringungsflug starten, fliegt einer der Wildhüter mit dem Helikopter im ersten Morgenlicht die Grenzen des Schutzgebietes ab, um die gefährlichsten Feinde der Jungkraniche unter Feuer zu nehmen. Als er zurückkommt, ist er zufrieden: Fünf Koyoten hat er aus der Luft erschossen. Schon mancher junge Schrei- und Kanadakranich ist auf das Konto dieser »Räuber« von der Größe zwischen einem Fuchs und einem Wolf gegangen.

Hoffnung auf die erste Verpaarung

Während wir im Verlauf des Tages die jungen Schreikraniche suchen, die nicht so leicht von den jungen Kanadakranichen zu unterscheiden sind, sehe ich hin und wieder einen weißen Vogel. Das sind die erwachsenen Schreikraniche, die ihr Hiersein den vorausgegangenen Adoptionen verdanken. Im gesamten Umkreis, wozu auch das Grenzgebiet der Staaten Wyoming und Montana zählt, waren es im Sommer 1988 16. Alle am Projekt Beteiligten hoffen, daß sich endlich ein Paar bildet und irgendwo häuslich niederläßt. Dann nämlich wäre das Ziel des ganzen Unternehmens erreicht: Eine eigenständige fortpflanzungsfähige Population hätte sich gebildet.

Bis auf dieses letzte Ergebnis ist die Kalkulation der Kranichschützer bislang aufgegangen: Die Kanadakraniche ziehen die untergeschobenen artfremden Jungen ohne Zögern auf. Das liegt vor allem an der nahen Verwandtschaft der beiden Arten. Die jungen Schreikraniche fliegen im Herbst mit ihren Zieheltern in das 750 Kilometer entfernte Schutzgebiet Bosque del Apache in Neu Mexiko, um mit ihnen hier den Winter zu verbringen, und kehren im Frühjahr nach Grays Lake und Umgebung zurück. Sie nehmen aber weder das Verhalten der Kanadakraniche an, noch paaren sie sich mit ihnen. (Was möglich wäre, wie ein Versuch im Patuxent-Zentrum gezeigt hat: Dort lebt nach einer künstlichen Befruchtung eines weiblichen Kanadakranichs mit dem Sperma eines Schreikranichs der einzige »Schreikanadakranich« der Welt.) Dennoch scheint der untergeschobene Nachwuchs »fehlgeprägt« zu sein; selbst nach 13 Jahren, bis 1988, hat sich kein Paar unter den Schreikranichen gebildet. Auch der Versuch, eine Eheschließung durch die Aussetzung eines Weibchens aus Patuxent in das Revier eines freilebenden Männchens zu fördern, schlug fehl.

Rod Drewien sieht die besondere Chance der neuen Population in der kurzen Entfernung zwischen Brut- und Überwinterungsgebiet. Dadurch sind die Schreikraniche auf dem Zug geringeren Risiken ausgesetzt. Außerdem halbiert eine zweite Population die Gefahr, daß der gesamte Bestand der Art auf einen Schlag durch eine ansteckende Krankheit oder durch eine Umweltkatastrophe untergeht. (Letztere ist nicht ganz ausgeschlossen, denn Aransas liegt unmittelbar an der erwähnten Hauptschiffahrtsstraße, auf der vor allem Öl und chemische Produkte befördert werden.)

Der zweite Aspekt: Mit einer dauerhaften Wiederbesiedlung der Rocky Mountains würde »Grus americana« in ein Gebiet zurückkehren, in dem die Art über Jahrmillionen zu Hause war. Ihre Knochen wurden in Schichten des Pliozän, also einer zwischen einer und zehn Millionen Jahre zurückliegenden Zeit, gefunden. Erst um 1890 wurden die Vögel durch die Trockenlegung ihrer Brutbiotope und durch Bejagung ausgerottet. Sehr zahlreich allerdings waren die Schreikraniche im Gegensatz zu den Kanadakranichen nie. Mitte des vorigen Jahrhunderts, so vermuten die Naturkundler, gab es höchstens noch 1500.

Der Bestand des »Amerikanischen Kranichs« ist noch nicht gesichert

Selbst die mehr als 500 Mitglieder der »Whooping Crane Conservation Association« (WCCA), einer seit 1961 in den USA und Kanada für den Schutz des »eigentlichen Nationalvogels« tätigen Vereinigung, wagen nicht zu hoffen, daß es einmal wieder so viele werden. Die WCCA, die ihre Förderer und Mitglieder vierteljährlich mit einem Rundbrief »Grus americana« über das Schicksal des »Amerikanischen Kranichs« unterrichtet, hat – häufig in Zusammenarbeit mit der International Crane Foundation – schon manchen Erfolg für ihren Vogel errungen. Auch sie ist eine Privatorganisation, bei der alle Arbeit jedoch ehrenamtlich geleistet wird. Für sie, wie für die amtlichen Kranichschützer, steht das nächste Ziel fest: die Zahl von 200 wildlebenden Schreikranichen zu erreichen.

Wäre erst einmal wieder ein sicherer Bestand von hundert Brutpaaren vorhanden, könnte die Art als gerettet gelten. 1988 brüteten dreißig Paare im kanadischen Nationalpark der Waldbisons. Ernie Kuyt hofft, daß er bei dieser Zahl ein oder zwei Nester übersehen hat, denn ein Jahr zuvor waren es 32. Die Kranichkurve ist zwischen 1983 und 1987 besonders steil angestiegen: von 75 auf 134 bei der Aransas-Wood-Buffalo-Population. Die Kranichschützer freut dabei besonders der hohe Anteil der noch nicht fortpflanzungsfähigen Nichtbrüter, die in den kommenden Jahren eine Ausdehnung des Brutgebietes erwarten lassen. Die Rocky-Mountain-Population hingegen ist im gleichen Zeitraum von 32 auf 19 geschrumpft. Auch in Patuxent hat es besorgniserregende Verluste gegeben. So denken die Mitglieder des Whooping Crane Recovery Team sehr konkret darüber nach, ein weiteres, geographisch besser gelegenes Zuchtzentrum aufzubauen und in Florida, wo der Schreikranich einst zu Hause war, eine dritte Population mit Hilfe von Floridakranichen (wie in Grays Lake mit der »Cross-Fostering«-Methode, dem Austausch von Eiern) aufzubauen. Diesen Vögeln bliebe der gefahrvolle Zugweg erspart.

Anfang August findet im kanadischen Wood Buffalo National Park, dem zweitgrößten Nationalpark der Erde, eine Kranichjagd besonderer Art statt. Naturschützer fliegen mit einem Hubschrauber in das unzugängliche Brutgebiet der Schreikraniche und fangen nach anstrengender und aufregender Verfolgung (linke Seite) die fast flüggen Jungen, um sie zu vermessen, zu wiegen und zu beringen (links: Ernie Kuyt, links im Bild, und Rod Drewien arbeiten seit mehr als 20 Jahren über die Grenze zwischen den Vereinigten Staaten und Kanada hinweg gemeinsam für den Schutz der Vögel; rechts im Bild Jonathan Kuyt). Wenige Minuten nach der Freilassung des Jungvogels (oben) und dem Start des Hubschraubers zum nächsten Brutrevier kommen die beiden Altvögel wieder und scheren sich nicht um den farbigen Beinschmuck ihres Zöglings. Die meisten von ihnen haben in ihrem ersten Lebensjahr dieselbe Prozedur mitgemacht. Wenige Wochen später macht sich die Familie auf den gut 3500 Kilometer langen Weg nach Aransas am Golf von Mexiko.

Die vielen Helfer

Gäbe es nicht die »Kranichkrankheit«, die immer mehr Menschen in allen Erdteilen erfaßt, hätten die Kraniche ein noch schwereres Los zu tragen. Henry Makowski beschreibt in seinem lesenswerten Buch »Neuer Kurs für Noahs Arche« dieses den großen Vögeln so zuträgliche Leiden der Menschen: »Diese Krankheit steht in keinem medizinischen Lehrbuch, und doch ist sie ansteckend wie die Hongkong-Grippe. Eingeweihte bezeichnen diese Infektion augenzwinkernd mit dem Kürzel ›cc‹, das heißt ›crane-crazy‹. Die Krankheit äußert sich in einem hochgradigen Kranichenthusiasmus bei den Befallenen. Es ist schon merkwürdig: Wer einmal mit Kranichen über eine längere Zeit hin zu tun hatte, kommt nicht mehr von ihnen los. Nur so ist es zu verstehen, daß es inzwischen eine so große Schar von Kranichfreunden gibt...«

Ganz wesentlich zur Verbreitung der Kranichkrankheit trägt seit 1973 die International Crane Foundation (ICF) in Baraboo, Wisconsin, USA, bei. Die private Stiftung verdankt ihre Gründung zwei Kranichbegeisterten, die sich während ihres Studiums an der Cornell Universität in Ithaca im Bundesstaat New York im Rahmen ihrer Doktorarbeiten mit den Vögeln beschäftigten und dabei auf deren zunehmende Bedrohung aufmerksam wurden: George Archibald und Ron Sauey. Auf einer Pferderanch der Sauey-Familie entstanden neben weitreichenden Plänen für internationale Schutzprogramme und Forschungen die ersten Volieren. Die beiden Ornithologen hatten sich vorgenommen, für die Erhaltung der für die Vögel wichtigen Lebensräume zu arbeiten und gleichzeitig Kraniche in Gefangenschaft zu züchten. Damit sollte eine Genreserve geschaffen werden. Was mit einigen Eiern des Grauen Kranichs aus Schweden und mit Kanadakranichen begann und in kleinen selbstgebauten Gehegen langsam Fortschritte zeitigte, präsentiert sich seit 1983 als »Crane City« (Kranichstadt) auf einer Fläche von gut sechzig Hektar. Mehr als 4000 Mitglieder und 13 festangestellte Mitarbeiter sorgen 1988 dafür, daß die Arbeit vorangeht. Im Januar 1987 starb – wie erwähnt – Ron Sauey im Alter von erst 38 Jahren, und seitdem ist George Archibald noch häufiger als »Botschafter der Kraniche« unterwegs. Nicht von ungefähr taucht sein Name in diesem Buch immer wieder auf. Der wegen seiner Verdienste um den Kranichschutz und um die internationale Zusammenarbeit zwischen staatlichen und privaten Naturschützern aller Kranichländer mehrfach ausgezeichnete Kanadier verbringt mehrere Monate im Jahr damit, den Bazillus der Kranichkrankheit auszubreiten: Von China über Südostasien, Indien, Australien, Afrika, die Sowjetunion, Ost- und Westeuropa und Nordamerika hat er Kontakte hergestellt, die Gründung von Arbeitsgruppen gefördert, Tagungen und Zählungen mitorganisiert, Resolutionen verfaßt und immer wieder Menschen motiviert. Wenn er daheim ist, wird das Hauptquartier der ICF zum Treffpunkt von Kranichschützern aus aller Welt. Neben den rund 20 000 amerikanischen Besuchern, die sich in jedem Jahr alle 15 Kranicharten in den modernen Gehegen ansehen und über die Arbeit der ICF informieren können, sind ständig einige Ausländer in Baraboo zu Gast, die in die Techniken der Kranichhege und des Kranichschutzes eingearbeitet werden.

Eine über den reinen Kranichschutz hinausgehende umweltpolitische Bedeutung haben mittlerweile die alle paar Jahre von der ICF organisierten und mitveranstalteten Internationalen Kranichtagungen (International Crane Workshops). Die erste fand 1975 in den Vereinigten Staaten statt, es folgten weitere in Japan (1980), Indien (1983) und China (1987). 1992 wollen sich die Kranichschützer aus aller Welt in Botswana treffen. Minister und hohe Beamte der gastgebenden Länder nehmen in der Regel an der Eröffnung solcher Veranstaltungen teil und sagen ihre Hilfe für die Kraniche zu. Die meisten der in einzelnen Kontinenten oder Ländern bestehenden Kranich-Arbeitsgruppen wurden auf derartigen Tagungen gegründet. Solche Crane Working Groups gibt es mittlerweile für Nordamerika, Europa, die Sowjetunion, China (United Committee for Cranes Conservation of China mit einer East China und einer Northeast China Crane Coalition Commission), Japan, Thailand, die Philippinen, den Indischen Subkontinent (Indien, Pakistan, Bangladesch, Nepal und Bhutan) und Afrika. Manche dieser Gruppen halten ebenfalls regelmäßig Tagungen ab, von denen wichtige Anstöße für den Kranichschutz ausgehen. Die Europäer trafen sich erstmals 1985 in Ungarn, und im September 1989 findet im estländischen Tallinn die nächste Veranstaltung statt. Die Kraniche ermöglichen ihren Beschützern und Erforschern in Ost und West, daß sie sich auf unproblematische Weise treffen – bisher allerdings überwiegend im Osten.

Die ICF hat bei ihrem Feldzug für die Erhaltung der Kraniche eine Reihe von Verbündeten. Der WWF (sowohl als World Wide Fund for Nature als auch unter dem früheren Namen World Wildlife Fund bekannt) unterstützt Projekte in China, Indien und Afrika. Über einige von ihnen, wie über das Kranichprojekt der Umweltstiftung WWF-Deutschland, ist in diesem Buch ausführlicher berichtet. Die Internationale Naturschutz-Union (IUCN = International Union for Conservation of

Nature and Natural Resources) widmet bei ihren Planungen den Kranichen ebenfalls hohe Aufmerksamkeit. Das gleiche gilt für den in Großbritannien ansässigen Rat für Internationalen Vogelschutz (ICBP = International Council for Bird Preservation), der bereits 1922 gegründet worden ist.

Vieles von dem, was das Internationale Büro für Wasservogelforschung (IWRB = International Waterfowl Research Bureau) in Slimbridge tut, kommt den Kranichen zugute. Zu seinen wichtigsten Arbeiten, an denen alle vier genannten internationalen Organisationen (IWRB, ICBP, IUCN und WWF) beteiligt sind, gehörte in den letzten Jahren die Erfassung asiatischer Feuchtgebiete (The Asian Wetlands Inventory). Diese 1985 bis 1987 durchgeführte »Inventur« von Feuchtgebieten internationaler Bedeutung in 24 süd- und ostasiatischen Staaten soll eine wesentliche Lücke in einer Art Schutzatlas für die ganze Erde schließen. Ziel ist es, weltweit einen vollständigen Überblick über alle wichtigen Feuchtgebiete zu schaffen, mit dessen Hilfe die Internationale Naturschutz-Union die Einhaltung des »Übereinkommens über Feuchtgebiete, insbesondere als Lebensraum für Wasser- und Watvögel, von internationaler Bedeutung« überwachen kann. Diese auch für den Kranichschutz entscheidende internationale Vereinbarung ist besser als »Ramsar-Konvention« bekannt, so genannt nach einer 1971 in Ramsar/Iran veranstalteten Regierungskonferenz, auf der das Übereinkommen geschlossen wurde. Bis Mitte Oktober 1988 sind ihm 49 Staaten beigetreten.

Weitere internationale Abkommen mit völkerrechtlicher Wirkung, die eine Bedeutung für den Kranichschutz haben, sind: das »Washingtoner Artenschutzübereinkommen« (Übereinkommen über den internationalen Handel mit gefährdeten Arten freilebender Tiere und Pflanzen) von 1973, das auch unter seiner englischen Kurzform CITES (Convention on International Trade in Endangered Species of Wild Fauna and Flora) geläufig ist; die »Berner Konvention« (Übereinkommen über die Erhaltung der europäischen wildlebenden Pflanzen und Tiere und ihrer natürlichen Lebensräume) von 1979; die »Bonner Konvention« (Übereinkommen zur Erhaltung der wandernden wildlebenden Tierarten) von 1979; die EG-Verordnung zum Washingtoner Artenschutzübereinkommen von 1984 und die EG-Vogelschutzrichtlinie (Richtlinie über die Erhaltung der wildlebenden Vogelarten) von 1979, welche die Mitgliedstaaten der Europäischen Gemeinschaft verpflichtet, die Vorschriften in nationales Recht umzuwandeln.

Der Zweck solcher Vereinbarungen ist klar, doch sind die Formulierungen – als Ergebnis von Kompromissen mit kleinstem Nenner – manchmal so schwammig, daß sie ohne den guten Willen der beteiligten Staaten wenig bewirken. Gleichwohl ist es wichtig, daß möglichst viele Mitglieder der Völkergemeinschaft den Konventionen zum Schutz der Natur beitreten, damit sie gegebenenfalls an ihre Verpflichtungen erinnert werden können – und sei es von Kranichschützern.

Neben den erwähnten Kranich-Arbeitsgruppen gibt es viele nationale Initiativen und Organisationen, die sich des Schicksals der großen Vögel annehmen. Von einigen war bereits an anderer Stelle in diesem Buch die Rede. Obwohl eine Aufzählung unvollständig bleiben muß, sollen hier noch einmal einige Namen genannt werden. In Nordamerika setzt sich die 1961 gegründete »Whooping Crane Conservation Association« (WCCA) für den Schreikranich ein, dasselbe tun – mit staatlichem Auftrag – der U.S. Fish & Wildlife Service und der Canadian Wildlife Service. Auch die National Audobon Society und die National Wildlife Federation, zwei große private Naturschutzorganisationen in den Vereinigten Staaten und Kanada, kümmern sich um den Kranichschutz. In der Sowjetunion gehen Initiativen von der Akademie der Wissenschaften und von der »Kranichzentrale« im Oka Staatsreservat bei Moskau aus. In Japan gibt es für den Mandschurenkranich den »Tancho Conservation Fund« (Tancho Hogo Kikin) bei der Wild Bird Society of Japan (Nihon Yacho no Kai). In Südafrika wurde 1988 eine Südafrikanische Kranichstiftung (South African Crane Foundation) in Himeville/Natal gegründet. In Kenia und Uganda führen die Wildlife Clubs jährlich eine Kranichzählung durch und lenken damit auch das Interesse der Öffentlichkeit auf das Schicksal der Vögel. In der DDR gibt es die »Arbeitsgruppe Kranichschutz beim Arbeitskreis zum Schutz vom Aussterben bedrohter Tiere« am Institut für Landschaftsforschung und Naturschutz Halle; in der Bundesrepublik sind die Umweltstiftung WWF-Deutschland und der Deutsche Bund für Vogelschutz sowie der im Vogelpark Walsrode beheimatete »Brehm Fonds für Internationalen Vogelschutz« für die Kraniche tätig.

Dank für mannigfache Unterstützung

Viele der von der »Kranichkrankheit« Befallenen, aber auch noch nicht infizierte Zeitgenossen, haben mit Informationen und praktischer Hilfe zu diesem Buch in erheblichem Maß beigetragen. Die Liste ihrer Namen wäre sehr lang und trüge die Gefahr in sich, daß der eine oder andere in ihr fehlen könnte. Daher will ich an dieser Stelle allen Helferinnen und Helfern für die mir gewährte Unterstützung und erwiesene Nachsicht (letzteres gilt insbesondere auch für den Rasch und Röhring Verlag und alle, die an der Herstellung des Buches beteiligt waren) pauschal herzlich danken. Ohne sie hätte »Kraniche – Vögel des Glücks« nicht entstehen können.

Weltweit sind viele Menschen um das Fortbestehen der Kranichsippe besorgt und um das Wohlergehen der einzelnen Arten bemüht: Im Patuxent Wildlife Research Center bei Washington D. C. werden Mississippikraniche gezüchtet, um sie später im Staat Mississippi auszuwildern (oben links). Im südafrikanischen Transvaal überprüft der Naturschutzbeamte und Kranichexperte Warwick Tarboton das Gelege eines Kronenkranichpaars in einem Schutzgebiet (oben rechts). In Indien hat sich der 1987 verstorbene Dr. Salim Ali (rechts, mit Kopfhörern, die Signale eines kleinen Senders vom Bein eines jungen Saruskranichs wiedergeben) große Verdienste um den Vogelschutz schlechthin erworben.

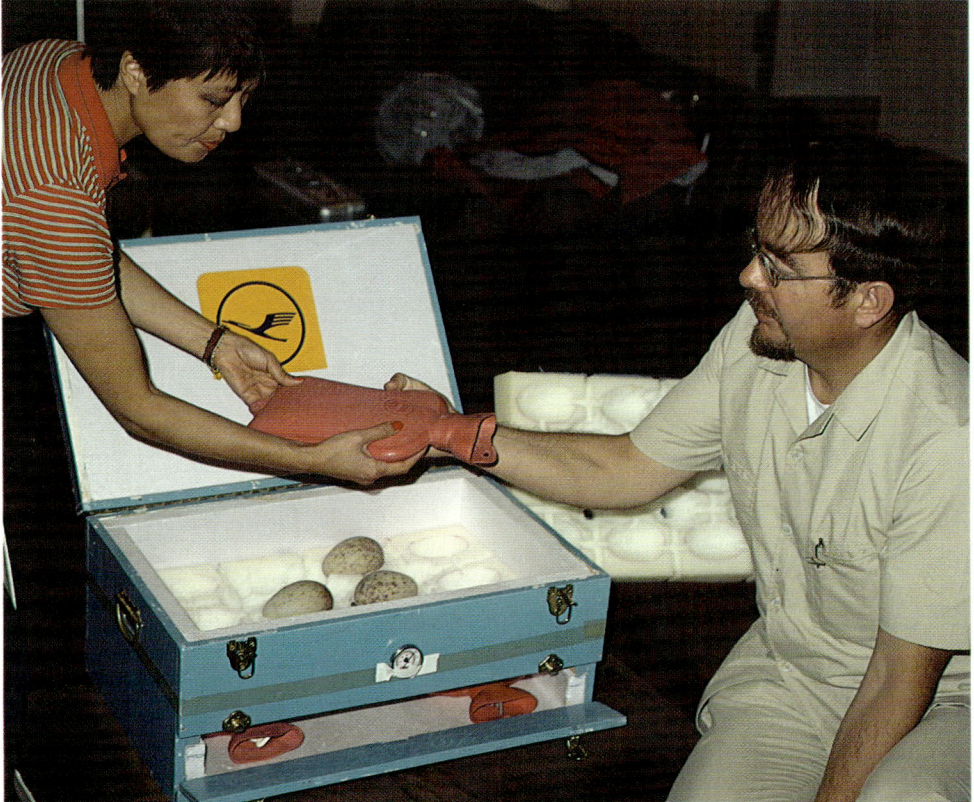

Im nordostchinesischen Kranichzentrum Zhalong werden Mandschuren- und Weißnackenkraniche von Menschen aufgezogen (oben links); damit soll die Nachwuchsrate der beiden in ihrem Bestand gefährdeten Arten erhöht werden. Bei Izumi auf Japans südlichster Hauptinsel versorgt Sueharo Matano mehr als 8000 Kraniche in jedem Winter monatelang regelmäßig mit Futter (oben rechts). »Kranichbotschafter« George Archibald von der International Crane Foundation mit angebrüteten Nonnenkranicheiern auf dem Weg von den Vereinigten Staaten in die Sowjetunion bei einer Zwischenlandung in Frankfurt a. M. (links).

Literatur

Hier sind einige Bücher über Kraniche und Bücher aufgeführt, in denen ausführlicher über Kraniche nachzulesen ist.

Archibald, G. W. und R. F. Pasquier (Hrsg.): Proceedings of the 1983 International Crane Workshop, Baraboo 1987

Bankovics, A. (Hrsg.): Proceeding of the International Crane Foundation Working Group on European Cranes 1st meeting, 21–26 October, 1985, Aquila Band 93–94, Budapest 1987

Berg, B.: Mit den Zugvögeln nach Afrika, Berlin 1924 und weitere Auflagen

Britton, D. und T. Hayashida: The Japanese Crane: Bird of Happiness, Tokio, New York & San Francisco 1981

Drechsler, H.: Die Kraniche vom weißen Lug, Radebeul und Berlin ohne Jahresangabe

Glutz von Blotzheim, U., K. Bauer und E. Bezzel: Handbuch der Vögel Mitteleuropas, Band 5, Frankfurt am Main 1973

Harris, J. (Hrsg.): Proceedings of the 1987 International Crane Workshop, Baraboo 1989

Hoffmann, G.: Rund um den Kranich, Oehringen 1936

Johnsgard, P. A.: Cranes of the World, London & Canberra 1983

Karlsson, S. und B.: Der Zug der Kraniche, Gütersloh 1977

Karlsson, S. und B.: Tranor, Stockholm 1980

Knystautas, A. J. und J. B. Šibnev: Die Vogelwelt Ussuriens, Wittenberg Lutherstadt sowie Hamburg und Berlin 1987

Lufthansa (Deutsche Lufthansa AG) Hrsg.: Wenn der Kranich zieht – Eine kleine Kulturgeschichte, Köln und Frankfurt a. M. 1987

Makatsch, W.: Der Kranich, Wittenberg Lutherstadt 1970

Makowski, H.: Neuer Kurs für Noahs Arche, München 1985

Neufeldt I. A. und J. Keskpaik (Hrsg.): Communications of the Baltic Commission for the Study of Bird Migration Nr. 19 Crane Study in the USSR, Tartu 1987

Prange, H. (Hrsg.): Der Graue Kranich, Wittenberg Lutherstadt 1989

Treuenfels, C.-A. v.: Sie alle brauchen Lebensraum – Bedrohte Tiere in freier Wildbahn, Hamburg 1982

Treuenfels, C.-A. v.: Abenteuer Naturschutz in Deutschland, Hamburg 1986

Walkinshaw, L.: Cranes of the World, New York 1973

Xin Jiguang (Hrsg.): The Red-crowned Crane, Beijing 1983

»The ICF Bugle« der International Crane Foundation in E 11376 Shady Lane Road, Baraboo, Wisconsin 53913, USA und »Grus Americana« der Whooping Crane Conservation Association, Inc. in 3000 Meadowlark Dr., Sierra Vista, Arizona 85635, USA, informieren vierteljährlich über Kraniche und die Schutzarbeit für sie. The ICF Bugle deckt den internationalen Bereich mit ab; Grus Americana bringt vorwiegend Nachrichten, die mit dem Schreikranich zusammenhängen. Beide »Newsletters« werden an die Mitglieder der Organisationen versandt.

Zu den Fotos

Die Fotos in diesem Buch und auf dem Umschlag stammen vom Autor.
Ausgenommen auf Seite 72 unten (Heinz Thoms), Seite 80 oben (Thomas Neumann), Seite 117 oben (Warwick Tarboton), Seite 141 unten (Dr. Algirdas Knystautas), Seite 164 unten und Seite 181 oben (Dr. George Archibald).
Alle Aufnahmen am Nest, in den Brutgebieten sowie in Reservaten entstanden mit ausdrücklicher Genehmigung und Unterstützung der zuständigen Behörden und Grundeigentümer, wofür auch an dieser Stelle noch einmal Dank gesagt sei. Es versteht sich von selbst, daß dabei größtmögliche Vorsicht und Rücksichtnahme auf die Vögel oberste Gebote waren. Um die Brutbiotope zu zeigen und damit deutlich zu machen, was geschützt und erhalten werden muß, wurde in diesem Buch bewußt nicht auf die Wiedergabe von Fotos der Kraniche am Nest verzichtet.

Register

Naturschutzgebiete, Nationalparke, Städte und Regionen sind unter den jeweiligen Staaten eingeordnet, sofern sie sich nicht über mehrere Staaten erstrecken. Hinweise auf Abbildungen und Bildlegenden sind kursiv, Hinweise auf die Hauptkapitel zu den einzelnen Kranicharten sind halbfett gesetzt. Personen sind im Register nicht berücksichtigt.

Academia Sinica 159
Afghanistan 78, 91, 127
Afrika 25, 26, 42, 62, 78, 92, 98–119, 194
– Nordafrika 75, 78, 87
– Südafrika 54; s. a. Südafrikanische Republik
– Westafrika 106
Ägypten 26, 27, 34, 38, 75, 76, 87
Albanien 75, 82
Algerien 87
Alter 50, 55, 130
Amerika 42
Ammer 162
Amur-Ussuri-Gebiet 139, *141,* 142, 146, 147
Angola 106, 111
Antarktis 43
Antigone-Kranich s. Saruskranich
Antilope 110
Arbeitsgruppe Kranichschutz (DDR) 70, 195
Arktis 43
Asian Wetlands Inventory 195
Asiatischer Großstorch *120,* 166
Asien 42
Assam 167
Assyrer 27
Äthiopien 78, 87, 106, 111
– Bale Mountains National Park 119
Australien 25, 42, 54, 164, 166, 167, 171, 174, 175
Australischer Kranich (Grus rubicundus) 25, 43, 46, 54, 166, 167, **171–175,** *172/173, 176/177*

Bangladesch 194
Bekassine 94
Belgien 66
Beringung 50, 55, 74, 134, 163, 170, 186, 187
Berner Konvention 195
Bestandszahlen 55, 59, 70, *85,* 98, 106, 134, 135, 138, 147, 154, 158, 166, 167, 171
Bhutan 158, 194
Bio-Indikator 18, 83
Birma (Burma), 78, 166, 167, 170
Bläßhuhn 42
Blauracke 58
Bonner Konvention 195
Botswana 51, 55, 99, 106, 107, 194
– Okavango-Delta 51, 111, 114, 115, *117*
Brehm Fonds für Internationalen Vogelschutz 167, 195
Brolga-Kranich s. Australischer Kranich
Brutbestand 75
Brutbiotop 19, 47, 51, 78, *80,* 83
Brutzeit 47, 94, *100,* 102, 115, 127, 135, 150, 162, 163, 167, 175, 182
Buddhismus 22, 24, 25
Bulgarien 82
Bundesrepublik Deutschland 66, 70
– Bayern 82
– Niedersachsen 79, *80, 81,* 82, 83, 86
– Oldenburg 82
– Rheinland 82
– Schleswig-Holstein 18, 79, *80, 81,* 82, 83, 86
Burmesischer Saruskranich s. Saruskranich
Burundi 106

Canadian Wildlife Service 183, 195
China 22–26, 30, 32, 34, 35, 36, 50, 54, *85,* 94, 95, *120,* 122, 123, 131, 134, 135, 138, 143, 146, 147, 154, 155, 158, 159, 166, 167, 179, 194
– Cao Hai *40,* 78, *85,* 139, *152,* 154, 155
– Dalai Lake 122, 123
– Gouizhou 78
– Innere Mongolei 78, 94, 122, 123, 146
– Longbaotan 159, 162, 163
– Mandschurei 78, 87, 94, *148*
– Na Po Hai 122, 158
– Peking (Beijing) *14, 20, 22,* 35
– Poyang-See 122, 123, 142
– Qinghai 50, *93,* 155, 159, 162
– Qiqihar *32*
– Shengjin-See 142
– Tibet 155, 159, *160,* 163
– Xianghai Nature Reserve 91, *93,* 94, 95, 98, 123, *148,* 151
– Xining 50
– Yangcheng-Reservat 147, 150, 157
– Yangtze 30, 122, 123
– Yunnan 78, 122, 170
– Yushu 162, 163
– Zhalong *4/5, 14,* 123, 131, 134, 147, *148,* 150, *197*

Dänemark 86
Deutsche Demokratische Republik *57,* 71
– Brandenburg 70
– Havelland 70
– Inselgruppe Der Bock 62, 67, 70, 71
– Insel Rügen 62, 66, 67, 70, 71
– Mecklenburg 70, 83, 86
– Müritzsee 70
Deutscher Bund für Vogelschutz 82, 195
Doppelruf 47, 106, 143, *160,* 163
Drossel 162
Dunkler Kronenkranich s. Kronenkranich

EG-Vogelschutzrichtlinie 195
Eichelhäher *77*
Endangered Wildlife Trust 99
England s. Großbritannien
Ente 26, 34, 63, 70, 94, 122, 158, 178, 179
Environmental Protection Agency (China) 155
Eozän 42
Erlenbruch 18, *80,* 83
Erosion 54, 159, 163
Estland s. Sowjetunion
Europäische Gemeinschaft 54, *57,* 58, 110, 195

Federn 31, 46, 90, *96,* 143, *173*
Fink 66, 162
Finnland 74, 75
Fisheries and Wildlife Service Victoria 171
Fledermaus 58
Florida-Kranich s. Kanadakranich
Flughöhe 47, 59, 186
Flugleistung 50, 71, 186
Fossilien 42
Frankfurter Zoo *109,* 135
Frankreich 59, 62, 66, 71, 74, 82
– Captieux 62, 74
– Der-Chantecoq 62, 74
– Foret d'Orient 74
Fütterung 66, 67, 134, 134, 138, *144,* 146, 151, 158

Gans 26, 34, 47, 70, 94, 122, 179, 187
Geier 34
Gelegegröße 47, *105,* 110, 115, 130, 162, 167, 175, 182, 190
Gewicht 46, 179, 186
Grauer Kranich (Grus grus) *2/3,* 14, *16/17,* 26, 27, 30, 34, 38, 40, 43, 46, 47, 50, 51, 54, 55, *56/57,* **58–86,** *60/61, 64/65, 68/69, 72/73, 76/77, 80/81, 84/85,* 87, 90, 91, 94, 126, 127, 130, 131, 138, 139, 155, 158, 159, 166, 194
Grauer Kronenkranich s. Kronenkranich
Graureiher 43, *164,* 166
Griechenland 26, 27, 30, 35, 75, 82
Großbritannien 30, 31, 78, 79, 86
– Norfolk 79
Großtrappe 42, 46
Groupe Grues France 72
Grünfüßiges Teichhuhn 42
Grünspecht 58
Grus vigilans s. Kranich mit Stein

Halsbandkranich s. Saruskranich
Hethiter 27
Hinduismus 25
Höckerschwan 46
Hybride 50, *112,* 118, 139, 174, 191

Ibis 26
ICONA (Instituto para la Conservaçion de la Naturaleza) 66
Indianer 26
Indien 25, 54, 78, 91, *120,* 139, 166, 167, 194
– Keoladeo Nationalpark *120,* 122, 123, *124,* 126, 166, 167, 170
– Ladakh 158, *160*
– Stauseen von Gujarat *6/7, 14,* 78, 87, *88,* 90, 91
Indonesien 25
International Council for Bird Preservation (Internationaler Rat für Vogelschutz; ICBP) 195
International Crane Foundation (ICF) 71, 91, 102, 119, 122, 123, 127, 130, 146, 151, 167, 191, 194, *197*
Internationale Naturschutz-Union (International Union for the Conservation of Nature and Natural Resources; IUCN) 106, 194, 195
Internationales Büro für Wasservogelforschung (International Waterfowl Research Bureau; IWRB) 195
Irak 78, 87
Iran 75, 78, 87, *120*
Irland 79
Italien 39, 75, 82, 110

Jagd 30, 59, 63, 74, 75, 78, 110, 170, 182, 187
Japan 24, 25, 32, 34, 35, 50, 78, 134, 143, 179, 194
– Arasaki 138, 139
– Hiroshima 24, *32*
– Hokkaido *8/9,* 143–146, 147, 151
– Honshu 139, 146
– Kyushu *124,* 134, 138
Japan Air Lines 25
Jugoslawien 75, 82
Jungfernkranich (Anthropoides virgo) *6/7,* 14, 26, 34, 43, 46, 47, 51, 55, 78, **87–95,** *88/89, 92/93,* 98, 102, 131, 138, 166, 175

Kambodscha 78, 166, 167, 170
Kamerun
– Waza-Nationalpark 106
Kampfwachtel 42
Kanada *48,* 179, 186
– Wood Buffalo National Park 183, 186, *189, 193*
Kanadagans 26, 103, 178
Kanadakranich (Grus canadensis) 26, 43, *48/49,* 50, 51, 54, 55, 78, 130, 138, **178–182,** *180/81, 184/85,* 186, 187, 190, 191, 194, *196*
Kaspisches Meer 91, 126
Kelten 30
Kenia 106, 110
Kiebitz 66, 94
Klunkerkranich (Bugeranus carunculatus) *12/13,* 14, 43, 46, 47, 50, 51, *52/53,* 94, 95, 99, 102, 107, 110, **111–119,** *112/113, 116/117,* 162, 166
Kolkrabe *77,* 127
Korea 25, 32, 35, 78, 135, 139, 143, 146, 147, 150
Koyote 182, 191
Kranich-Arbeitsgruppen 194
Kranichkampf 30
Kranich mit Stein (Grus vigilans), 27, 31, *37,* 38, 39
Kranichstein, Schloß 31, *37,* 38
Kranichsteiner Literaturtage 38
Kranichtanz 23, 30, 67
Krickente 163
Kronenkranich *10/11,* 14, 25, 26, 34, 42, 43, 46, 47, 54, 87, 99, **103–110,** *104/105, 108/109,* 111, 114, 115, 118, *196*
Kuba-Kranich s. Kanadakranich
Kuhreiher 90

Laos 167, 170
Lappland 43
Lerche 66, 162, 163
Lesotho 99
Lettland s. Sowjetunion

Lilfordkranich (Grus grus lilfordi) s. Grauer Kranich
Limikole 70, 94
Litauen s. Sowjetunion
Löffler 90, *164*
Lufthansa 19, 82, 83
Luxemburg 66

Malawi 106, 111
Malaysia 167
Mali 106
Mandschurenkranich (Grus japonensis) *8/9, 14*, 22, 23, 25, 26, *32*, 34, 43, 46, 47, 50, 54, 55, 66, 94, 95, 122, 131, 134, 135, 138, **143–151**, *144/145, 148/149*, 175, *197*
Marabustorch 114
Marokko 59, 78
Mauser 46
Mexiko 43, 78, 178, 179, 182
Miozän 42
Mississippi-Kranich s. Kanadakranich
Mittelamerika 43
Mönchskranich (Grus monachus), 25, 43, 54, 55, 78, 94, 122, 131, 134, **138–142**, *136/137, 140/141*, 155
Mongolei 78, 91, 135
Mongolenbussard 162
Mosambik 99, 106, 111
Murmeltier 162, 163
Mythologie 23, 25, 27, 34

Namibia 98, 99, 106, 111
– Etoscha-Nationalpark 98, *100*
Nashorn 110
Natal Parks, Game and Fish Preservation Board 102, 114
National Audobon Society 179, 187, 195
National Wildlife Federation 195
National Wildlife Refuge *48*, 178, 182
Nepal 194
Neuguinea 174
New York Zoological Society 167
Niederlande 66, 110
Nigeria 87, 106, 107
Nilgau-Antilope 124
Nonnenkranich (Grus leucogeranus) 43, 46, 51, 54, 55, 91, 94, *120/121* **122–130**, *124/125*, 131, 135, 138, 147, 166, 197

Oligozän 35
Österreich 82
Östlicher Grauer Kronenkranich s. Kronenkranich
Östlicher Saruskranich s. Saruskranich
Ostafrikanischer Kronenkranich s. Kronenkranich
Ostsee 67, 70, 71, 74

Pakistan 78, 91, 127, 194
Palastmuseum Peking *14, 20*, 22, 35
Paradieskranich (Anthropoides paradisea), 43, *44/45*, 46, 47, 50, 51, 54, 55, *96/97*, **98–102**, *100/101*, 110, 111, *112*, 114, 115, 118
Patuxent Wildlife Research Center 50, 190, 191, *196*
Pavian 26
Pfau 31
Pfeifhase (Schwarzlippen-Pika) 162, 163
Philippinen 166, 167, 170, 194
Pieper 66
Pliozän 191
Polen 74, *77*
Portugal 59, 62
Pygmäen 27
Pyrenäen 50

Rabenkrähe *8/9*
Ralle 42
Rallenkranich (Aranus Guarama) 42, 43
Ramsar-Konvention 195
Raubmöwe 127, 182
Regenpfeifer 63
Reiher 42, 43, 47, 94, 143
Rentier 127
Riesenkranich (Phororhacida) 42
Riesentrappe 102
Rohrdommel 79, 151
Rohrweihe 97
Römisches Reich 26, 30, 35
Rostgans 158, 162, 163
Rote Litschi-Moorantilope 114
Rotes Meer 87
Rotkronenkranich s. Mandschurenkranich
Rotschenkel 162
Ruanda 106
Ruf 46, 47, 90
Rumänien 75, 82, 87
Rußland 27, 39; s. a. Sowjetunion

Säbelschnäbler 63
Sambia 51, 55, 106, 107, 110, 111, 114
– Kafue Flats 111
Sarus Crane and Large Wading Birds Working Group 170
Saruskranich (Grus antigone) 25, 43, 46, 47, 54, 55, 111, 126, *164/165*, **166–170**, *168/169*, 174, 175, *196*
Saudi-Arabien 87
Schaden 30, *57*, 63, 70, 91
Schakal 102, 118, 162
Scheckenweihe 94
Schildkröte 24
Schmalfront *2/3*, 14, 59, 71
Schnee-Eule 182
Schneegans 26, 178

Schneekranich s. Nonnenkranich
Schnepfe 94, 162, 179
Schreikranich (Grus americana) 26, 43, 47, *48/49*, 50, 51, 54, 55, 122, 127, 147, 158, 178, 179, **183–191**, *183/184, 188/189, 192/193*, 195
Schwarzbär 190
Schwarzer Kronenkranich s. Kronenkranich
Schwarzes Meer 75, 87
Schwarzhalskranich (Grus nigricollis) *40/41*, 43, 46, 47, 50, 51, 55, 78, 147, *152/153*, **154–163**, *156/157, 160/161*
Schwarznackenkronenkranich s. Kronenkranich
Schweden 75
– Gotland 74
– Hornborga-See 62, 67, *68*, 70, *72*
– Öland 70
Seeadler 82
Seeschwalbe 63, 94, 162, 163, 179
Seriema 42
Sibirischer Kranich s. Nonnenkranich
Simbabwe 99, 106, 111
– Hwange (Wankie) Nationalpark *109*
Singschwan 122
Southeast Asia Regional Information Center for Eastern Sarus Cranes and Other Large Wading Birds 170
Southern African Nature Foundation (WWF) 99, 119
Sowjetunion 30, 39, 74, 78, 87, 135, 138, *197*
– Amur s. Amur-Ussuri-Gebiet
– Armenien 31
– Asowsches Meer 87
– Baikal-See 123, 135, 142
– Chanka-See 135, 146
– Estland 74, 75, 194
– Kamtschatka 179
– Karelien 74
– Kasachstan 91
– Kola-Halbinsel 74
– Lena 142
– Lettland 75
– Litauen 75
– Matsalu-Bucht 74, 75
– Ob 126, 127
– Oka State Nature Reserve 126, 127, 151
– Sibirien (Jakutien) 31, 78, 87, 123, 126, 127, 138, 142, 179
– Ukraine 75
– Ussuri s. Amur-Ussuri-Gebiet
Spanien 34, 54, *57*, 58–66, 78, 87
– Extremadura 54, 58, 59, *60, 61*, 66

– Laguna de Gallocanta *57*, 62–66, 71
– Madrid 58, 62
Steinadler 75, 155
Steinkauz 58
Stelzenläufer 94, 163
Steppenweihe 94
Sternbild 31
Stockente 178
Storch 42, 43, 47, 59, 74, 78, 82, 122
Streifengans 155, 158, 162, 163, *164*
Südafrikanische Kranichstiftung 119, 195
Südafrikanische Ornithologische Gesellschaft 99
Südafrikanische Republik 52, 98, 99, 106, 110–119
– Drakensberge *12/13*, 14, 98
– Natal *44*, 98, 99, *100*, 102, 110, *112*, 114, 115, 118, 119
– Transkei 99, 107
– Transvaal *44*, 98, 99, 102, 103, 106, 110, 114, 115, 118, 119, *196*
– Verloren Vallei 99, 118, 119
Sudan 78, 87, 106, 107, 110
Südlicher Grauer Kronenkranich s. Kronenkranich
Sumerer 27
Stiftung Herzogtum Lauenburg 83
Swasiland 99

Tancho Conservation Fund 195
Taiwan 35
Tansania 106, 111
Taoismus 22, 34
Taube 26
Texas Parks and Wildlife Department 187
Thailand 78, 166, 167, 170, 194
Tibetgazelle 162
Tierpark Hellabrunn *109*
Tiger 167
Transvaal Nature Conservation Division 102
Trappe 42, 87; s. a. Groß-, Riesen-, Zwergtrappe
Trompetervogel 42
Tschad 25, 87, 106
Tschechoslowakei 75, 82
Tschiru 162
Tsetsefliege 114
Tunesien 75, 87
Türkei 75, 78, 87, 130

Uganda 106, 107
Ungarn 31, 37, 75, 82, 194
– Hortobágy-Nationalpark 75
– Kardoskút-Naturreservat 75
– Kunmadaras 37
Union der Sozialistischen Sowjetrepubliken s. Sowjetunion

U.S. Fish & Wildlife Service 50, 178, 183, 186, 190, 195
Ussuri s. Amur-Ussuri-Gebiet

Verbreitungsgebiet 82, *85*
Verbreitungsgrenze 70, 79
Vereinigte Staaten von Amerika (USA) *48*, 110, 194, *197*
– Aransas 183, 186, 187, *189, 193*
– Bosque del Apache *48*, 178, *181, 184*, 191
– Florida 43, 191
– Grays Lake *184*, 190, 191
– Louisiana 183, 190
– Platte River 51, 179
– Rocky Mountains 178, 179, *184*, 191
Vietnam 78, 158, 166, 167, 170
– Mekong-Delta 167
– Tram Chim 167
Volksrepublik China s. China

Wanderfalke 155, 162
Waschbär 182
Washingtoner Artenschutzübereinkommen 50, 195
Weißnackenkranich (Grus vipio) *4/5*, 14, 25, 38, 43, 46, 4, 54, 78, 94, 122, *128/129*, **131–135**, *132/133, 136/137*, 138, 139, 141, 147, 150, *197*
Weltbank 114
Westlicher Grauer Kranich s. Grauer Kranich
Whooping Crane Conservation Association (WCCA) 91, 195
Whooping Crane Recovery Team 187, 191
Wiedehopf 58
Wildlife Clubs 155
Wildschwein *77*, 86
Wildvogelgesellschaft Japans (Wild Bird Society of Japan) 147, 195
Wolf 31, 75, 127, 190
Working Group on European Cranes 75
World Wildlife Fund/World Wide Fund for Nature (WWF) 40, 78, *81*, 82, 83, 86, 91, 99, 119, 158, 159, 194, 195

Zaire 106, 111
Zambia s. Sambia
Zebra 110
Zentralafrikanische Republik 106
Zoologische Gesellschaft Frankfurt am Main 95
Zucht 50, 127, 134, 135, 147
Zugstau 66
Zwergtrappe 42
Zypern 75, 87